제 **4** 판

Σ시그마프레스

기본 상담 기술

헬퍼 매뉴얼

Richard Nelson-Jones 지음 ｜ **김성봉** 옮김

기본 상담 기술 : 헬퍼 매뉴얼, 제4판

발행일 | 2017년 11월 10일 1쇄 발행

지은이 | Richard Nelson-Jones
옮긴이 | 김성봉
발행인 | 강학경
발행처 | ㈜ 시그마프레스
디자인 | 강경희
편 집 | 문수진

등록번호 | 제10-2642호
주소 | 서울특별시 영등포구 양평로 22길 21 선유도코오롱디지털타워 A401~403호
전자우편 | sigma@spress.co.kr
홈페이지 | http://www.sigmapress.co.kr
전화 | (02)323-4845, (02)2062-5184~8
팩스 | (02)323-4197

ISBN | 979-11-6226-001-2

BASIC COUNSELLING SKILLS: A Helper's Manual, Fourth Edition

English language edition published by SAGE Publications of London, Thousand Oaks, New Delhi and Singapore, Copyright © Richard Nelson-Jones, 2003, 2008, 2012, 2016
All rights reserved.
Korean language edition © 2017 by Sigma Press, Inc. published by arrangement with SAGE Publications Ltd

* 책값은 뒤표지에 있습니다.
* 이 도서의 국립중앙도서관 출판예정도서목록(CIP)은 서지정보유통지원시스템 홈페이지(http://seoji.nl.go.kr)와 국가자료공동목록시스템(http://www.nl.go.kr/kolisnet)에서 이용하실 수 있습니다.(CIP제어번호 : CIP2017028519)

출판사의 권유로 작년 초여름 이 책을 처음 접하고 쭉 훑다 보니 뭔가 느낌이 왔다. 그 느낌을 구체적으로 확인하기 위해 번역에 몰입하다 보니 어느 유행 가사 '10월의 어느 멋진 날에' 초벌번역 끝이라는 기쁨을 맛보았다. 그러나 그 기쁨은 잠시였다. 10월 하순에 '제대로' 터진 '최순실-박근혜 국정농단'이라는 '세기적' 사건은 역자의 시선을 TV 앞으로만 강제하였다. 국민 대다수가 그렇겠지만 그 사태는 역자 개인에게는 분노 그 자체였으며 '광장'으로 향하는 추동이었다. 어느 정도 진정된 후 원고를 탈고하고 출판사에 넘긴 지금, 끝났다는 기쁨보다는 뭔가 착잡한 느낌은 육상에 여전히 침몰해 있는 '세월호'의 상처가 아물지 못한 탓일까.

그간의 번역 경험상 우리와는 상이한 언어 체계를 갖는 영어 원서일지라도 직역을 통해 저자의 목소리를 전달하는 데 큰 어려움은 없다는 게 역자의 지론이다. 의역이 오히려 저자의 목소리를 왜곡하는 역서도 적지 않게 발견할 수 있다. 돌이켜보건대, 이 책에 앞서 번역했던 이 책을 쓴 저자의 또 하나의 탁월한 저서인 *Theory and Practice of Counselling & Therapy*(『상담 및 치료의 이론과 실제』, 김성봉, 황혜리 역, 2015, 시그마프레스)는 직역을 통해 내가 맡은 부분의 내용을 전달하는 데 큰 어려움이 없었다.

이 책 역시 가능한 직역하려 했다. 그런데 이전 원서와는 달리 이 매뉴얼 원서에서 저자는 과한 느낌이 들 정도로 대량의 접속사와 대명사를 사용하고 간혹 단어나 구를 생략하면서 매우 압축적인 글쓰기 방식을 보인다. 풍부한 삶의 경험에서 얻은 많은 것을 비교적 짧고 알기 쉽게 쓰이는 매뉴얼의 일반적 특성을 넘어 보다 함축적으로 전달하려는 노저자의 전략적 지혜가 아닌가 싶다. 우리가 노인을 존경해야 하는 이유는 지식이 아니라 그것을 실천하는 지혜에 있다고 힘주어 강의했던 기억이 뇌리를 스친다. 그럼에도 불구하고, 저자의 이런 글쓰기 방식은 역자의 이해 속도를 떨어뜨리며 상상력을 충분히 자극했다. 따라서 가능한 직역하려고 했지만 가독성을 위해 문맥상 필요하다고 판단되는 부분은 부득불 의역하였다. 이렇게 함으로써 발생할 수 있는 저자의 의미 왜곡은 전적으로 역자의 몫으로 돌린다.

저자도 서문에서 말하고 있지만, 이 책은 특정한 전문상담사나 심리치료사를 위한 학술 서적이 아니다. 자신의 업무 효율성을 높이기 위해 상담 기술을 활용하고 있거나 활용해야 하는 준전문상담사(사회복지사, 간호사, 성직자, 상담자원봉사자 등), 그리고 상담에 입문하려는 일반 독자를 향하고 있다. 실제적 베스트셀러라는 현지의 평처럼, 이 책은 상담 기술의 핵심과 근본을 친절하게 보여주고 있어 각종 상담이나 도움과 관련한 장면에서 실제적 지침으로 대단히 유용해 보인다. 장 끝마다 친절하게 제시되어 있는 본문의 내용 관련 활동을 학부나 대학원의 수업 실습이나 현장 워크숍에서 활용한다면 상담 기술 신장에 큰 도움이 될 것이다.

삶의 궁극적 목적이 행복이라고 할 때, 우리 자신의 행복이 위기에 처한 많은 타인과 뒤엉켜 녹록지 않다면 우리 모두는 자신은 물론 타인을 돌보아야 할 당위성과 책무성을 갖는다. 진정한 의미의 행복은 상대방의 행복이 전제되지 않으면 불가능한 까닭이다. 더욱 관계가 복잡해질 것으로 전망되는 미래를 예측해본다면 이 책의 적용 가능성은 더욱 확대된다. 독자의 행복과 건투를 빈다.

2017년 7월

돌과 황토로 소탈하게 손수 지은 '간월산방(看月山房)'에서

역자 김성봉

기본 상담 기술 : 헬퍼 매뉴얼, 제4판에 온 것을 환영한다. 상담 기술을 사용하는 사람은 두 집단으로 나뉠 수 있다. 전문자격을 갖춘 상담사나 심리치료사, 그리고 헬퍼이다. 여기서 헬퍼는 준전문상담사를 말한다. 다시 말해 상담이나 도움 기관에서 혹은 동료 지지 집단에서 자신의 주업무의 일환으로서 상담 기술을 사용하는 사람이다. 이 책의 주된 목적은 이러한 헬퍼의 훈련과 실제를 지원하는 데 있다. 덧붙여 이 책은 전문상담사가 되려는 사람을 위한 상담 기술 입문서로 활용될 수 있다.

필자는 이전 3판까지의 책을 설계하면서 '독자가 가능한 쉽게 이 책에 접근하고 배우게 하는 방법은 뭘까?'라는 질문에 초점을 두어 왔다. 다시 이 질문에 초점을 두고 이 4판을 29개의 짤막한 장, 즉 학습단원으로 나누고 본질적인 내용으로만 채우려 애썼다. 책 전반에 걸쳐 참고문헌은 제시하지 않았다. 왜냐하면 이 책은 학문적인 독자층보다는 실천가들을 겨냥하고 있기 때문이다.

이 책은 3부로 되어 있다. 1부 서론은 폭넓은 장면에 걸쳐 활용되는 기본 상담기술들을 이해하기 위한 초석을 다지는 6개의 장으로 되어 있다. 3장부터 6장까지의 장 말미에 당신의 보다 많은 참여를 돕기 위한 목적으로 설계된 활동(들)이 있다. 2부 구체적인 상담 기술은 폭넓은 기본 상담 기술들에 입문하도록 설계된 17개의 장으로 되어 있다. 각 장은 기본적이고 핵심적이며 근본적인 상담 기술들에 대해 설명하고, 그것들을 활용하는 예들을 제시한다. 그리고 나서 장 끝마다 그러한 기술들과 관련한 활동들을 실제로 해보도록 당신을 초대한다. 3부 추가적인 고려사항은 6개의 장으로 되어 있다. 처음 2개의 장은 이완 훈련과 위기를 관리하는 방법을 소개한다. 나머지 장들은 각각 도움 실제에서 직면할 수 있는 여러 가지 윤리적 이슈, 상이한 배경 출신의 내담자를 다루는 방법, 슈퍼비전을 위한 다양한 경로, 기술에 보다 능숙해지기 위한 방법에 대한 당신의 인식 고양을 그 목표로 삼는다. 이 각각의 장 역시 활동(들)으로 끝난다. 아울러 필자는 부록 1로 주석이 달린 참고문헌을 제공하고, 부록 2에 영국, 호주, 미국의 전문학회에 접촉하는 방법을 안내한다.

이 서문은 이 책의 핵심을 간략하게 전달한 것뿐이다. 29개 장 모두가 핵심적인 내용들로 채워져 있음을 당신이 발견하길 희망한다. 당신의 행운과 훌륭한 기술을 빈다.

리처드 넬슨-존스

제 2 부   구체적인 상담 기술

제 3 부 추가적인 고려사항

제 **1** 부

서론

INTRODUCTION

상담사와 헬퍼는 누구인가?

학습목표

이 장을 공부하고 활동을 해봄으로써 당신은

- 헬피의 근심을 이해하고
- 상담사는 누구이며
- 헬퍼란 누구인지 알아야 한다.

다음은 사람들이 갖는 근심을 나열한 것이다.

'간호사님! 제가 완쾌되지 않을까 걱정입니다.'

'이 나라에 적응하기 어려워요. 제 조국과는 완전 딴판이네요.'

'아내가 떠나기 전 그녀와 관계 개선을 하고 싶습니다.'

'저의 말..더..더..듬 극복..하..하..고..싶어요.'

'다른 사람들이 저에 대해 어떻게 느끼는지 항상 걱정이 돼요.'

'좀 더 쉽게 친구를 사귀었으면 해요.'

'제 성질을 더 잘 통제하는 법을 배우고 싶습니다.'

'우리 성생활에 문제가 있습니다.'

'정리해고를 당해서 앞으로 어떡해야 할지 막막합니다.'

'제가 침울해하는 시간이 아주 많아요.'

'우린 돈이 부족해서 항상 서로 으르렁거립니다.'

'저는 왕따 당하고 있어요.'

'계속되는 집안일로 잘 집중할 수 없어요.'

'저는 시험불안이 아주 심해요.'

'인종문제로 어려움을 겪는 사람들을 보다 잘 다루고 싶습니다.'

'제 강점들과 더 접촉해서 보다 긍정적인 사람이 되고 싶어요.'

'남편이 6개월 전에 세상을 떠났는데, 아직 그걸 극복할 수 없네요.'

위와 같은 근심들과 관련해 도움을 줄 수 있는 사람들의 범주는 최소 6개가 있다. 첫째, 전문상담사(professional counsellors)와 심리치료사(psychotherapists)가 있다. 승인된 코스에서 훈련받은 사람들로서 임상심리학자, 상담심리학자, 정신치료사, 상담사, 일부 정신과 의사 등이 여기에 포함된다. 둘째, 준전문 혹은 유사 상담사(paraprofessional or quasi-counsellors)[1]들이 있는데, 상당한 상담 훈련을 받았지만 아직 상담전문가로 승인받지 않은 사람들이다. 셋째, 직무의 일부로 상담이나 도움 기술을 사용하는 사람들이다. 예컨대 가르치기, 관리하기, 감독하기, 종교적·사회적 작업, 의학·재정·법·노동조합적 서비스 제공하기 같은 주요 업무의 일환으로 상담을 하는 사람들이다. 이런 일에서 최대 효과를 내려면 일정 시간의 상담 기술이 요구된다. 넷째, 자발적 상담자와 헬퍼(voluntary counsellor and helper)가 있다. 자원봉사자들은 대개 상담 기술 훈련을 받고 청소년 상담 서비스와 같은 일을 하거나 여러 자발적 기관에서 귀중한 서비스를 제공한다. 사마리탄(samaritan)[2]이 대표적이다. 다섯째, 동료 도움이나 지지망의 일원인 사람들이 있다. 이들은 문화, 인종, 성적 지향, 여성 및 남성 등과 같은 다양한 영역에서 서비스를 제공한다. 여섯째, 비형식적 헬퍼들(informal helpers)이 있다. 우리 모두는 배우자, 부모, 친구, 친인척, 직장 동료 등으로서 타인을 도울 수 있는 기회를 가지고 있다.

상담사와 헬퍼에 비해 문제의 심각성이 덜한 요구에 초점을 두는 코치들도 있다.

---

1 역주 : 이하 준전문상담사라고 하겠음

2 역주 : 영국의 자선단체인 the Samaritans의 한 사람으로서 전화로 고민 상담을 해 줌

영국에서는 2002년 코칭협회가 결성되었고, 2005년에는 영국심리학회의 코칭심리학에 대한 관심집단이 생겨났다. 보다 최근인 2010년 6월에 영국상담심리치료학회는 코칭분과를 발주하였다. 문제의 심각성이 덜한 사람들에게 여러 가지 기술을 훈련시키는 코칭과 강의를 통해 고객들의 특정 기술 개발을 돕는 코칭은 구분된다. 그럼에도 불구하고, 상담사와 헬퍼들은 공히 코칭 기술을 필요로 하고 코치들도 자신의 레퍼토리에 상담 기술을 필요로 한다는 점에서 상담과 코칭은 중첩된다.

앞의 문단들에서 그리고 일상적 말투에서도 종종 그렇지만 필자는 때때로 상담사와 헬퍼라는 용어가 마치 상호 교환적인 듯 사용하였다. 그러나 상담과 심리치료의 전문성이 더욱 엄격해지고 있어 그 모호성을 유지하기란 점차 어려워질 것 같다. 이제부터 필자는 상담사와 헬퍼 간의 몇 가지 차이를 명료화한다.

상담사란 누구인가?

이 책에서 필자는 상담사를 전문적 훈련을 받고 승인을 받아 상담과 심리치료를 하는 집단으로 묶는다. 치료(therapy)는 치유(healing)를 의미하는 그리스 작품 *therapeia*에 그 어원이 있다. 상담과 심리치료를 완벽하게 구분하기란 지극히 어렵다. 이 둘은 동형이 아닌 다양한 지식과 활동을 표상하기 때문에 상담 접근과 '이야기'치료와 같은 심리치료로 나누어 생각해볼 수도 있을 법하지만 명확하게 구분되기 어려운 측면이 있다.

상담과 심리치료를 구분하려는 시도로 가능한 방법은 다음과 같은 것들을 포함한다. 즉 심리치료가 상담보다 정신장애를 더 많이 다루고, 심리치료가 보다 장기적이고 깊으며, 심리치료는 의료 현장과 압도적으로 연관된다는 것이다. 그러나 결코 이렇게 딱 잘라 말하기 어려운 점들이 있다. 즉 많은 상담사들이 의료 현장에서도 작업을 하며, 정신장애로 인지된 헬퍼들도 많이 가지고 있으며, 깊은 정신역동적인 속성을 갖는 보다 장기적인 작업을 하기도 한다는 점에서 그렇다.

상담과 심리치료 간에는 거대한 중첩이 있다. 그 중첩의 한 예로 호주심리치료상담연맹이 '상담 및 심리치료의 정의'를 단일 진술문으로 공표하는 것을 들 수 있다. 상담과 심리치료는 공히 동일한 이론적 모형을 사용하는 심리적 과정이다. 상담과 심리치료 모두 헬피(helpee)를 인간으로서 존중하며, 헬피 말에 신중하면서도 공감적으로 경청하고, 헬피의 자조 능력과 개인 책무성을 촉진할 필요성을 강조한다. 이런 맥락에서, 이 책에서 필자는 상담과 심리치료라는 용어를 혼용해 쓴다. 글상자 1.1은 상담 및 심리치료 전문가 3명의 프로파일의 예를 보여준다.

상담사가 되기 위한 전문적 훈련 요건은 무엇인가? 확고부동한 것은 아니지만, 다음을 보면 그것이 무엇인지 감 잡을 수 있을 것이다. 영국상담심리치료학회(British Association for Counselling and Psychotherapy, BACP)는 최소 400시간의 직원/학생 접촉시간 외에, 최소 100시간의 상담실습 슈퍼비전 코스를 요구한다. 이는 최소 1년 동안 풀타임으로 공부하거나 2~4년간 파트타임으로 공부해야 할 분량이다. 영국심리치료위원회(United Kingdom Council for Psychotherapy, UKCP)의 조직원들은 심리치료사로서 훈련받기를 원하는 사람들을 위한 훈련을 제공하고 있는데, 그 훈련은 어림잡아 4년간의 파트타임 기간보다 짧지 않다. 이 훈련 모델에는 임상작업 슈퍼비전이 포함되며 보통 개인치료도 요구된다. 호주의 경우, 호주심리치료상담연맹(Psychotherapy and Counselling Federation of Australia, PACFA)은 그 회원

글상자 1.1　전문상담사와 심리치료사의 예

아멜리아(45세)는 관련 자격을 갖추고 개인상담소를 운영하고 있다. 개인, 커플, 가족, 아동 등 관계 문제를 지닌 헬피들을 전문적으로 돕는다. 그녀의 능력에 대한 신뢰가 커 많은 현지 실천가들은 그녀에게 여러 헬피를 의뢰한다.

올리버(34세)는 어느 다국적 회사에서 상담심리사로 근무하고 있다. 정서적 어려움으로 업무 수행에서 고통 받는 고용인들과 작업하는 데 많은 시간을 소비한다. 자기 업무 수행 능력이 떨어지는 사람, 동료직원, 그리고/혹은 헬피와 관련한 어려움을 호소하는 사람들이 그에게 의뢰된다.

에바(29세)는 관련 자격을 갖추고 한 대학에서 학생상담사로 활동하고 있다. 그녀의 헬피들은 대부분 학생이지만 일부 교직원도 있다. 또한 그녀는 공부 기술, 주장 기술, 갈등관리 기술과 같은 영역에서 훈련집단을 선도하고 있다.

들에 의해 운영되는 대학원 수준의 코스를 요구한다. 즉 최소 2년 이상에 걸친 200시간의 면대면 훈련, 200시간의 헬피 접촉과 관련한 50시간의 슈퍼비전을 받아야 한다.

전문자격요건과 관련해 추가적으로 언급할 가치가 있는 것을 들면 첫째, 사회복지사나 간호사의 경우처럼 많은 사람들은 자신의 주된 역할에서의 전문자격을 상담이나 심리치료 전문자격과 결부시키고 있다는 점이다. 둘째, 승인된 상담이나 심리치료 과정을 이수한 것이 곧 인증이라고 할 수 없다는 점이다. 왜냐하면, 전문상담사와 심리치료사들은 관련 전문조직에서 의무적으로 지속적인 전문적 발달(continuing professional development, CPD) 요건을 충족시킬 것을 요구받고 있기 때문이다.

헬퍼란 누구인가?

Gerard Egan의 책 능숙한 헬퍼(*The Skilled Helper*)의 경우가 그렇듯이, 헬퍼라는 단어는 상담전문가와 심리치료전문가를 포함해 상담이나 도움 기술을 사용하는 일에 종사하는 모든 사람을 포괄하는 용어로 사용될 때가 있다. 그러나 이 책에서 필자는 이 용어를 제한적인 의미로 사용한다. 즉 주업무의 일환으로 상담 기술을 사용하는 준전문상담사, 자발적으로 상담이나 도움을 주는 일에 종사하는 사람, 동료 도움이나 지지망에 참여하는 사람에 국한한다.

준전문상담사는 상담 기술 훈련은 받았지만 그 수준은 전문적 상담이나 심리치료 인증에는 못 미친다. 예컨대 여러 상담 코스에 참여한 경험이 있는 간호사들 중 일부는 특정 범주의 환자 문제를 다루는 데 능숙할 수 있다. 이런 배경을 가진 사람들은 그 영역에서 상담사라 불리는 경우가 있다. 간호상담사라는 용어가 그렇다. 그러나 필자는 이 책에서 상담사를 특정한 상담 영역에서 전문자격과 인증을 받은 사람으로 제한하여 준전문상담사를 그 상담 기술의 질과 무관하게 헬퍼로 범주화한다.

글상자 1.2는 자원봉사나 동료지지 차원에서 주업무의 일부로 상담 기술을 사용하는 헬퍼들의 예를 제시한다. 보기에 따라 이들은 준전문상담사라고 간주되지 않

글상자 1.2 상담 기술을 사용하는 헬퍼의 예

에밀리(54세)는 한 대형 병원에서 일한다. 상담 기술을 사용해 환자들의 신체적·정서적 어려움을 돕는다. 또한 일부 환자들이 귀가 시 직면할 수 있는 문제들에 대해 이야기하는 것을 돕고 있다.

잭(38세)은 가난한 어느 시골의 사회복지사이다. 상담 기술을 사용해 사람들이 자신의 재정문제에 대해 얘기하고 그런 삶의 문제에서 빠져나오는 방법에 대해 이야기하는 것을 돕는다.

푸자(46세)는 중등학교 여교사이다. 몇 가지 상담 기술 코스를 밟았다. 상담 기술을 이용해 학생들이 학습장애, 개인문제, 진학/취업 결정을 보다 잘 다루도록 돕고 있다.

올리비아(28세)는 언어치료사이다. 헬피들로 하여금 발표하는 것의 어려움에 대해 이야기하도록 하고 보다 잘 발표하도록 돕는 데 자신의 상담 기술을 쓰고 있다.

해리(22세)는 게이(gay) 지지집단의 일원으로서 21세 제이콥을 정기적으로 만난다. 이 둘은 만날 때마다 헬퍼와 헬피 역할을 번갈아 하면서 시간을 나누는 공동-도움(co-helping)에 참여하고 있다.

라지브(34세)는 지난 50여 년에 걸쳐 남아시아로부터 대규모의 이주민이 몰려든 어느 도시 지역사회의 청년 일꾼이다. 최근 이주한 사람들이 새로운 문화에 적응하고, 이주 부모나 그 자녀들이 보다 잘 관계를 맺도록 돕고 있다. 또한 이주민 청년들이 유의미한 활동을 찾고 어려움을 극복하도록 돕는 일을 하고 있다.

이슬라(61세)는 한 임신조언센터에서 일한다. 상담 기술을 사용해 보다 건강한 아이 출생을 바라는 여성들과 임신을 더 이상 원치 않는 여성들을 돕고 있다.

을 수도 있다.

헬퍼를 전문상담사나 심리치료사와 구별하는 방법을 좀 더 살펴보자. 지금까지 두 가지 구분되는 영역이 식별되어 왔다. 헬퍼는 상담사나 심리치료사와는 다른 역할을 수행한다. 상담사는 개인상담, 부부상담, 집단상담, 가족상담과 같이 상담을 주업무로 수행한다. 헬퍼는 이와는 다른 영역에서 주된 역할을 하거나 자원봉사나 동료지지 자격으로 상담 기술을 활용한다. 역할이 상이하기 때문에 헬퍼와 상담사의 훈련도 다르다. 상담사는 주로 상담을 위해 훈련을 받는다. 반면에 헬퍼인 경우 사회복지사, 간호사, 보호관찰사, 성직자, 복지근로자, 관리자 등의 직무를 위한 훈련에 그 초점을 둔다. 나아가, 자원봉사자들은 대개 비상담직업군에서 주된 일을 가지고 있으며, 대부분의 훈련도 이러한 직무의 일환으로 이루어졌을 것이다.

도움과 상담의 **목표**(goal) 역시 중첩될 수도 있지만 서로 다르다. 상담이나 심리치료의 주된 목표는 우울이나 불안과 같은 헬피의 삶의 심리적 이슈를 심도 있게 다루어 문제를 완화하는 데 있다. 또한 뚜렷한 심리적 차원을 갖는 헬피의 의사결정이나 위기를 극복하도록 돕는 데 있다. 물론 이러한 심리적 이슈가 도움의 중심일 때도 있다. 그러나 도움 헬퍼는 헬피의 외현적 심리 차원을 집중적으로 다루어야 할 특별한 경우를 제외하곤 임신조언, 집행유예, 가석방 등과 같은 문제를 상담 기술로 돕는 것이 일반적이다.

도움과 상담의 **장면**(setting) 혹은 맥락도 다를 수 있다. 대부분의 상담은 그것이 개인에 의하든 기관에 의하든 상담을 위해 특별히 마련된 공간에서 이루어진다. 상담 공간은 상담 목적을 지원하도록 설계되어 있다. 예컨대 기능적이면서도 안락한 의자를 갖춘 커피 테이블과 같은 것이다. 또한 상담 서비스는 대개 특별히 지정된 영역에서 제공된다. 학생 상담 서비스와 같은 것이 그 예이다. 헬퍼도 자원봉사기관에서와 같이 상담 목적으로 설계된 공간에서 상담 기술을 사용할 때가 있다. 그러나 흔히 헬퍼는 자신의 주업무지에서 상담 기술을 사용한다. 즉 개인사무실, 교실, 개인 지도실, 병동, 재취업알선클리닉, 교회, 은행, 법률사무소, 지역사회센터와 같은 곳이다. 나아가 상담사들은 공식적인 지역을 벗어나는 경우가 드문 반면, 성직자, 간호사, 사회복지사, 동료지지망 회원과 같은 헬퍼들은 가정집에서 상담 기술을 활용하기도 한다.

더 구분해보면, 헬퍼와 상담사가 상담 기술을 사용하는 **관계**에서도 다른 측면이 있다. 형식적 상담을 하는 상담사와 그 헬피의 관계는 과제 중심으로 구조화되며 명확한 경계가 있다. 도움 관계에서도 그 의제가 심리상담이건 그렇지 않건 상담 관계와 유사하게 명확한 헬퍼-헬피 경계가 있을 때도 있다. 그러나 흔히 도움 관계는 교사-학생, 성직자-신도, 관리자-노동자, 사회복지사-고객, 간호사/의사-환자와 같이 상담과는 다른 관계 맥락에서 형성된다. 상담사가 헬피와의 관계에서 하나 이상의 역할을 수행하는 이중적 관계는 상담의 눈살을 찌푸리게 할 수 있다. 반면 도움 관계에서 이러한 이중적 관계는 직물구조처럼 얽혀 있을 수 있다. 나아가 앞에서 언급한 바와 같이 때때로 도움 관계는 가정 방문을 포함한다.

헬퍼와 헬피

이 책의 목적상 **헬퍼**(helper)라는 용어는 준전문상담사를 지칭한다. 다시 말해 비상 담적인 주업무의 일환으로 혹은 상담기관, 도움기관, 동료지지망 등에서 자원봉사 자로서 상담 기술을 사용하는 모든 사람을 지칭할 때 사용된다. 이러한 사람들 중 누군가는 상담사로 불릴 수 있을 것이다. 그러나 이 책의 상담사라는 용어는 다시 말하지만 전문적 훈련을 통해 인증된 전문적인 상담사나 심리치료사로 제한된다.

헬피(helpee)라는 용어는 편의상 헬퍼가 상담 기술을 사용할 때 상호작용하는 대 상을 지칭하기 위해 사용된다. 앞에서 이미 헬피를 내담자로 지칭한 바 있는데 앞으 로도 문맥상 필요하면 그렇게 할 것이다. 헬퍼가 상담사로서 주된 역할을 갖지 않는 것처럼, 헬피 또한 아동, 학생, 고객, 환자, 지역 거주민, 청년, 노인, 동료 등과 같 이 자기 나름의 주된 역할을 가지고 있다.

기본 상담 기술이란 무엇인가?

이 장은 기본적인 혹은 근본적인 상담 기술에 대한 아이디어를 소개한다. 상담 기술이란 무엇인가? 기술이라는 단어는 여러 측면에서 응용될 수 있다. 첫 번째 응용 예로 경청 기술이나 노출 기술과 같은 기술의 영역(area)을 들 수 있다. 두 번째 응용 예로 '당신 기술이 특정 영역에서 얼마나 강한가?'와 같이 유능성 수준(level of competence)을 들 수 있다. 어떤 기술의 유능성은 그 기술에 대한 소유 여부가 아니라, 특정 영역에서 타인과는 차별되는 수준의 강점을 가지고 있느냐 여부에 의해 가장 잘 드러난다. 예컨대 당신은 경청 기술 영역에서 헬피에 대한 이해력이 탁월할 수 있으나 그 이해력을 표현하는 데는 약할 수 있다. 헬피 역시 거의 모든 기능 영역에서 상이한 수준의 강점을 갖는 기술복합체를 가질 수 있다.

　기술이라는 단어가 적용되는 세 번째 예는 특정 기술 실행 시 수반되는 선택적 지식 및 계열성(knowledge and sequence of choice)과 관련된다. 어떤 기술의 핵심 요소는 목표 달성을 위한 여러 가지 선택을 계열화하고 실행하는 능력이다. 예컨대 당신이 헬피의 말을 깊고 정확히 듣는 것을 잘하려면 그 기술 영역에서 효과적인 선택을 하고 실행해야 한다. 상담 기술 훈련과 슈퍼비전의 목표는 훈련생 헬퍼가 목표로 하는 기술 영역에서 강점을 반영하는 선택하기 방향으로 좀 더 이동하도록 돕는 것이다. 예를 들어 적극적 경청(active listening) 기술 영역에서 그 목표는 내담자를 이해하는 과정에서뿐만 아니라 그 이해를 내담자에게 보여줌으로써 보다 강력한 선택을 할 수 있도록 돕는 것이 될 것이다.

헬퍼나 헬피의 어떤 의사소통 영역에 대해 생각해볼 때 다음 두 가지 주요 질문을 고려할 수 있다. 첫째, 능숙한 외적 행동의 구성요소는 무엇인가? 둘째, 무엇이 그 행동 수행을 좌절시키거나 강화하는가? 적극적 경청이라는 상담 기술은 능숙한 대인 간 의사소통뿐만 아니라 능숙한 개인 내 정신 과정으로 되어 있다. 이를 이해하기 위한 하나의 접근은 외적 행동이 정신(mind)에 그 기원을 두고 있으며 그렇기 때문에 행동과 사고는 근본적으로 정신적 과정이라는 것을 인정하는 것이다. 그러나 여기서 필자는 헬퍼와 헬피의 기술을 다음 두 가지의 주요 범주로 구분한다. 첫째, 의사소통이나 행위 기술과 같은 외적 행동을 수반하는 기술이다. 둘째, 내적 행동을 수반하는 정신 기술이다. 여기서 당신은 필자가 왜 느낌 기술이나 신체 반응 기술에 대해 말하지 않는지 궁금할 것이다. 그 이유는 느낌과 신체 반응은 근본적으로 무의식적 혹은 동물적인 본성의 일부지 그 자체가 기술은 아니기 때문이다. 다만 여기서 분명한 것은, 당신이 헬퍼이든 헬피이든 불문하고, 당신이 의사소통하고, 행동하고, 사고하는 방식은 당신이 느끼고 신체적으로 반응하는 방식에 영향을 미칠 수 있다는 점이다.

의사소통 및 행위 기술

의사소통 및 행위 기술(communication and action skill)은 관찰 가능한 행동을 수반한다. 여기서 관찰 가능한 행동이란 무엇을 느끼고 어떻게 생각하는 것이 아니라,

---

글상자 2.1 의사소통/행위 메시지 기술을 보내는 다섯 가지 주요 방식

구두 메시지(verbal message) : 말로 메시지 송출

음성 메시지(vocal message) : 목소리를 통해 보내는 메시지. 목소리의 음량, 조음(articulation, 調音), 고저, 강조, 속도에 따라 메시지 의미는 다를 수 있음

신체 메시지(body message) : 몸으로 전하는 메시지. 응시, 눈 맞춤, 얼굴 표정, 자세, 제스처, 물리적 근접성, 의상, 몸단장에 따라 메시지 의미는 다를 수 있음

접촉 메시지(touch message) : 신체 메시지의 특수한 범주. 신체 일부를 만짐으로써 전달하는 메시지. 상대방 신체의 어떤 부위를 접촉하느냐, 만짐의 강약, 허락 여부에 따라 메시지 의미는 다를 수 있음

행위 전달 메시지(taking action message) 편지, 이메일, 청구서, 송장(送狀) 따위를 보내는 것과 같이 면대면이 아닌 방식으로 전하는 메시지

무엇을 하고 어떻게 하는가를 말한다. 예컨대 당신이 헬피에 대해 근심하는 것과 그 느낌에 기초해 행동하는 것은 별개이다. 당신은 헬피에 대한 동정심과 연민을 보여주기 위해 헬피와 어떻게 의사소통과 행위를 하는가? 당신은 말, 음성, 신체언어로 의사소통할 필요가 있다. 의사소통과 행위 기술은 경청 기술, 질문 기술, 도전 기술과 같이 그 응용 영역이 다양하다. 글상자 2.1은 헬퍼와 헬피가 의사소통과 행위 기술 메시지를 보내는 다섯 가지 주요 방식을 보여준다.

정신 기술

지난 60여 년 동안, 상담과 심리치료의 주요 흐름은 헬피의 자기패배적 사고와 정신 과정을 변화시켜 보다 잘 느끼고 행위하도록 돕는 방식의 노력이 되어 왔다. 이런 접근은 인지치료로 알려져 있다. 이러한 방식으로 헬피를 돕는 노력과 동일한 관점에서 당신이 상담 기술을 배우거나 사용할 때의 자신의 사고와 정신 과정도 이해할 수 있다.

당신이 자신의 정신적 잠재능력(mind's potential)을 지배할 수 있다면, 당신은 상

담 기술을 배워 훨씬 더 효과적으로 헬퍼를 도울 수 있을 것이다. 당신은 자신의 의사소통 방식에 유익하게 영향을 미칠 수 있도록 자신의 사고를 어떻게 통제할 수 있는가? 이 질문에 대한 대답으로 첫째, 당신은 자신이 개발할 수 있는 사고에 대한 사고, 즉 초인지 사고 능력과 관련한 정신을 소유하고 있다는 사실을 이해하는 것이다. 둘째, 만일 당신이 스스로 훈련해 실행하고 통제할 수 있는 기술의 측면에서 자신의 정신 과정을 볼 수 있다면, 당신의 사고에 대한 사고는 훨씬 더 효율적일 수 있다는 것이다. 셋째, 상담 훈련뿐만 아니라 일상생활에서 당신은 자신의 의사소통에 영향을 미칠 수 있는 자신의 정신 기술을 활용하는 것을 근면성실하게 연습할 수 있다는 것이다.

상담 기술은 외적 행동을 안내할 뿐만 아니라, 능숙한 외적 의사소통의 토대를 해치기보다는 지지하는 사고를 담보할 수 있는 정신적 가공 과정과 관련된다. 적극적 경청 기술을 예로 들어보자. 어느 정도까지는 관련된 외적 의사소통의 중심 요소들을 기술하는 것은 쉽다. 이론상 그 외적 의사소통 기술은 단순해 보인다. 그런데 대부분의 훈련생과 헬퍼는 물론, 노련한 상담사조차 열심히 경청하려고 고군분투한다. 그러므로 다음과 같은 의문이 든다. '잘 경청하는 외적 의사소통 기술이 이론적으로 비교적 그렇게 쉽게 약술된다면, 왜 훈련생이나 노련한 헬퍼가 그렇게 하지 않는가?' 이 질문에 대한 단순한 대답은 당신의 정신이 당신의 외적 의사소통을 강화할 수도, 방해할 수도 있다는 것이다. 그러므로 상담 기술은 정신 기술뿐만 아니라 의사소통 기술로도 이루어져 있는 것이다.

글상자 2.2에 세 가지 중심적 정신 기술이 제시되어 있다. 이것들은 Aaron Beck, Albert Ellis와 같은 선도적인 인지치료사들의 작업에서 유래하며, 내담자는 물론 당신과도 관련된다. 다시 말해 이런 정신 기술 영역에서 내담자 사고 변화를 위한 전략에 초점을 두고 있는 이 책의 18, 19, 20장의 내용은 당신의 사고 전환에도 적용된다는 것이다.

현실에서 이러한 중심적인 정신 기술들이 중첩되는 경향이 있다. 예컨대 자기대화(self-talk)와 모두 관련된다는 것이다. 여기서 말하는 자기대화란 특정 상황에 대

> **글상자 2.2 세 가지 중심적인 정신 기술**
>
> **자기대화 창출** : 당신은 특정 상황 전, 동안, 후에 부정적으로 혼잣말을 하는 대신, 조용하고 침착하게 머물 수 있고, 자신의 목표를 세우고, 무엇을 할 것인가에 대해 스스로 코치하고, 자신의 강점, 기술, 지지 요소를 견고히 하는 것을 돕는 대처적 자기대화 진술(coping self-statement)을 선택하고 만들 수 있다는 것을 인식할 수 있다.
>
> **규칙 창출** : 당신의 비현실적 규칙은 자신, 타인, 환경에 불합리한 요구를 만든다. '나는 항상 행복해야만 한다', '타인들은 나를 돌보아야만 한다', '내 환경은 어떤 고통도 담고 있어서는 안 된다'와 같은 것이 그러한 규칙이다. 이 규칙 대신 당신은 '나는 상당 시간 동안 행복한 것을 선호하지만, 항상 그것을 기대하는 것은 비현실적이다'와 같이 현실적 혹은 선호적 규칙을 개발할 수 있다.
>
> **지각 창출** : 성급히 결론짓기보다는 당신 지각의 실재(reality)를 검증하는 것을 배울 수 있다. 사실과 추론을 구분해 추론을 가능한 정확하게 할 수 있다.

처하는 것과 관련한 자기진술을 의미한다. 정신적 기술들 간의 상호 관계성은 깊이의 차원에서도 이해해볼 수 있다. 논쟁의 여지는 있지만, '나는 항상 행복해야만 한다'라는 규칙을 믿는 헬퍼나 헬피는 이 규칙을 타인과 공유하는 사람에 비해 사태(event)를 보다 부정적으로 지각하는 경향이 있다.

느낌과 신체 반응

상당할 정도로 당신은 당신이 느끼는 것이다. 당신의 중요한 느낌에 포함되는 것으로 일곱 가지, 즉 행복, 관심, 놀람, 공포, 슬픔, 분노, 역겨움 혹은 경멸을 들 수 있다. 느낌의 사전적 정의는 '신체적 감각', '정서', '인식' 따위의 단어를 사용하는 경향이 있다. 신체적 감각 혹은 신체적 반응으로서의 느낌은 당신 기저에 깔린 동물적 본능을 표상한다. 사람은 우선 동물이며 그다음이 인간이다. 그러므로 당신은 당신 기저의 동물적 본능을 중시하고 그것과 함께 사는 법을 배울 필요가 있다. 정서라는 단어는 운동을 함축한다. 느낌은 과정이다. 당신은 생물학적 경험화(experiencing)의 지속적 흐름에 종속되어 있다. 인식은 당신이 자신의 느낌을 의식할 수 있음을 함의

한다. 그러나 다양한 수준에서 그리고 상이한 방식으로 당신은 그 느낌과 접촉하지 않을 수 있다.

신체 반응은 느낌을 반영하기도, 수반하기도 하며 어떤 면에서는 구별하기 어렵다. 예컨대 불안을 수반한 신체 변화에 포함되는 것으로 전기충격과 같이 짜릿한 피부 반응(피부에서 발생하는 감지 가능한 전기적 변화), 혈압 상승, 두근거리는 심장, 급속한 맥박, 얕으면서도 급한 호흡, 근육 긴장, 입이 바싹 마름, 궤양과 같은 복부 문제, 말더듬과 같은 언어장애, 수면장애, 성적 욕망의 부분적 혹은 완전한 상실과 같은 것이 있다. 이 외에 우울할 때의 신체 운동 저하, 분노나 성적 매력을 느끼는 순간의 동공 확대와 같은 것이 있다. 때때로 당신은 자신의 신체 반응에 반응한다. 예컨대 불안이나 고통스러운 공격을 경험할 경우 우선 긴장과 불안을 느끼고, 그러고 나서 이 초기 느낌들 때문에 한층 더 긴장과 불안을 느끼게 된다.

느낌과 신체 반응은 도움 과정에 핵심적이다. 헬퍼로서 당신은 자신은 물론 헬피의 느낌을 경험하고 이해하는 능력을 필요로 한다. 그러나 느낌이 단지 동물적 본능을 표상한다는 이유로 당신과 헬피가 그것에 따라 행위를 할 수 없다는 것은 아니다. 도움에서 느낌과 그것에 동행하는 신체 반응은 중요하게 다루어져야 한다. 이와 관련해 다소 중첩되는 세 가지 영역, 즉 느낌 경험하기, 느낌 표현하기, 느낌 관리하기가 있다. 이 각 영역에서 당신은 헬피의 의사소통/행위, 생각, 정신 과정을 작업해서 헬피가 느끼고 신체적으로 반응하는 방식에 영향을 줄 수 있다.

기본 상담 기술

기초로 돌아가자. 기초라는 단어가 상담 기술과 관련해 사용될 때 그것은 당신의 도움 실제의 기초가 되는 상담 기술의 레퍼토리를 의미한다. 그런 기본 상담 기술은 개발되기보다는 근본적이며 일차적인 것이다. 헬퍼-헬피 관계의 질은 성공적인 도움 만남에서 필수불가결하다. 결론적으로, 많은 기본 상담 기술은 당신과 헬피가 얼마나 잘 연결되는지를 강화하는 그런 것이다. 기본 상담 기술에 포함되는 것에는 헬피의 내적 참조틀이나 관점 이해하기, 헬피의 느낌 반영하기가 있다. 이외에 내담자의 문제나 상황을 내담자 스스로 보다 명료하게 이해하도록 돕기가 있다. 예컨대 당신은 느낌, 신체 반응, 생각, 의사소통이나 행위에 대한 핵심적인 질문들을 할 수 있다. 이와 같은 기본이 아닌 여타의 상담 기술들도 헬피가 생각하고, 느끼고, 의사소통하고, 행동하는 방식에 영향을 주도록 돕는다는 단순하고도 직선적인 방식에 초점을 둘 수 있다. 헬피와 관계를 맺고 헬피로 하여금 자신의 근심을 이해하도록 돕는 기본 상담 기술들은 모든 헬퍼에게 요구된다. 당신이 자신의 기본적 상담 기술 레퍼토리를 헬피의 변화를 돕기 위한 보다 심오한 기술들을 포함하는 것까지 확장시키는 정도나 방식은 이 기본 상담 기술의 유용성을 당신이 어느 정도 발견할 수 있는지의 문제일 것이다.

3

다양한 인간으로서 헬퍼와 헬피

학습목표
이 장을 공부하고 활동을 해봄으로써 당신은

● 헬퍼와 헬피가 도움에 가져오는 다양한 특징을 알고
● 이러한 특징이 도움에 어떻게 영향을 미치는지 인식할 수 있어야 한다.

지난 45년 동안 다양성에 민감한 상담과 도움에 대한 관심이 점증해 왔다. 개인사를 차치하고, 모든 헬퍼와 헬피들은 상이한 특징들을 하나의 혼합물인 양 보유하고 있다. 헬퍼로서 당신 또한 자신뿐만 아니라 헬피의 이러한 상이한 특징을 지각하고 평가한다. 문화나 인종과 같이 중요하면서도 종종 바람직한 유사성이 있을 수 있으나, 완벽한 헬퍼-헬피 매칭과 같은 것은 없다. 글상자 3.1은 상담과 도움 실제에 있는 다양성의 많은 영역 중 몇 가지만 보여준다. 이어서 이 각 영역을 차례대로 간략히 논의할 것이다.

문화

2014년 중반 영국의 총인구는 약 6,460만 명으로, 2001년 인구조사에서의 5,880만 명보다 많았다. 2011년 조사에 따르면, 잉글랜드와 웨일스 인구의 46%인 340만 명

> **글상자 3.1 상담과 도움의 다양성의 10개 영역**
>
> 1. **문화** : 주류 혹은 소수집단 문화에서의 조상의 기원, 그리고 후자 집단인 경우 문화 변용 정도
> 2. **인종** : 문화적 하위집단이나 혼혈적 존재에 따른 뚜렷한 신체적 특징
> 3. **사회계급** : 수입, 교육적 성취, 직업적 지위에 부착된 차이
> 4. **생물학적 성** : 여성 혹은 남성
> 5. **젠더-역할 정체성** : '여성다움'이나 '남성다움'에 의한 사회적 속성 분류에 따른 느낌, 생각, 행동의 차이
> 6. **결혼 상태** : 독신, 동거, 결혼, 별거, 이혼, 재혼, 사별
> 7. **성적 혹은 애정적 지향** : 이성애, 레즈비언, 게이, 양성애
> 8. **연령** : 아동, 청소년, 중년, 장년, 노년
> 9. **신체장애** : 신체 일부의 구조나 기능의 결손
> 10. **종교 혹은 철학** : 기독교, 힌두교, 회교도, 불교, 혹은 상이한 종교적·세속적 신념 체계

이 백인 인종집단으로 식별되었으며, 이 중 폴란드 출신의 인구 비율이 급증하였다. 33%인 240만 명이 아시아/아시아계 영국인, 13%인 92만 2,000명이 흑인/아프리카계/캐리비언/흑인 영국계 집단으로 식별되었다.

호주 인구는 20세기 시작 이래 6배 이상 증가해 기존의 380만 명에서 2012년에는 2,280만 명이 되었다. 영국기반 문화가 지배적인 호주는 세계에서 가장 다문화적이며 가일층 다인종화되고 있는 나라로 변모해 왔다. 몇 년 동안 지금의 아시아인들은 최대의 이주집단이 되어 왔다.

미국은 오랜 문화적 다양성의 역사를 가지고 있다. 2010년 미국 인구는 3억 870만 명이었다. 여전히 대다수는 백인(백인 63.7%가 비히스패닉계 백인)이지만 그 조상은 다양하였다. 나머지 16.2%는 그 뿌리가 백인 히스패닉이나 라틴계였고, 12.6%는 흑인이나 아프리카계 미국인, 4.6%는 아시아인이었다.

헬퍼와 헬피는 상이한 문화 출신일 수 있으며, 주류문화에 대한 동화 수준에서 차이를 보일 수 있다. 설령 당신이 주류문화 출신일지라도 당신 문화의 주요 규칙과 전통에 대한 상이한 수준의 적응이나 거부를 가질 수 있다. 이주민 부모의 2세인 헬퍼나 헬피는 부모 문화의 견인력과 주류문화로 동화하려는 자신의 개인적 바람

(wish) 사이에서 갈등을 경험할지 모른다.

이주민 출신 헬피는 당신의 과거 문화나 새로운 가정 문화 모두에 상이한 수준의 반감과 매력을 경험할지 모른다. 이주민들은 항상 자신의 심장과 머리에 모국 문화의 일부를 지니고 있다. 어떤 이주민들은 주류문화의 나라에서 결코 행복하지 않다. 그러나 이주해 온 나라의 문화를 이상으로 삼는 이주민이 고향을 처음으로 다시 방문했을 때 자신의 모국 문화가 무례하다는 인식을 가질 수도 있다.

헬퍼와 헬피의 상이한 문화 외에, 사람에 따라 자신의 문화와 타문화 속에서 자신이 어떻게 수용되어 왔는지에 대한 경험도 각양각색일 수 있다. 당신의 문화적 차이가 수용되거나 중시될 수도 있지만, 당신 문화가 열등하다는 피드백도 받을 수 있다.

한 가지 중요한 문화적 이슈는 헬퍼와 헬피의 역할 기대와 관련된다. 예컨대 문화 규칙에 따라 어떤 사람이 적절하게 도움을 주는 사람인지, 낯선 사람에게 개인정보를 노출하는 것이 적절한지, 상이한 정서와 증상을 어떻게 드러낼 것인지, 헬퍼로부터 어느 정도 지시를 받아야 하는지 등의 이슈에 대해 상이한 입장을 보일 수 있다. 이외에 문화에 따라 시간, 약속하기, 약속 준수에 대한 태도가 다를 수 있다.

인종

당신과 당신의 헬피는 상이한 인종 출신일 수 있다. 문화적 차이는 포착하기가 쉽지 않지만 인종적 차이는 쉽게 관찰 가능하다. 당신은 물론 당신 헬피도 주류 백인 문화와 관련한 인종 차별을 경험했거나 경험하고 있을지 모른다. 역으로 주류문화 출신의 사람이 소수민 문화로 들어가는 모험을 할 때 의심과 적대감을 느낄 때도 있을 것이다. 헬퍼와 헬피 간의 인종적 매칭(예 : 흑인과 흑인, 아시아인과 아시아인)이라는 생각은 보편적으로 지지되지 않는다. 그러나 상이한 인종 출신일지라도 헬퍼와 헬피 간의 관계는 인종적 고정관념의 장벽을 뚫고 초월하는 작업과 관련된다. 그러므로 헬퍼로서 당신이 문화 민감적 기술뿐만 아니라 인종 민감적 기술을 소유하는 것은 중요한 문제이다. 예컨대 어떤 헬피는 자신의 삶과 도움 관계에서 인종적 역할에 대한 자신의 관점을 나누는 것이 허용되는 것에 감사할지 모른다.

사회계급

사회계급은 여전히 영국에서 큰 이슈이다. 그 정도는 약할지 모르나 호주와 미국에서도 마찬가지다. 수입, 교육적 성취, 직업적 지위는 현재 서구 국가에서 사회계급을 측정하는 세 가지 주요 수단이다. 다른 측정 지표에 포함되는 것들로는 학교교육, 억양, 의복, 예의범절, 사회적 네트워크의 속성, 거주 유형, 거주 위치 등을 들 수 있다.

당신과 당신 헬피는 사회계급을 도움 관계에 가져온다. 그러므로 당신은 헬피의 사회계급이 당신에게 미치는 영향과 당신의 사회계급이 헬피에게 미치는 영향에 민감하게 반응할 수 있다. 충분히 능숙하지 않으면, 사회계급을 고려하는 것은 효과적인 도움 관계 수립에 불필요한 장애가 될 수도 있다. 만일 당신이 자신의 사회계급 때문에 열등감이나 우월감을 지닌다면 그런 감정을 없애기 위해 노력해야 한다. 사회계급이라는 의제의 침입을 피할 수 없다면 효과적인 헬퍼가 되는 것은 매우 어렵다.

생물학적 성

당신과 당신 헬피는 도움 관계에 생물학적 성(biological sex)을 가져온다. 대부분의 형식적 상담 장면에서 여성 헬퍼나 헬피의 수는 남성 헬퍼나 헬피의 수보다 많다. 다른 주된 역할의 일부로서 상담 기술을 사용하는 장면에서는 이럴 가능성이 덜한데, 이 경우의 헬퍼와 헬피의 성비는 교육, 건강, 업무 등과 같은 작업 맥락을 더 반영하는 것 같다. 도움 관계에 있는 사람들이 동성이냐 혹은 이성이냐에 따라 그 의사소통의 양과 질은 영향을 받을 것이다. 그러나 그 사람들이 어떤 사람이냐에 따라 그 의사소통의 질은 더 나아질 수도 있고 더 악화될 수도 있을 것이다.

젠더-역할 정체성

젠더(gender)는 생물학적 성으로 지칭될 때도 가끔 있지만, '남성다움'과 '여성다
움'으로서의 속성과 행동에 대한 사회문화적 분류를 가리키는 말이다. 당신과 당신
의 헬피는 젠더 혹은 성 역할 정체성을 관계에 가져온다. 예컨대 '남성다움'과 '여
성다움'의 차원에서 당신 자신과 상대방을 바라보는 방식과 남성다움이나 여성다움
의 구성물에 대해 당신이 부여하는 중요성과 같은 것이다.

　당신과 당신 헬피는 젠더 이슈에 부여하는 중요성에 따라 범주화될 수 있다. 예컨
대 당신이 여성이나 남성의 이슈를 어느 정도 그리고 어떤 방식으로 지지하는 사람
인가에 따라 범주화될 수 있다. 나아가, 당신과 헬피는 한 성이 다른 성보다 우월하
다는 성적 관점에 대해 부여하는 가치의 정도에서도 다를 수 있다. 예컨대 노동력,
성적 학대, 가정에서의 심리적·물리적 폭력과 같은 것에서의 남성과 여성의 역할에
대한 가치 부여 태도가 다를 수 있다.

결혼 상태

사람들이 혼외 동거 쪽으로 향하는 추세가 있다. 이 추세는 젊을수록 더 강하다. 그
럼에도 불구하고 서구 국가 대부분의 성인들은 결국 결혼에 골인한다. 그러나 결혼
연령은 더 늦어질 것으로 보인다. 영국과 웨일스에서 2000년에 결혼한 남성 중 16%
만이 25세 이하였는데 1990년의 38%와 비교된다. 2000년에 싱글 여성은 57%였던
반면 1990년에는 30%였다. 이혼 또한 보다 흔해지고 있다. 2000년 중반에 영국과
웨일스에서 이혼한 사람의 비율은 9.1%로서 1990년의 5.0%와 비교된다. 당신이 다
른 주요 역할의 일부로서 상담 기술을 사용할 경우 자신의 결혼 상태는 대체로 도움
과 무관할 것이라고 생각할지 모르겠다. 그러나 당신이 당신 헬피의 친밀한 관계를
형성하는 기술을 개발시키려고 조력할 때, 당신의 결혼 상태는 어떤 헬피에게는 이
슈가 될 수도 있다.

성적 지향과 애정적 지향

당신이 이성애자이든, 레즈비언이나 게이이든, 양성애자이든, 당신과 당신 헬피는 도움 관계에 성적 지향을 가져올 것이다. 필자는 성적 선호가 아니라 성적 지향이라는 용어를 사용한다. 대부분은 아닐지라도, 많은 레즈비언과 게이의 성적 지향은 삶의 사실이며, 이는 자유선택에 기초한 선호라기보다는 유전적 특징과 중요한 학습경험에 기초하고 있다. 오늘날 애정적 지향이라는 용어는 이성 관계는 물론 동성 관계에 성적인 것 이외의 다른 양상이 많다는 것을 인정하는 방식으로 사용될 때가 있다.

도움 관계에 성적 지향과 애정적 지향만 가져오는 것은 아니다. 당신은 자신과 타인의 성적 지향에 대한 자신의 생각과 느낌도 가져온다. 레즈비언, 게이, 양성애의 당신 헬피는 당신이 자신이나 타인에 대해 동성애를 수용하는 수준에서 다를 수 있다. 당신은 낙인찍기, 가족의 거부, 억압, 성 정체성 문제, 내면화된 사회적 동성애 공포증(homophobia)에 대처할 필요가 있다. 레즈비언과 게이 헬피는 당신의 성적 지향과 태도에 대해 궁금해할지 모르며, 당신이 그런 헬피를 받아들이기 어려워할 것이라는 두려움도 가질 수 있다.

공개적으로 동성애공포증을 보이는 헬퍼는 거의 없을 것이다. 그러나 이성애 수준에서 정도의 차이를 보이는 이성애자 헬퍼도 적지 않을 것이다. 여기서 필자가 말하는 이성애자의 의미는 반대되는 성을 가진 사람에 대한 애정이 동성에 대한 그것에 비해 의식적이든 혹은 무의식이든 우월적이라는 뜻이다. 한편, 어떤 레즈비언이나 게이 헬퍼는 억압된 이성애나 공개적으로는 이성애적인 성향을 지녔으나 양성애적 기질의 내담자와 작업하는 데 어려움을 겪을지 모른다. 고의적으로 혹은 무심결에 그런 내담자에게 동성애자가 되도록 영향을 미치려고 할 수도 있다.

연령

헬퍼와 헬피는 처음 만나는 즉시 서로의 연령에 대한 가정 그리고 그것과 관련한 또다른 가정을 만들기 시작한다. 연령을 사정하는 것은 헬퍼 자신과 상대방 헬피에 대한 상이한 생각과 느낌을 다루기 위한 출발점이 될 수도 있다. 예를 들어 젊은 헬퍼는 충분한 삶의 경험이 없기 때문에 자신보다 나이 많은 헬피와 깊은 작업을 할 수 없다는 지각을 가질지 모른다. 젊은 헬피는 나이 많은 헬퍼가 세대차이로 자신을 이해할 수 없을 것이라고 두려워할 수도 있다.

수명은 연령 변화의 한 양상이다. 예컨대 평균적으로 서구인은 1세기 전보다 약 20년 이상 장수하고 있다. 이 변화는 많은 도전을 주고 있다. 그 도전에는 노인들의 요구에 대한 보다 많은 관심이 포함된다. 연령은 물리적 개념이기도 하지만 정신적 태도이기도 하다. 노령의 사람이 심리적으로 살아있고 생동감이 넘쳐흐를 수 있는 반면 정신적으로 경직된 젊은이도 있다. 헬퍼와 헬피 간의 의사소통 방식에 따라 물리적 연령에 기초한 가정이 강화되거나 구축(驅逐)될 수 있다. 예를 들어 청춘의 헬퍼가 고령의 헬피를 안심시키는 조용하고 편안한 방식으로 의사소통할 수 있는 반면, 고령의 헬퍼가 청춘의 헬피의 문화와 염원에 대한 이해를 보여줄 수도 있다.

신체장애

헬퍼나 헬피 중 한 사람 혹은 둘 다 신체장애자일 수 있다. 많은 사람들이 거동, 청력, 시력, 여타의 장애로 고통 받고 있다. 이런 장애가 유전적인 경우도 있지만, 산업재해, 교통사고, 군복무와 같은 삶의 사건으로부터 파생되기도 한다. 헬퍼와 헬피는 각기 자신과 상대방의 장애에 대한 생각과 느낌을 가질 것이다. 특정 신체장애 헬피와 작업하는 기술이 턱없이 부족하다고 느끼는 헬퍼도 있을 것이다.

신체장애를 가진 헬퍼라는 사실은 많은 이슈를 만들 수 있다. 신체장애 헬퍼는 자신의 신체적 한계에 순응해야 한다. 많은 신체장애 헬퍼들은 장애의 파생적 결과들과 맞서 순항한 결과 보다 차분하고 더욱 강한 사람들이 되어 왔다. 이러한 헬퍼는 신체장애 헬피가 직면하는 도전에 대한 보다 큰 통찰을 가질 뿐만 아니라 비장애 헬피에게도 매우 효과적일 수 있다.

때때로 당신은 장애인 헬피와 관련된 다른 의제 때문에 도움 관계의 속성을 변화시켜야 할 압박적 상황에 놓일 수도 있다. 보험사나 노동자보상위원회로부터의 간략한 공조 요청이나 헬피에 관한 보고서 작성 요구와 같은 것이다. 극소수이기는 하나 어떤 장애인 헬피는 도움 비용 문제로 도움 관계의 본질을 해치기도 한다.

종교 혹은 철학

당신과 당신의 헬피는 종교적 신념, 영적 갈망, 삶의 의미에 대한 설명을 관계에 가져온다. 이러한 것들은 강점의 원천이 될 수도 있다. 예컨대 서구 문화에서 많은 헬퍼들은 비이기적 사랑인 아가페라는 기독교 개념에 의해 강력하게 동기화된다. 나아가, 헬퍼가 헬피와 동일한 종교적 신념을 공유하는 것은 협력적인 작업 관계를 강화할 수도 있다. 그러나 어떤 헬피는 자신의 종교적 신념이 헬퍼에 의해 부당하게 제한되는 것을 발견할지 모르며, 이와 반대되는 입장에 처한 헬퍼와 헬피도 있을 것이다.

헬퍼에 따라 자신과는 상이한 종교적·영성적 태도를 지닌 헬피와 관계를 발전시키는 능력이 다를 수 있다. 종교적 문제를 둘러싼 하나의 이슈는 종교적 가치와 가르침이 작업 방식에 미치는 정도이다. 예컨대 로마 가톨릭 신자 헬퍼는 이혼, 피임, 낙태, 혼전 섹스, 레즈비언이나 게이 섹스와 같은 영역에서 헬피와 가치 갈등에 직면할 수 있다.

지금까지 헬퍼와 헬피가 도움 접촉 및 관계에 가져오는 10개의 주요 특징을 검토하였다. 다양한 순열과 조합에 따라 헬퍼와 헬피의 개인적 특성은 달라질 수 있다. 어떤 도움 관계도 진공 속에 존재하지 않는다. 당신은 자신뿐만 아니라 당신 헬피의 개인적 특성이 의사소통 방식은 물론 도움 관계 발전에 미치는 영향에 민감할 필요가 있다. 또한 당신의 한계에 대해 현실적일 필요가 있으며, 필요할 경우 당신 헬피의 특수한 환경을 당신보다 더 잘 이해하는 다른 헬퍼에게 당신 헬피를 의뢰할 준비가 되어 있어야 한다.

활동 안내

이 장은 물론 향후 모든 장들은 당신의 지식과 기술을 개발하도록 돕는 여러 가지 활동으로 끝난다. 당신은 이미 훈련집단에서 기본적인 상담 기술들을 배우고 있을지 모르겠다. 그럼에도 불구하고, 당신은 여전히 파트너와 혹은 이것이 불편하다면 혼자서 이 책 속의 활동 일부나 전부를 수행하고 싶을지 모르겠다. 이 활동들에 대한 당신의 성실한 수행은 이 책의 가치를 강화할 것이다. 연습이 완벽을 만들지 못할지 모르나 유능성은 분명 신장될 것이다.

훈련가 헬퍼와 훈련생 헬피는 각 활동을 진행하는 방법을 함께 결정할 수 있다. 예컨대 활동을 전체 집단으로 할 것인지, 세 명이나 두 명씩 짝지어 할 것인지, 개인적으로 할 것인지, 이것들을 조합해 할 것인지 선택할 수 있다. 활동들을 할 때 명심해야 할 점은 관련된 모든 사람이 원치 않는 개인정보 공개 압박을 느껴서는 안 된다는 것이다. 활동 진행 방법과 유의사항에 대한 이와 같은 안내는 반복을 피하기 위해 이 장에서 한 번만 언급한다.

활동 3.1 당신 자신과 헬피의 상이한 특징과 그 효과에 대한 인식 높이기

1. 다음 각 특징에 대해 당신 자신을 어떻게 기술하겠는가?
   - 문화
   - 인종
   - 사회계급
   - 생물학적 성
   - 젠더-역할 정체성
   - 결혼 상태
   - 성적 혹은 애정적 지향
   - 연령
   - 신체장애
   - 종교 혹은 철학

2. 위의 특징들에서 당신과는 다른, 그래서 도움에 방해가 될 수도 있는 당신 헬피를 당신은 어떻게 다룰 수 있다고 생각하는가? 그런 헬피를 위해 당신은 무엇을 할 수 있는가?

당신이 상담과 도움에 가져오는 것

당신은 앞 장에 기술된 다양한 특징 외에 많은 개인적 특징과 기술 수준을 상담과 도움에 대한 배움에 가져온다. 당신이 타인을 도울 때 역할 준비가 되어 있지 않을 수도 있다. 당신은 자신의 욕구에 의해 영향을 받지 않는 방식으로 타인을 다루는 것에 충분히 주의 집중할 수 있어야 한다. 이에 앞서 당신은 자신의 개인적 문제를 훈습할 필요가 있을 것이다. 모든 훈련생 헬퍼는 효과적인 헬퍼가 되는 기술 요소에 다양한 수준의 강점을 가져온다. 이 장에서는 당신의 훈련에 가져오고 유념해야 할 몇 가지 기술과 이슈를 검토한다.

당신의 동기

자신의 과거 박탈 때문에 타인을 돕고 싶은 사람도 많다. 예컨대 당신 부모가 당신에게 충분한 사랑과 지지를 주지 않았다고 당신은 느낄지 모른다. 타인과 관계를 잘 맺는 방식을 배우기 어려웠던 환경에서 성장했기 때문에 배울 게 아직 많다는 것을 인정하는 사람도 있을 것이다. 정도의 차이는 있겠지만 자신과는 출신이 다른 헬피와 관계하고 존경하는 기술을 습득하고 강화할 필요가 여전히 있다는 것을 깨닫지 못하는 헬퍼도 있을 수 있다. 만일 당신이 당신 헬피를 보다 객관적으로 볼 수 없다면 그 헬피를 손상시킬 수도 있다. 예컨대 당신은 다양한 방식으로 헬피를 당신에게 의존적이 되도록 압박을 가할 수 있다.

당신은 자신의 도움 동기를 의식할 필요가 있다. 당신이 과거에 어떤 정서적 고통과 박탈을 겪었고 그것을 의식하고 보다 강한 사람이 되려고 작업할 준비가 되어 있다면 이는 당신에게는 오히려 장점이 될 수도 있다. 과거에 고통을 겪었기 때문에 지금 고통을 받고 있는 타인을 돕는 방법을 배우고 싶을 수 있다. 어떤 사람은 기질적으로 타인을 돕고 싶어 하고 그렇게 할 때 충만감을 더 느낀다. 종교적 신념의 영향으로 타인을 돕고 싶은 사람도 있다. 예를 들어 당신이 기독교 신자라면 비이기적 사랑인 아가페를 보여주고 싶을 것이다. 이처럼 사람은 타인을 돕고자 하는 자기만의 다양한 동기를 가지고 있다.

당신은 도움 경력(career)을 개발하고 이를 통해 생계를 유지하고 싶은지 모르겠다. 타인을 진정으로 돕고 싶고, 자신의 기술 개발을 위해 열심히 작업하고, 자신의 효과성을 모니터하는 한, 그렇게 하는 것은 괜찮다. 설령 당신이 헬퍼로서 풀타임으로 작업하지도 않고 그럴 의도도 없을지라도, 당신은 여전히 파트타임이나 다른 역할의 일부로서 헬피를 강화하고 고통을 줄이기 위해 돕고 싶은 많은 사람들 중 하나일 것이다.

당신의 느낌

2장에서 언급했듯이, 헬퍼와 헬피의 느낌과 관련한 세 가지의 중요한 영역은 느낌 경험하기, 느낌 표현하기, 느낌 관리하기다. 당신은 이 각 영역에서의 기술들을 당신의 조력 작업에 가져온다.

느낌 경험하기

효과적인 헬퍼가 되려면 자기 느낌을 충분히 그리고 정확히 경험하는 능력을 갖출
필요가 있다. 느낌을 경험할 수 없거나 단지 부분적으로만 경험이 가능한 도움 훈련
생들의 다음 사례 몇 가지를 살펴보자.

사례연구

산자이(34세)는 부모가 느낌을 경험하고 공개적으로 보여주는 데 어려움을 겪었던 가정에서 성장
하였다. 결과적으로 지금 자신이 진짜 느끼는 것을 경험하는 데 어려움이 있다. 그는 정서적으로
밋밋한 존재로서 훈련에 임한다.

제시카(27세)는 행복이나 감사와 같은 느낌은 경험할 수 있다. 그러나 성적인 느낌은 억압한다.
매우 새침 떨며 남자를 멀리한다.

제이콥(47세)은 너무 쉽게 분노하고 이성을 잃는다. 자신과 가까운 사람에게 매우 긍정적인 느낌
을 가지고 있지만, 일단 화가 치밀기 시작하면 그런 느낌을 경험하지 못한다.

위의 각 예의 도움 훈련생들은 자신의 느낌을 경험하는 작업을 필요로 한다. 당신이
자신의 느낌 경험을 통해 자신과 관계 맺을 수 있다면, 이는 당신 미래의 다양한 부
류의 헬피를 보다 충분히 이해하고 관계를 맺는 것에 도움이 된다.

느낌 표현하기

도움 훈련생으로서 당신은 도움에서뿐만 아니라 일상생활에서 자신의 느낌을 적절
히 표현할 능력을 갖출 필요가 있다. 당신이 헬퍼로서 느낌을 표현하는 것과 일상생
활에서 그렇게 하는 것이 불일치할 때가 있다. 그러므로 당신은 항상 자신의 일상생
활에서의 느낌 표현이 당신 헬피에게 끼칠 영향을 고려해야 한다. 도움 훈련생으로
서 당신이 일상생활에서 자기 느낌을 제대로 표현하지 못하면 도움에서 당신의 헬피
에게 적절히 느낌을 표현하는 것의 어려움을 알게 될 것이다.

사례연구

포피(36세)는 대개 자기 느낌을 경험한다. 그러나 종종 그것을 타인이 알아채지 못하도록 억제한다. 예를 들어 최근 시험에서 아주 잘했던 것이 정말 즐거웠지만 친구들과 그 느낌을 나누기를 꺼린다.

찰리(24세)는 자기 느낌을 표현하는 데 문제가 있다. 종종 다른 사람들이 그의 공격적인 행동 방식으로 인해 위압감을 느낀다는 점에서 그렇다. 그의 바람대로 그들이 반응하지 않을 때 더욱 공격적인 경향이 있다.

위 사례의 포피와 찰리는 일상생활에서 자기 느낌 표현에 어려움을 갖는 사람들이다. 이런 사람들은 헬퍼로서 자기 느낌을 적절히 표현하는 데도 어려움을 겪을 것이다. 보다 자기주장적으로 느낌을 표현하는 방식은 잠시 후 이 장에서 다룬다.

느낌 관리하기

세계적으로 유명한 정신과 의사이자 저자인 Irvin Yalom은 뚱뚱한 여성 헬퍼와 마주했을 때 느끼는 역겨움을 관리하는 데 어려움을 겪었다는 것을 시인한다. 그는 그런 느낌이 자신의 효과성에 방해가 되지 않도록 작업할 필요가 있었다. 당신은 헬퍼로서의 도움 작업뿐만 아니라 일상생활에서 특정한 느낌을 표현할지, 언제 표현할지, 어떻게 표현할지 결정할 수 있도록 자신의 느낌을 관리할 필요가 있다.

당신은 자신의 삶에서 자기 느낌 관리에 어려움을 겪는 상황을 생각해낼 수 있는가?

사례연구

이사벨라(32세)는 성장 과정에서 아버지로부터 성적 학대를 받았다. 현재 그녀는 성적 학대의 희생자를 다루는 한 센터에서 근무하고 있다. 그녀는 성적 학대를 받는 것에 대한 자신의 반응을 계속 훈습해야 했으며, 그 결과 성적 학대경험이 있거나 현재 경험하고 있는 헬피를 다룰 때 자신의 느낌을 관리할 수 있다.

야스민(21세)은 다른 사람들의 말과 그 방식에 대한 자신의 느낌 때문에 그들의 말을 제대로 경청하는 데 방해받을 때가 가끔 있다. 그녀는 적절히 경청하지 않을 때 있을 수 있는 위험 상황을 우선 식별하고 제대로 경청하도록 자신의 느낌을 관리할 필요가 있다.

> 토머스(28세)는 자기의 곤란을 부당하게 주장하는 사람들 때문에 힘들어할 때가 있다. 이 때문에 그는 마지 못해 그들의 부당한 요구에 응할 때가 있다. 그는 자신의 느낌을 관리하는 법을 배워 그들에게 진짜 도움이 될 수 있도록 할 필요가 있다.

그렇다면, 당신은 그것을 보다 잘 관리하는 방법을 배우는 첫 단계에 입문한 것이다.

가치감

헬퍼로서 당신은 자신의 작업에 가치감(sense of worth)을 가져온다. 당신이 자신을 가치 있는 존재나 현실적인 자신감을 갖는 사람이라고 느낀다면 이상적이다. 스스로 가치 있게 느끼지 않기 때문에 타인을 돕고 싶어 하는 사람도 있다. 당신이 그렇다면 타인을 돕기에 앞서 보다 자신감을 갖도록 스스로를 돕는 작업을 할 필요가 있다. 당신의 자신감이 단연코 낮지 않을 것이라 믿어 의심치 않지만, 여전히 한층 더 높은 가치감을 가질 수 있을 것이다. 당신의 불안감은 당신이 반드시 다루어야 할 특정 상황이나 어눌한 헬피를 다룰 때 방해가 될 수 있다. 당신이 보다 나은 헬퍼가 됨에 따라 당신은 당연히 더 큰 자신감을 가질 것이다. 그러나 당신은 자신의 도움 역할 밖에서도 보다 자신 있게 되는 것을 여전히 배울 필요가 있을 것이다. 이렇게 될 때 당신은 보다 자신 있게 느끼고, 생각하고, 행위하면서 당신 본연의 역할을 수행할 수 있을 것이다.

공포와 불안

당신의 공포와 불안의 양과 속성은 당신의 가치감과 연동된다. 예를 들어 당신이 일반적으로 자신감이 낮다고 느끼면, 풀타임이나 파트타임으로 헬피를 도울 때 당신 바람만큼 유능하게 하지 못할까 하는 두려운 감정이 생길 것이다. 당신은 특정한 사람, 예컨대 공격적인, 수줍은, 혹은 인종적으로 상이한 헬피를 다루는 데 불안할지 모른다. 그리고 당신 헬피의 성적인 문제나 결혼 갈등과 같은 특정 문제를 관리하도록 돕는 데 두려움을 가질 수도 있다. 또한 자신의 도움 작업과 직접 연관되지 않는 어떤 두려움도 가질 수 있다. 이 간접적 두려움은 당신의 도움에 자신감을 떨어뜨릴 수 있음을 명심할 필요가 있다. 이런 불안과 두려움에 포함되는 것들로 대중 앞에서 연설하기, 높은 장소, 비난, 괴롭힘 당하기, 혼자 있기와 같은 것을 들 수 있다.

당신의 의사소통 기술

당신은 얼마나 잘 경청하는가? 당신의 정확한 경청과 그 증거를 보여주는 것은 타인 조력에 중심적이다. 많은 방식으로 당신은 상대방 헬피의 진짜 생각과 느낌을 전달하는 것을 방해할 수 있다. 경청의 신체적 측면부터 시작해보자. 상대방이 당신과의 대화에서 어려움을 겪을 수 있는 당신의 대표적인 방식에 포함되는 것에는 다음과 같은 것들이 있다.

- 불충분한 가용성[3]
- 빤히 쳐다봄
- 딴 곳 쳐다보기
- 앞으로 수그린 축 쳐진 태도
- 물리적 거리가 너무 가깝거나 멈
- 잘못된 제스처 취하기
- 부적절한 옷 입기

이외에 적절히 경청하지 않는 당신의 비신체적 방식에는 다음과 같은 것들이 있다.

- 너무 말 많이 하기
- 상대방에 주목하지 않고 자기 이야기하기
- 질문 너무 많이 하기
- 불쑥 끼어들기
- 너무 빨리 판단하기

---

3   역주 : 당신이 필요할 때 접근의 어려움

상대방 말을 잘 듣는 것은 정확한 메시지 수신의 일부일 뿐이다. 당신이 메시지를 정확히 수신했다 하더라도, 당신은 여전히 그렇게 했다는 것을 상대방이 알도록 할 필요가 있다. 다시 말해 상대방 말을 적절히 들었다는 것을 보여주는 메시지를 전달해야 한다는 것이다. 대부분 이 메시지는 언어적이다. 따라서 당신은 상대방이 이해했다는 느낌을 돕는 양질의 언어적 기술을 필요로 한다. 당신의 내담자뿐만 아니라 일상생활에서 배우자, 동료, 친구에게도 좋은 음성 메시지를 보내는 것은 그러한 기술 개발에 유용하다. 일상생활에서 빈약한 음성 메시지를 보낸다면 양질의 구두 메시지에 이르려는 당신의 길은 요원할 것이다. 빈약한 음성 메시지의 예들을 들면 다음과 같다.

- 너무 조용하게 말하기
- 너무 강조하면서 말하기
- 충분히 명료하지 않게 말하기
- 너무 빠르거나 느리게 말하기

이러한 좋은/빈약한 기술들에 대한 추가적인 논의는 나중에 할 것이다. 다만 여기서 언급하고 싶은 점은, 우리들 대부분이 타인의 말을 적절히 경청하고 그것을 정확히 들었다는 것을 다시 전달하는 기술을 의식적으로 배운 적이 결코 없다는 것이다. 훌륭한 부모나 교사와 같은 모델로부터 그런 기술을 배운 행운아도 있겠지만, 우리들 대부분은 한층 더 잘 들을 수 있을 것이다. 하나 더 언급하자면, 도움 상황에서의 경청하기와 의사소통은 실제 삶의 상황에서의 그것들과는 다르다는 것이다. 이는 도움 상황에서의 초점은 당신보다는 헬피에게 있다는 점에서 그렇다.

당신의 정신 기술

2장에서 정신 기술의 개념에 대해 소개했다. 나중에 이 책에서 헬피의 정신 기술 개발 조력 방법에 대해 집중적으로 다루지만, 여기서는 당신의 정신 기술 향상을 위한 아이디어에 초점을 둔다. 당신이 생각을 가지고 있다고 단지 생각하는 것이 아니라,

정신 기술 측면에서 당신 자신을 생각하도록 함으로써 시작하는 것이 최선의 아이디어일 것이다. 정신 기술의 개념은 당신의 사고방식에 대해 효과적으로 혹은 능숙하게 사고할 수 있는 언어를 당신에게 제공한다. 당신은 일단 자신의 특정 정신 기술을 식별한 후 그 기술의 구체적인 영역에서 사고에 관한 사고를 시작할 수 있다. 예컨대 그 영역에서 얼마나 능숙한지, 향상시킬 여지가 있는 곳은 어디인지 식별하는 것부터 시작하는 것이다. 그리고 나서 다양한 방식으로 보다 능숙하게 사고하기 위한 작업을 할 수 있다.

다음은 도움 훈련생들의 정신 기술 강화 조력을 위한 몇 가지 예이다.

헬피로 하여금 습득해 더욱 강해지도록 돕는 당신의 정신 기술은 앞에서 살펴본 의사소통 기술과 마찬가지로 당신의 일상생활에서는 물론 도움 훈련이나 작업에서도

사례연구

자기대화 창출 : 소피(22세)는 시험을 치르기 전이나 치르는 동안 매우 부정적으로 혼잣말을 한다. 시험 치르기 전 자신이 실패할 것이라고 자신에게 말하거나 상상함으로써 불안을 느낀다. 시험을 치르는 동안에는 자신을 정당화할 충분한 시간이 없다고 속으로 말함으로써 자신을 불필요하게 압박한다. 그녀가 배워야 할 것은 첫째, 차분하고 냉정하라는 말을 스스로 반복하는 법, 둘째, 할 수 있는 만큼만 할 수 있다는 사실, 셋째, 각 질문에 얼마나 많은 양의 시간을 소비해야 할 것인지에 대해 신중하게 생각하는 법, 넷째, 자신이 여러 가지 강점과 기술을 가지고 있다는 사실, 마지막 다섯째, 어떻게 하든 그녀를 지지해 줄 사람이 주변에 있다는 것이다.

규칙 창출 : 오스카(37세)는 자신의 도움 코스에서 얼마나 잘하고 있는지에 대해 많이 걱정한다. '난 모든 것을 완벽하게 해야만 해', '훈련가와 다른 훈련생들은 내가 유능한 헬퍼라는 것을 보아야 해'라고 생각한다. 그는 자신의 완벽주의와 요구적 규칙(demanding rule)을 인식한 후 그것을 논박하고 선호적 규칙(preferential rule)으로 대체할 필요가 있다. 예를 들어 다음과 같이 하는 것이다.

- 내가 할 수 있는 모든 것은 내가 잘하는 만큼 하는 것이다.
- 훈련가와 다른 훈련생들의 인정을 받으면 더 좋겠지만, 나의 도움 기술 구축에 초점을 두는 것이 더 중요하다.

지각 창출 : 윌리엄(41세)은 도움 코스에서의 자기 작업을 잘하지 못한다고 지각한다. 그는 다음과 같은 질문들로 그 지각의 정확성을 점검할 필요가 있다.

> • 이 상황을 달리 지각할 방식들이 있는가?
> • 어떻게 이 상황을 지각하는 방식이 가용한 사실(들)에 가장 부합하는가?
>
> 이러한 질문들을 스스로 던지는 수고를 하자, 그는 자신의 가장 정확한 지각에 대해 다음과 같은 결론을 얻는다. '사실상 나는 다른 훈련생들 못지않게 잘하는 것 같으며, 우리 모두는 여전히 더 잘하기 위해 배우는 중이다.'

요구된다. 모든 사람은 양질의 정신 기술을 습득할 뿐만 아니라 유지하는 것에 대해서도 작업할 필요가 있다. 헬퍼와 헬피는 공히 상대적으로 더 능숙한 자신의 영역뿐만 아니라 향상의 여지가 있는 영역도 가지고 있다. 그러나 대체로 헬피는 헬퍼에 비해 자신의 정신 기술을 더 강화할 필요가 있다.

당신의 주장 기술

초보 헬퍼들은 종종 자신의 일상생활은 물론 도움 역할에서 주장 능력과 악전고투한다. 자신의 일상생활과 도움 작업에서 비주장적인 훈련생 헬퍼들도 있다. 다음이 그 예이다.

> **사례연구**
>
> 제임스(33세)는 언어치료사로, 헬피와 면담을 구조화하는 데 많이 실패한다. 그는 시간을 보내는 방식에 대해 헬피가 너무 많은 통제력을 갖도록 허용한다. 또한 일상생활에서 전혀 마음 내키지 않을 때조차도 타인들이 원하는 것을 종종 한다.

어떤 훈련생 헬퍼들은 청소년들이 흔히 그렇듯이 불필요하게 공격적인 성향을 보인다. 다음은 이와 관련한 한 가지 사례이다.

사례연구

미아는 27세의 사회복지사다. 사람들이 애써 자신의 법적 문제를 이야기하려고 할 때, 그녀는 충분히 들을 시간이 없다고 불쑥 말을 한다.

주장 기술에 관한 선도적인 저자들인 Robert Alberti와 Michael Emmons에 따르면, 주장 행동은 인간으로 하여금 부당한 불안감 없이 스스로 일어서고, 정직한 느낌을 편안하게 표현하고, 타인의 권리를 부정하지 않으면서 자신의 권리를 행사할 수 있도록 한다. 다음 사례는 이와 관련한 주장의 한 예이다.

사례연구

조지(37세)는 최근 문을 연 한 센터의 훈련생 헬퍼이다. 그는 센터에 오는 소년들 중 한 명인 16세의 알피가 자신에게 공격적으로 말할 때 친절하게만 대응하지 않는다. 알피가 화를 내며 한 말을 조용하면서도 단호하게 확인한다. 그런 다음 그에게 더 설명할 것을 주문한다. 만일 그가 계속 공격적이면, 재치 있게 자신이 그를 어떻게 경험하는지 알도록 하고 좀 더 차분하게 말할 것을 주문한다.

주장적으로 의사소통하기

주장적 의사소통(assertive communication)은 구두 메시지, 음성 메시지, 신체 메시지로 구성되어 있다. 그리고 그 메시지는 대체로 '너(You)' 메시지가 아니라, 당신의 생각, 느낌, 행위에 대한 책임을 수용하는 '나(I)' 메시지이다. 예컨대 "당신은 이것을 해야 합니다." 대신 "당신이 이것을 했으면 합니다."와 같이 말하는 것이다. 주장적 의사소통은 또한 당신이 진짜 의미하는 바를 말하는 것이다. 주장적 음성 메시지의 예로 다음과 같은 것들이 있다.

- 합당하게 크게 말하기
- 단어를 명료하게 발음하기
- 날카롭게 되는 것 피하기

- 주장적 메시지를 지지하는 단어 강조하기
- 신중한 속도로 말하기

주장적 신체 메시지의 예에는 다음과 같은 것들이 포함된다.

- 주장적 메시지 전달 시 상대방 눈 똑바로 보기
- 진지한 얼굴 표정 하기
- 신중하면서도 비위협적으로 손과 팔을 움직이면서 자신을 건설적으로 표현 하도록 돕기

주장적으로 생각하기

주장적 정신 기술들은 주장적 의사소통의 기초를 이룬다. Alberti와 Emmons가 강조하는 바에 따르면 신념, 태도, 느낌과 마찬가지로 생각이 행위를 위한 무대를 마련하는 점에서 주장에 대한 올바른 사고는 대단히 중요하다. 많은 사람들은 부정적 자기대화를 함으로써 자신의 효과성을 방해한다. 부정적 자기진술의 예로는 '난 실패자다', '배터지도록 먹어치우겠다', '난 문제만 악화시키는 놈이다'와 같은 것들을 들 수 있다. 당신은 침착하면서도 대처적인 자기대화로 자신의 부정적 자기대화와 맞설 수 있다. 침착한 자기진술에 포함되는 것으로는 '긴장 풀어', '천천히 해' 같은 것들이 있다. 당신의 대처적 자기대화는 상황과 연동된다. 예컨대 앞의 사례연구에서 소개한 조지는 "너 자신을 설명할 기회를 더 주마. 필요할 때, 단호히 벌떡 일어나는 한이 있더라도 말이야."라고 자신에게 말했을지 모른다.

당신은 주장적이 되도록 허용하지 않는 규칙을 스스로 만들었을지 모른다. '나는 항상 멋져야만 해'와 같은 것이 그런 예이다. 일단 당신이 그러한 규칙을 가지고 있음을 인식하게 되면, 당신은 논리적으로 그것이 얼마나 현실적인지 그리고 당신에게 미치는 그것의 긍정적인 혹은 부정적인 결과가 무엇인지 분석할 수 있다. 그리고 나서 그것을 당신을 위해 더 좋게 작동하는 유연한 규칙으로 다시 진술할 수 있다. 예컨대 '난 항상 멋져야만 한다'를 '멋지면 더 좋겠지만, 관계와 도움 안팎에서 적절한 경계를 설정해서 자립하는 것 또한 중요하다'로 바꾸는 것이다.

당신은 자신이 주장적이 되도록 하는 것을 방해하는 자신과 타인에 대한 지각을 스스로 만들지 모른다. 자신에 대한 지각과 관련한 예로 '오만한' 혹은 '보스 같은' 등의 형용사로 자신에게 스스로 부정적인 꼬리표를 다는 것을 들 수 있다. 여성들에 의한 주장에 부착되는 형용사의 예로 '여자답지 못한', '망할 년', '난소를 드러낼'을 들 수 있다. 주장은 또한 당신이 타인을 정확히 지각할 것을 요구한다. 당신은 타인을 현실 그대로가 아니라 보다 상처받기 쉽거나 더 강한 것으로 지각함으로써 과도하거나 과소한 행동을 할지 모른다. 당신은 우선 자신의 지각에 대한 증거에 대해 '내가 보스 같다는 증거가 어디 있는가?'와 같이 자문할 수 있다. 그런 다음 당신은 대안적 지각을 고려하고 생성해서 가용한 사실에 최적인 지각을 선택할 수 있다.

당신 자신을 개발하라

헬퍼로서의 당신의 훈련과 작업에서 당신은 또한 헬피의 발달을 조력하는 자신의 기술을 더욱 강력하게 하는 법을 배울 수 있을 것이다. 당신의 도움 기술을 강화하는 데 초점을 두고 있는 이 책의 여러 장을 당신이 훈습하면서 기억할 점은, 당신 삶에서 좋은 의사소통 기술과 정신 기술을 소유하면 할수록 그만큼 더 당신은 그 기술을 도움 작업에서 드러낼 가능성이 커진다는 것이다. 이제 당신 자신을 개발하는 것을 스스로 돕도록 설계된 활동 몇 가지를 제시한다.

활동 4.1 나의 동기

1. 헬퍼가 되려는 나의 동기들은 무엇인가?
2. 나의 동기 중 어떤 것을 긍정적으로 생각하는가?
3. 어떤 동기들이 헬퍼로서의 나의 효과성을 방해할 잠재성을 갖는가? 그것들을 변화시키기 위해 나는 무엇을 할 수 있는가?

활동 4.2 나의 느낌

1. 나의 느낌을 경험함에 있어 더 강력할지 모르는 나의 강점과 방식을 사정하라. 내가 경험하기 어려운 어떤 특정한 느낌이 있는가? 그렇다면, 그 느낌을 보다 충분히 경험하기 위해 나는 무엇을 할 수 있는가?
2. 내 느낌을 표현함에 있어 더 강력할지 모르는 나의 강점과 방식을 사정하라. 내가 표현하기 어려운 어떤 특정한 느낌이 있는가? 그렇다면, 그 느낌을 더 잘 표현하기 위해 나는 무엇을 할 수 있는가?
3. 내 느낌을 관리함에 있어 더 강력할지 모르는 나의 강점과 방식을 사정하라. 내가 관리하기 어려운 어떤 특정한 느낌이 있는가? 그렇다면, 그 느낌을 더 잘 관리하기 위해 나는 무엇을 할 수 있는가?
4. 나는 얼마나 가치 있게 혹은 자신감 있게 느끼는 사람인가? 내 자신이 보다 가치 있게 느끼도록 돕기 위해 내가 할 수 있거나 생각할 수 있는 것이 있는가?
5. 나의 주요 공포와 불안은 무엇인가? 현실적으로 내가 그것들을 완화할 수 있는 어떤 방식을 생각할 수 있는가?

활동 4.3 나의 의사소통 기술

1. 나의 구두적 의사소통에서 더 강력할지 모르는 나의 강점과 방식을 사정하라. 나의 구두적 의사소통을 향상시킬 수 있는 특정한 방식 그리고/혹은 영역이 있는가?
2. 나의 음성적 의사소통에서 더 강력할지 모르는 나의 강점과 방식을 사정하라. 나의 음성적 의사소통을 향상시킬 수 있는 특정한 방식이 있는가?
3. 나의 신체적 의사소통에서 더 강력할지 모르는 나의 강점과 방식을 사정하라. 나의 신체적 의사소통을 향상시킬 수 있는 특정한 방식이 있는가?
4. 타인들의 의사소통을 수신하는 것을 향상시킬 수 있는 나의 강점과 방식을 사정하라. 나의 의사소통 수신 기술을 향상시킬 수 있는 어떤 방식 그리고/혹은 영역이 있는가?

활동 4.4 나의 정신 기술

1. 자기대화를 창출함에 있어 더 강력할지 모르는 나의 강점과 방식을 사정하라. 필요하다면, 향상시키기 위해 나는 무엇을 할 수 있는가?
2. 규칙을 창출함에 있어 더 강력할지 모르는 나의 강점과 방식을 사정하라. 필요하다면, 향상시키기 위해 나는 무엇을 할 수 있는가?

(계속)

3. 지각을 창출함에 있어 더 강력할지 모르는 나의 강점과 방식을 사정하라. 필요하다면, 향상시
   키기 위해 나는 무엇을 할 수 있는가?

활동 4.5 나의 주장 기술

1. 다음과 같은 차원들에서 나의 의사소통을 사정하라.
   - 비주장
   - 공격성
   - 주장

2. 주장적으로 생각하기와 관련해 나의 정신 기술들 각각을 사정하라.
   - 자기대화 창출
   - 규칙 창출
   - 지각 창출

3. 필요하다면, 보다 주장적으로 생각하기 위해 나는 어떤 단계들을 밟을 수 있는가?
4. 필요하다면, 보다 주장적으로 의사소통하기 위해 나는 어떤 단계들을 밟을 수 있는가?

5

도움 관계

학습목표

이 장을 공부하고 활동을 해봄으로써 당신은

- 도움 관계의 핵심 조건들에 대해 알고
- 그것들이 왜 중요한지 이해하며
- 도움 관계에서의 동맹에 대해 이해해야 한다.

1장에서 도움 관계는 종종 상담과 심리치료 관계만큼 형식화되어 있지 않으며 명확하게 구조화되어 있지도 않다고 언급했다. 그 이유를 다시 설명하자면, 도움 관계의 헬퍼는 상담이나 심리치료와는 다른, 예컨대 사회복지사-고객, 감독-노동자와 같은 관계 맥락에서 상담 기술을 사용하고 있기 때문이다. 이런 목적으로 배치된 사무실에서 행해지는 매주 40~50분의 상담 회기라는 아이디어를 헬퍼가 헬피와 대대적으로 도움 접촉을 하는 것에 적용하기란 쉽지 않을 것이다. 사별 후 지지를 제공하거나 고용평가를 수행할 때와 같은 경우 상당히 긴 회기에 걸쳐 상담 기술을 제공하는 헬퍼들도 없지 않다. 그러나 상대적으로 짧은 헬피와의 접촉에서 상담 기술들을 사용하는 헬퍼들이 많다. 필요할 경우 10~15분 정도 그리고 간헐적으로 사용한다. 나아가 어떤 도움 관계는 상담실에서 일어나지만, 많은 헬퍼들은 사무실, 병동, 교실, 개인교습실, 거실, 공장 매점 등에서 상담 기술을 사용한다. 따라서 당신은 도움 관계에 대한 다음 논의를 당신이 현재 상담 기술을 사용하는 맥락이나 장차 사용할 맥락에 맞게 각색할 필요가 있다.

도움 관계의 차원

연결은 어떤 관계에서나 본질적 특성이다. 도움 관계는 직접적인 거래이든 머리로만의 거래이든 헬퍼와 헬피 간의 인간적 연결이다. 헬퍼와 헬피 간의 관계 전반에는 많은 차원과 가닥이 있다.

공적 관계나 관찰 가능한 관계는 어떤 특정한 헬퍼-헬피 관계와 관련한 모든 의사소통들로 구성된다. 도움 접촉 동안 헬퍼와 헬피 모두 많은 구두, 음성, 신체 메시지를 주고받는다. 덧붙여 헬퍼는 헬피에게 문서 자료를 제공하고, 화이트보드를 사용하고, 오디오나 비디오 기록을 할 때도 있다. 도움 후 면대면 접촉이나, 도움 동안 혹은 도움 후에 전화, 편지, 이메일 접촉도 있을 수 있다.

도움 관계는 참여자들의 외적 의사소통에서뿐만 아니라 정신 속에서도 일어난다. 많은 헬퍼들과 헬피들은 도움 관계에 선행하거나 동반하는 작업 관계를 가지고 있으며, 그 결과 이미 서로의 인상을 형성하기 시작했다. 면대면 도움 동안, 참여자들 모두 정신적으로 서로 연결되어 있다. 예를 들어 헬피는 헬퍼를 얼마나 신뢰할 것인지, 얼마나 노출할 것인지, 언제 그리고 어떤 방식으로 할 것인지를 결정하는 중일 것이다. 덧붙여, 참여자들 모두 지속적으로 서로의 정신적 개념을 형성하고 재형성하고 있다. 나아가 도움 회기와 접촉 사이에 헬퍼와 헬피는 서로에 대해 생각할 때 그리고 함께 논의한 자료를 검토할 때 정신적 관계에 참여하고 있다.

도움 관계의 핵심 조건

1957년 Carl Rogers는 치료적 인성 변화의 필요충분조건들(The necessary and sufficient conditions of therapeutic personality change)이라는 제목의 획기적인 학술논문을 발

표했다. 이 논문에서 Rogers는 치료적 변화를 위한 6개의 조건을 식별했다. 그중에서 개인 공감적 이해, 무조건적 적극적 존중,[4] 일치성은 도움 관계의 핵심 조건으로 종종 언급된다. 이 책에서 필자는 이 용어들 대신 다른 용어들을 사용해 그 개념들에 의해 숨겨진 상담 기술들을 드러낸다. 드러내기에 앞서 여기서 잠시 그 핵심 조건 각각을 간단히 기술한다. 이렇게 하는 이유는 크게 두 가지다. 첫째, 그 개념들은 헬피와의 동맹 관계 개발을 방해하기보다는 강화하는 방식에 대한 귀중한 통찰을 제공하기 때문이다. 둘째, 이 세 가지 용어는 도움 전문직에서 흔히 사용되기 때문에 그 의미를 반드시 알아야 하기 때문이다. 덧붙이자면, 영국 저자들인 Dave Mearns와 Mick Cooper가 '관계적 깊이(relational depth)'라는 개념을 개발함으로써 그 핵심 조건들을 확장했다는 것이다. 이 개념에서는 헬피를 위한 특정 세트의 조건들을 제공하기보다는, 헬퍼와 헬피 간의 참만남(encounter)이 치유 과정의 핵심으로 간주된다.

공감

헬피는 자신만의 용어로 헬퍼에 의해 이해되고 있다고 느끼고 싶어 한다. 공감은 당신 자신을 정신적으로 충분히 식별해 헬피의 내적 세계를 이해하는 수용력(capacity)이다. 헬퍼는 헬피의 단 한 마디의 진술, 일련의 진술들, 도움 회기 전체나 일련의 도움 회기들과 관련해 공감적 이해를 소유하고 보여주는 것으로 지각되어야 한다. Rogers 역시 헬퍼가 공감적 태도를 소유하고 보여주어야 한다고 생각했다. 다만, 그는 도움 면담에서 한 세트의 기술로 공감을 사용하기보다는 공감적인 정서 분위기 창출을 강조했다.

　Rogers의 공감 용어의 사용은 특히 경험화의 구성에 초점을 두었다. 다시 말해 헬피들 내부의 심리적·생리적 경험화의 지속적 흐름에 대한 내적 경청의 양과 질을 향상시키려고 했으며, 그들이 보다 분명한 느낌과 접촉하는 것뿐만 아니라 그들이 거

---

4 역주 : 영어 unconditional positive regard는 무조건적 긍정적 존중이라고 번역되는 경우가 있는데 존중에는 이미 긍정의 의미가 내포되어 있어 역자는 무조건적 적극적 존중으로 번역함

의 인식하지 못하는 것의 의미를 감지하는 것을 도우려 했다. 그러나 그들이 전적으로 인식하지 못하는 정서를 드러내려는 시도까지는 못했다. 왜냐하면 이는 너무 위협적일 수도 있었기 때문이다.

공감은 헬퍼가 헬피의 의사소통과 의미를 수용하기 위해 알고 싶어 손을 내미는 능동적 과정이다. 헬피의 진술에 대한 헬퍼로서의 당신의 반응은 경청하기, 관찰하기, 공명하기, 식별하기의 과정이며, 당신의 이해를 의사소통하고 점검하는 과정이기도 하다. 말할 필요도 없이, 헬피가 어느 정도까지 당신의 공감을 지각했느냐 하는 것이 최종적으로 가장 중요한 차원이다. 글상자 5.1은 상담사로서 Rogers의 시연 영상에서 발췌한 것으로 이 과정을 예증하고 있다. 내담자 글로리아는 아버지가 그녀의 바람대로 단 한 번도 돌봐주지 않았던 것에 대해 이야기하고 있다.

글상자 5.1 공감 과정의 차원들

헬피의 진술
'뭐라 말하기 어렵네요. 근데, 그걸 얘기하면 뭔가 팔딱거립니다. 잠시 가만히 앉아 있으면, 그것은 마치 제 속의 거대한 상처 덩어리 같아요. 다시 말해 뭔가 기만당한 느낌입니다.'

상담사의 반응 과정들
관찰 및 경청하기 : 헬피의 구두적, 음성적, 신체적 의사소통을 관찰하고 듣는다.

공명하기 : 헬피가 경험하는 어떤 정서를 느낀다.

식별하기 : 헬피에게 정말로 중요한 것이 무엇인지를 식별하고 이를 하나의 반응으로 고안한다.

전달하기 : '자 이제, 당신 속에 그렇게 큰 상처 덩어리를 느끼지 않는다면 심장이 두근거리는 게 훨씬 편합니다.' 상담사는 헬피의 생각, 느낌, 개인적 의미에 대한 이해를 보여주려고 시도하는 반응을 전달한다. 그리고 좋은 음성적, 신체적 의사소통에 구두적 의사소통을 덧붙인다.

점검하기 : 헬피 글로리아의 경우 그녀의 경험화와 사고의 행렬 뒤를 따르는 진술을 빠르게 했다(이 경우 필자라면 잠시 헬피 여백을 기다렸다가 반응하도록 허용하고 그 반응이 정확했는지 물었을 것이다).

상담사의 반응에 대한 헬피의 지각
헬피의 반응 방식은 상담사가 탁월한 공감을 보여주고 있다는 것을 지각했다는 것을, 그리고 헬피가 자신의 경험화와 더 접촉하는 것을 지속할 수 있다는 것을 시사했다.

무조건적 적극적 존중

무조건적 적극적 존중은 두 차원으로 되어 있다. 즉 존중의 수준과 무조건성이다. 존중 수준, 아마도 더 정확하게는 적극적 존중의 수준은 헬피를 향한 헬퍼의 긍정적 느낌으로 구성된다. 좋아하기, 돌봐주기, 따뜻함과 같은 것이다. 존중의 무조건성은 헬피의 경험화와 노출을 주관적 실재로서 비판단적으로 수용하는 것으로 되어 있다. 무조건적 적극적 존중에서 한 가지 핵심 이슈는 헬퍼가 자신의 욕구를 충족시키기 위해 헬피를 소유하거나 통제하지 않으려는 것이다. 다시 말해 헬퍼는 헬피의 독자성을 존중하고 헬피만의 독특한 차이를 수용하는 것이다. 이러한 수용은 헬피로 하여금 자신의 사고와 느낌을 인정하고 충분히 경험하는 것을 허락한다.

무조건적 적극적 존중을 바라보는 또 다른 방식은, 헬피의 보다 깊은 내면을 존중하고 중시하며, 헬피의 현재 행동이 아닌 잠재적 행동을 헬퍼가 식별하는 것이다. 무조건적 적극적 존중은 헬피의 인간적 나약함에 대한 연민이자 헬피 자신이 바라는 것보다 덜 효과적이게 하는 보편적 조건에 대한 이해이다. 헬피의 인간적 실패 때문에 헬피가 거부되어서는 안 되며, 헬피의 인간적 잠재성을 예컨대 간단한 말로라도 보상해 준다면 헬피는 한층 더 꽃피우고 변화할 것이다. 무조건적 적극적 존중을 느끼고 보여주지 못하는 헬퍼의 무능은 종종 자신의 인간적 발달이 부족함을 반영한다. 물론 필자의 이러한 주장은 너무 높은 기준 설정일지 모르겠다.

일치성

일치성 혹은 진실성은 내적인 동시에 외적인 차원이다. 헬퍼는 내적으로 자신의 중요한 생각, 느낌, 경험을 정확히 인지하고 그것들을 깊이 자각할 수 있다. 이 자각은 도움에 이상적이지 못한 특징들을 인정하는 것을 포함한다. 예컨대 '난 이 내담자가 두렵다', '내 문제에 너무 집중해 있어서 난 그/그녀의 말에 거의 귀를 기울일 수 없다'와 같은 것이다.

외적 차원에서 헬퍼는 참된 인간으로서 헬피와 의사소통해야 한다. 헬피의 말과 그 방식의 울림은 진실해야 한다. 헬퍼는 전문적 허울 뒤에 숨지 않아야 하며, 공손

한 사회적 가면을 써서는 안 된다. 정직과 신심(sincerity)은 일치적 의사소통의 특징이다. 예컨대 측은지심으로 헬피를 돌보는 헬퍼는 도움 만남에서 이러한 특징에 생명력을 불어넣는다. 헬퍼의 구두적·음성적·신체적 의사소통은 지속적인 돌봄의 메시지를 담아야 한다. 헬퍼는 자신이 해야 한다고 생각하는 방식을 연출하는 것이 아니라 자신이 진실로 존재하는 방식을 전달해야 한다.

일치성은 '솔직하게 다 털어놓는다'를 의미하지 않는다. 헬퍼는 헬피를 양육하고 발달시키기 위해 자신의 생각과 느낌에 대한 인식을 이용할 수 있다. 일치성은 개인적 노출을 포함할 수 있지만 그 노출은 헬피의 이익을 위한 것이어야 한다. 또한 그것은 도움 과정을 인간화하고 진전시키기 위한 것이어야 하며 헬퍼 자신의 안락을 위한 것이 되어서는 안 된다.

핵심 조건들을 제공함에 있어서 몇 가지 결손

핵심 조건들을 제공함에 있어서 공통적인 결손이 있다. 그것은 헬퍼의 적절치 못한 반응이 헬피의 정서 상태와 의사소통을 반영한다는 것이다. 예컨대 헬피에게 연속적으로 질문을 하는 헬퍼는 헬피가 경험하는 것과 접촉하고 탐색하고 공유하는 데 필요한 공감적 여백을 제공하는 데 실패한다. 헬피가 말한 바를 판단하듯 반응하는 헬퍼는 무조건적이기보다는 조건적으로 적극적 존중을 하고 있다. 자신의 생각, 느낌, 행위를 인정함에 있어 충분히 일치적이지 못한 헬퍼는 충분하게 진실하지도 일치하지도 않은 방식으로 헬피와 관계하고 있다. 요컨대, 그 핵심 조건들의 모든 결손은 그것들이 아무리 공개적으로 혹은 모호하게 전달된다 할지라도, 헬퍼가 헬피에게 정확히 반응하고 있지 않다는 것을 보여준다.

의사소통 과정과 패턴

도움 관계는 그것이 좋든 나쁘든 쌍방의 의사소통 과정이다. 예를 들어 도움 회기와 접촉 동안 헬퍼와 헬피는 구두적·음성적·신체적 의사소통을 하고 평가하고 해석하는 지속적인 과정 속에 있다.

도움 관계와 관련해 의사소통 과정을 바라보는 한 가지 방식은 헬퍼와 헬피가 서로 어떻게 보상하는가의 측면에서이다. 예를 들면 능동적 경청, 따스함, 의사소통 과정에 내담자가 참여하도록 초대하기와 같은 헬퍼의 의사소통 방식은 헬피에게 도움이 될 수 있다. 헬피 역시 미소, 머리 끄덕임과 같은 것으로 헬퍼에게 보상한다.

어떤 관계에서나 그렇듯, 헬퍼와 헬피는 상호 강화적인 의사소통 패턴을 구축할 수 있으며 이는 도움 관계를 강화할 수도 있고 방해할 수도 있다. 유익한 의사소통의 한 패턴은 합당한 도움 목표를 성취하는 데 협력적인 패턴이다. 예를 들면 헬퍼로부터의 좋은 공감적 반응은 헬피로부터의 정직한 자기탐색 반응을 방출하게 하며, 이는 다시 헬퍼로부터 좋은 공감적 반응을 방출하게 하는 것과 같은 패턴이다. 요구-철회 패턴은 유익하지 못한 의사소통 패턴의 한 예이다. 이 패턴의 헬퍼는 지속적으로 헬피의 개인적 자료를 요구하지만 그럴 때마다 헬피는 철회한다. 요구된 정보를 드러낼 준비가 안 되었기 때문이다. 한편, 자신감이 낮은 헬퍼는 정보를 요구하는 데 너무 과묵할 때가 있다. 카리스마적이거나 지배적인 헬퍼와 의존적인 헬피 간의 의사소통 방식 역시 부정적인 의사소통 패턴이다.

동맹 관계

성공적인, 특히 장기간 이루어지는 관계를 살펴볼 수 있는 좋은 방법은 그것이 협력적인지 여부이다. 이는 도움 평가를 위한 중요한 준거이다. 이 준거는 헬퍼가 준전문상담사 역할로서, 다른 주된 역할의 일부로서, 자발적인 헬퍼로서, 동료 지지로서 상담 기술을 제공하든 상관없이 모든 헬퍼의 도움 평가에 적용될 수 있다. 동맹이라는 개념은 헬피와 협동한다는 것을 함축하는데, 이는 헬피 자신이 헬퍼에 의해 이해되고 있다고 느끼며 이들 만남의 제한적 맥락 속에서도 서로 모종의 긍정적인 정서적 유대감을 느낀다는 점에서 그렇다. 동맹 관계는 또한 헬퍼와 헬피가 상호 목표를 위해 작업하고 있음을 가정한다. 나아가 동맹은 도움 작업과 도움 방식에 헬피가 편하게 되는 것을 수반한다.

활동 5.1 도움 관계 제공하기

1. 누군가가 어떤 문제를 가진 당신을 진짜로 도와주어 한결 나은 기분이 들었던 순간이나, 도움을 받았지만 별로 기분이 나아지지 않았던 순간을 생각하라. 그 순간 당신의 헬퍼는 어떤 특징과 기술을 보였는가?
2. 어느 정도까지 그리고 어떤 방식으로 당신의 헬퍼는 무조건적 적극적 존중과 일치성을 보여주었는가? 그 도움이 아주 짧은 시간 이상으로 지속되었다면, 어느 정도까지 당신과 당신의 헬퍼는 동맹 관계를 맺었는가?
3. 잠시 대화를 하면서 함께 나눌 어떤 근심을 파트너에게 주어라. 그런 다음, 어떤 기술들을 사용했는지 그리고 그것들을 얼마나 잘 활용했는지 논의하라. 그리고 나서 역할을 바꾸어 하라.

6

도움 과정

학습목표

이 장을 공부하고 활동을 해봄으로써 당신은

- 도움 과정에 대해 체계적으로 생각하기 시작하고
- 간단한 도움 과정 모형에 대해 알아야 한다.

헬퍼는 다양한 맥락에서 그리고 일차적일 뿐만 아니라 이차적인 많은 상이한 의제들을 가지고 헬피를 본다. 나아가, 헬피와의 접촉은 정기적이라기보다는 짧고 간헐적일 수도 있다. 이 모든 상황을 포괄할 수 있는 유일한 도움 과정이 있다고 가정하는 것은 적절치 않다. 그럼에도 불구하고 많은 헬퍼, 헬퍼 훈련가, 훈련생은 도움 과정을 구성할 때 헬피와 함께 상담 기술을 이용하는 것이 유용하다고 생각한다.

상담과 도움을 생각할 때, 과정이라는 단어에는 최소 두 가지 주된 의미가 있다. 그 하나는 움직임이라는 의미, 즉 뭔가 일어난다는 사실이다. 이 과정은 헬퍼와 헬피의 내부에서 그리고 이들 간에 발생할 수 있다. 나아가 도움 과정은 도움 관계 내부에서뿐만 아니라 외부에서, 그리고 도움 관계에 있는 동안뿐만 아니라 도움 이후에도 일어날 수 있다. 다른 하나는 과정이라는 단어가 시간에 따른 진전, 특히 일련의 단계들과 관련한 진전의 의미가 있다. 과정이라는 단어의 이 두 가지 의미는 중첩되는데, 이는 도움이 여러 단계를 통해 진전됨에 따라 헬퍼와 헬피 내면의 과정과 이 둘 간의 과정도 변화한다는 점에서 그렇다.

도움 과정 모형은 도움 진행 단계에 따른 상이한 목표와 활동을 단계별로 단순화해 제시한 것이다. 또한 도움 과정을 바라보기 위한 구조화된 틀로서 보다 체계적으로 생각하고 작업하는 것을 조력하는 방법을 제공한다. 도움 과정 모형이 작동하는 가정은, 상담 기술의 활용은 누적적이며 앞선 단계(들)에서의 불충분한 기술(들)의 적용은 이후 단계(들)에서의 도움 능력에 부정적 영향을 미친다는 것이다.

이 장에서 필자는 세 단계의 간단한 도움 과정 모형을 제시한다. 이 모형의 바탕에 깔린 기본적인 생각은, 많은 헬피들이 상당히 구체적인 문제들을 가지고 헬퍼들을 만나러 온다는 것이다. 때때로 그 문제들은 원치 않은 성적인 진전에 대한 한계 설정을 주장하는 법을 배우는 것과 같이 방대한 심리적 요소를 지닐 수 있다. 이와 달리, 적어도 표면상으로는 복잡하지 않은 심리적 요소를 지닌 문제들을 가져오는 경우도 있다. 예를 들면 재정적이거나 법적인 조언을 구하거나 은퇴계획에 대한 도움을 구하는 것과 같은 것이다.

도움 모형들을 적용할 때 유념해야 할 점은, 포괄적 문제(예 : 성적 학대에 대처하기)와 그 문제 속의 특정한 상황(예 : 성적 학대의 구체적인 에피소드를 심도 있게 다루기)을 구분하는 것이 유용하다는 것이다. 상담 기술 훈련가로서 필자의 경험상, 도움 과정을 응용하는 것을 배우기 시작할 때는 포괄적 문제를 통으로 다루기보다는 그 문제 속의 구체적 상황에 대해 작업하는 것이 최선이다. 그러나 재정적 조언이나 경력 관련 조언과 같은 도움인 경우, 이러한 구분에 기초한 훈련 접근은 타당하지 않을지 모르겠다.

도움 모형들과 관련한 추가적인 한 가지 이슈는, 헬피의 빈약한 정신 기술과 의사소통 및 행위 기술을 식별하고 변화시키는 데 얼마만큼 초점을 둘 것인가 하는 문제이다. 이런 기술들은 헬피의 현안을 해결하는 데 도움이 될 수도 있지만 미래에도 그런 실수를 반복할 위험에 처하게 할 수도 있다는 점에서 중요하게 다뤄야 하기 때문이다. 단기도움인 경우, 이러한 기저의 이슈들을 심도 있게 다루기 위한 기회가 충분히 없을 뿐만 아니라 헬피의 동기도 그다지 높지 않을 것이라고 생각할지 모른다. 그러나 이러한 생각이 항상 맞는 것은 아니다.

관계-이해-변화(RUC) 도움 모형

이 책에서 필자는 간단한 관계-이해-변화(RUC) 도움 과정 모형(글상자 6.1 참조)을 제시한다. RUC 모형은 문제 상황에 적용하는 데 특히 유용하지만, 임신 조언과 같은 의제 등에도 물론 적용할 수 있다. 이 도움 모형이 3단계로 제시된다는 사실은 실제 도움 현장에 부적절하리만큼 잘 정돈된 느낌을 줄지 모르겠다. 그러나 종종 단계들은 중첩되며, 때때로 단계들 전후로 이동하는 것이 반드시 필요하다는 것을 당신은 알게 될 것이다. 당신의 유연성이 중요할 수 있다.

1단계 : 관계 맺기

이 단계에서 헬퍼와 헬피의 주요 작업은 동맹 관계 수립을 시작하는 것이다. 도움 관계는 헬피와 접촉하는 순간 시작된다. 예컨대 당신이 어떤 방식으로 헬피에게 전화하느냐에 따라 실제 만남의 여부가 결정될 수 있다. 당신은 또한 헬피가 당신과 만나기 위해 사무실 문을 열기 전에 차분히 앉아 도움 공간을 마련할 필요가 있다.

글상자 6.1 RUC 모형

1단계	**관계 맺기(relating)**
주요 작업	동맹 관계 수립 시작
2단계	**이해하기(understanding)**
주요 작업	문제 상황에 대한 헬퍼와 헬피의 이해 명료화 및 확장
3단계	**변화하기(changing)**
주요 작업	보다 효과적으로 문제 상황을 심도 있게 다룰 수 있도록 헬피 조력

관계 맺기 단계의 예비 국면은 소개 국면으로 그 목적은 만나서 인사하고 자리에 앉는 것이다.

당신이 회기를 시작하는 방법은 당신과 헬피의 바람뿐만 아니라 도움 맥락에 따라 다르다. 예컨대 도움 맥락에 따라 회기를 시작할 때 기본 정보들을 수집할 수도 있고 그렇지 않을 수도 있다. 이를 차치하고, 회기 시작 시의 주요 선택은 우선 헬피가 이야기하도록 허용하고 그에 따른 도움 접촉의 속성을 고려해 구조화할 것인가 아니면 이와 반대로 할 것인가 하는 것이다. 필자는 우선 헬피에게 이야기하도록 한 후 '문제를 가슴으로부터 분리하는' 방식을 선호한다. 때때로 헬피는 명료하게 식별된 하나의 문제 상황을 가지고 온다. 예컨대 중요한 시험과 관련한 불안을 한 주 동안 어떻게 다룰 것인가와 같은 것이다. 이와 달리 여러 가지 문제나 보다 복잡한 문제를 가지고 오는 내담자도 있을 것이다. 어떤 사태에서든, 능동적 경청 기술을 사용해 정서적으로 안전한 공간을 만들고, 헬피가 온 주된 이유를 공유할 수 있도록 하라. 만일 한 가지 이상의 문제 영역이 있다면 그 상이한 문제 영역들을 요약하고 식별해서 헬피가 어떤 영역을 심도 있게 다루고 싶은지 물을 수 있다. 그러고 나서 단기도움 접촉이면 될 것이라고 가정할 경우, 함께 작업하고 싶은 문제 영역 내의 특정 상황을 식별하도록 요청할 수 있다.

2단계 : 이해하기

여기서 헬퍼와 헬피의 주요 작업은 선택된 문제 상황에 대한 이해를 명료화하고 확대하는 것이다. 종종 헬피는 문제 상황이 교착상태에 빠졌다고 느낀다. 헬피에게 보다 충분히 지지적이며 정서적인 분위기 속에서 그 상황을 기술하도록 할 필요가 있다. 이렇게 하는 것은 헬피의 사고를 이완시키고, 헬피를 일깨우고, 헬피가 그 상황을 보다 잘 관리할 수 있다는 생각을 촉진할 수 있다. 양질의 능동적 경청 기술 맥락에서, 당신은 여러 가지 질문 기술을 사용해 헬피의 문제 상황과 관련한 정보들을 방출하도록 할 수 있다. 당신이 질문할 수 있는 영역에 포함되는 것들에는 헬피의 생각, 느낌, 신체 반응, 과거의 대처 방식, 중요한 타자들과의 의사소통 패턴이 있다. 때때로 당신은 짧은 역할놀이에 헬피를 참여시켜 헬피가 문제 상황에서 사용했던 실제의 구두적·언어적·신체적 의사소통을 드러내도록 할 수 있다.

　헬퍼는 헬피로 하여금 문제 상황에 대한 이해를 명료화할 뿐만 아니라 그러한 이해를 확대해야 한다. 물론 이 과정에는 상황의 부정적 양상을 지속시킨 헬피의 공헌도 포함된다. 당신은 헬피의 정신 과정과 관련한 정보를 이끌어내기 위한 질문들을 할 수 있다. 예를 들어 헬피의 자기대화, 규칙, 지각에 관한 것이다. 때때로 당신은 헬피의 지각에 도전하고 피드백을 제공할 수 있다. 나아가, 적절한 시점에서 당신은 최근에 다룬 근거를 요약할 수 있다. 덧붙이자면, 이해 단계의 끝에서 당신은 지금까지 도출된 주요 사항을 요약하고, 헬피와 함께 그 요약이 정확한지, 수정하고 싶은지, 가감할 것은 없는지 점검할 수 있다.

3단계 : 변화하기

이 단계의 주요 작업은 헬피가 자신의 문제 상황을 과거보다 효과적으로 다룰 수 있도록 변화하는 것이다. 헬퍼와 헬피는 함께 목표를 세우고, 문제 상황을 심도 있게 다루고, 보다 잘 의사소통하고 사고할 수 있는 전략들을 개발하고 실행한다. 나아가 헬피의 유익한 변화를 어떻게 유지할 수 있는지에 주목한다.

　헬퍼와 헬피가 변화 단계로 가져가는 두 가지의 다소 중첩되는 접근은 문제-해결 촉진 접근, 의사소통/행위 및 정신 기술 향상 접근이다. 문제-해결 촉진 접근에서, 당신은 헬피가 문제 상황을 위한 목표를 명료화하고 그것을 성취할 수 있는 옵션들을 탐색하고, 행동 계획을 개발하고 실행하는 것을 돕는다.

　의사소통/행위 및 정신 기술 향상 접근에서, 당신과 헬피는 함께 의사소통 및 정신 기술의 목표와 그 성취를 위한 전략을 구체화하는 작업을 한다. 당신은 어떤 목표를 설정할 것인가와 관련한 옵션들을 헬피와 함께 탐색할 수 있다. 종종 목표 진술에는 헬피가 성취하고 싶은 것뿐만 아니라 피하고 싶은 의사소통도 포함된다. 헬피의 문제 상황을 위한 보다 효과적인 구두, 음성, 신체 메시지를 개발하도록 돕는 데 있어 당신은 내담자 중심 혹은 헬피 중심 코치처럼 행동하라. 헬피를 통제하려하지 말고, 헬피 문제에 대한 책임감을 가지고 헬피를 위한 의사결정을 하라. 헬피 자신이 문제를 '가지고 있다'는 것을 분명히 함으로써 헬피의 자율성을 격려하라. 능숙한 헬퍼는 헬피들의 생각을 끌어내고 문제 상황을 다루기 위한 그들만의 자원을 가지고 있다는 자신감을 부여한다.

때때로 코칭에는 역할놀이가 포함된다. 어떤 헬퍼들은 코칭하면서 화이트보드를 사용한다. 예를 들어 헬피와 함께 헬피가 접촉하는 누군가의 행동 변화를 주문하는 명확한 진술문을 고안하고, 그 진술문을 지지해줄 바람직한 음성, 신체 메시지를 골라내도록 하는 것이다. 덧붙여, 당신은 헬피가 보다 효과적으로 사고하도록 격려할 수 있다. 예를 들어 일단 헬피가 자신의 문제 상황에 유익한 의사소통 방식을 식별하면, 그에 상응하는 유용한 자기대화를 개발하도록 하고, 그것을 예행연습시킨 후, 실제 삶에서 실행하도록 격려하는 것이다. 나아가 당신은 헬피의 비현실적 규칙과 지각에 도전하도록 해서 보다 현실적인 규칙과 지각으로 교체하도록 도울 수 있다.

헬피로 하여금 자신의 새로운 사고방식과 의사소통 기술을 다음 회기에 오기 전에 연습하도록 격려하라. 그러고 나서 다음 회기 시작 시 보고하도록 하라. 현재와 미래의 행동을 변화시킬 책임을 헬피 스스로 지도록 도와라. 도움 종료 전 당신은 헬피와 함께 창출된 유익한 변화가 유지될 수 있는 방법을 검토할 수 있다.

글상자 6.2 사례 예시

예 1 : 수줍음 많은 아동의 친구 사귀기 도와주기

릭(16세)은 수줍음 문제로 상담 기술을 가진 중등 교사 모하메드(37세)와 의논한다. 모하메드는 다음과 같은 순으로 도움을 제공한다.

- 재치 있는 말로 릭의 어려움에 대한 생각과 느낌을 공유하도록 허용하고 관계를 구축한다.
- 사람들과 만나고 싶은 특정 상황에서의 행동 방식을 온화하게 탐색한다. 하는 말, 말하는 방식에 대해 어떻게 생각하는지 묻는다.
- 사귀고 싶은 학교 친구 두 명과의 초기 접촉을 위한 간단한 계획을 세운다. 접촉 장소와 접촉 방법에 초점을 둔다.
- 성공할 경우 혹은 실패할 경우 릭이 어떻게 할 것인지 논의한다.

예 2 : 치매로 고통 받는 남편을 둔 아내 도와주기

릴리(59세)는 노인상담봉사를 하고 있으며 케이트(78세)와 만난다. 케이트는 남편 조슈아(84세)의 치매 악화와 함께 사는 것이 더욱 어려워지자 도움을 요청했다. 릴리의 도움 과정은 다음과 같다.

- 그녀의 삶에 대해 이야기할 기회와 공간을 제공해 관계를 구축한다.
- 남편을 다루는 방법뿐만 아니라 스스로를 돌보는 방법에 관한 질문을 부드럽게 하면서 그녀의 관점을 확장한다.
- 그녀가 자신을 위한 시간을 허락하고 지지를 구할 수 있는 방식들을 함께 논의한다.
- 그녀 자신을 남편 치매의 확장으로 생각하는 것이 아닌 다른 방식으로 자신의 삶을 생각하는 것에 대해 논의한다.

예 3 : 보다 주장적인 노동자가 되도록 돕기

아멜리아(36세)는 옷 가게 주인이다. 20세 쿠숨을 신입 판매원으로 고용하고 있다. 아멜리아는 다음과 같이 돕는다.

- 쿠숨이 고객에게 다가가는 것을 꺼린다는 것을 알아채고 그녀를 불러 관계를 구축한다.
- 아멜리아 자신이 그 일을 시작하면서 고객에게 다가가는 것의 어려움에 대해 어떻게 느꼈는지 설명한다. 그리고 고객의 질문에 답할 때의 어려움, 고객이 관심을 보이는 옷에 대해 설명할 때의 어려움을 설명한다.
- 쿠숨이 고객을 보았을 때 구두적·음성적·신체적으로 어떻게 행동하는지, 어떤 생각이 들었는지 상세히 기술하도록 격려한다.
- 두 사람은 몇 가지 단순한 주장 기술에 서로 합의한다. 즉 고객이 도움을 필요로 하는지 자신 있게 질문한 후 이에 대해 즉답할 수 있는 몇 가지 핵심적인 구두, 음성, 신체 메시지 사용하기에 동의한다.
- 아멜리아가 고객 역할을 하는 역할놀이를 통해서 이런 기술들을 효과적으로 사용하는 연습을 한다.

활동 6.1 도움 과정 탐색하기

1. 당신은 도움 과정을 3단계로 생각하는 것이 유용하다고 생각하는가?
2. 당신의 삶에서 향상시키고 싶은 한 가지 문제 상황을 생각하라. 만일 당신이 혼자라면 관계 맺기 단계는 할 수 없을 것이다. 이럴 경우 이해 단계 및 이 단계와 관련한 변화 단계에서 향상시키고 싶은 문제 상황 한 가지를 생각한다.
3. 글상자 6.2의 각 헬피가 자신의 문제(들)를 이해하고 변화를 탐색하도록 도울 수 있는 당신만의 방법을 가지고 있는가? 그렇다면, RUC 모형에 맞춰 생각해보라.

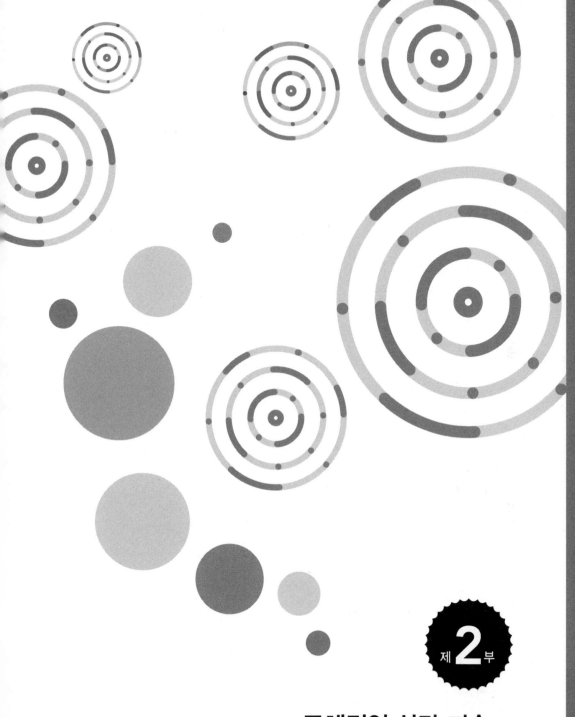

제 **2** 부

구체적인 상담 기술

SPECIFIC COUNSELLING SKILLS

제2부 구체적인 상담 기술

내적 참조틀 이해하기

당신은 상대방의 말을 적절히 듣는 사람을 얼마나 많이 알고 있는가? 아마 거의 없을 것이다. 자신의 생각, 느낌, 경험을 얘기하기에도 바쁘다는 사실은 차치하더라도, 많은 사람들은 남의 말을 정확히 그리고 깊게 듣지 않고 오히려 '스핀'을 매길 때가 많다. 어떤 기본 상담 및 도움 기술 코스라도 가장 중요한 한 가지 목표는 훈련생들의 경청의 질을 높이는 것이다. 경험 많은 상담사들은 물론 헬퍼들도 자신의 경청의 질을 항상 모니터해야 한다.

능동적 경청을 하라

두 명의 상담사가 하루 일과를 마치고 엘리베이터 안에서 만난다. 한 사람은 멀쩡해 보이고 다른 사람은 피곤해 보인다.

> **피곤해 보이는 상담사** 당신이 그 모든 것을 경청하고도 어떻게 그렇게 멀쩡한지 모르겠네요.
>
> **멀쩡해 보이는 상담사** 누가 들어요?

당신 헬피가 당신과 이야기하기에 편하고 자유롭게 느끼도록 정서적 분위기를 어떻게 창출할 수 있는가? 동맹 관계 창출 기술 요소들 중 많은 것은 능동적 경청이라는 표제하에 놓인다. 듣기(hearing)와 경청(listening)은 다르다. 듣기는 소리를 인식하고 받아들이는 능력과 관련된다. 경청은 소리를 받아들일 뿐만 아니라 가능한 많이 그 의미를 정확히 이해하려는 것과 관련된다. 그렇기 때문에 경청은 말을 듣고, 메모하고, 음성적 단서에 민감하고, 신체 언어를 관찰하고, 의사소통의 개인적·사회적 맥락까지 고려한다. 당신은 보상적 청자(rewarding listener)가 되지 않고도 정확히 들을 수 있다. 능동적 경청(active listening)이란 화자의 의사소통에 대한 정확한 이해뿐만 아니라 그 이해를 보여주기를 수반한다. 그렇기 때문에 능동적 경청은 의사소통 수신뿐만 아니라 송신에도 능숙해지는 것과 관련된다.

　능동적 경청은 어떤 도움 관계에서나 근본적인 기술이다. 그럼에도 불구하고 RUC 도움 모형 전반에 걸쳐 당신의 능동적 경청 사용 방식을 모형의 각 단계에 맞춰 각색해야 한다. 나아가 모형이 당신의 도움 접촉 속성과 맞지 않으면 그에 맞춰 당신의 경청 기술을 각색할 수 있다. 그러나 만일 당신이 처음에 적절히 경청할 수 없다면, 당신은 적절한 태도로 질문할 수 있는 능력과 같은 여타의 상담 기술을 능동적 경청과 통합할 준비가 제대로 되어 있지 않다.

존중과 수용의 태도를 지녀라

모든 대인 간 도움 대화에는 네 종류의 경청이 일어나는데 헬퍼의 경청, 헬피의 경청, 그리고 이 둘의 내면적 경청이 그것이다. 당신의 내적 경청의 질, 다시 말해 자신의 생각과 느낌에 적절히 민감해지기는 당신의 외적 경청의 질에 매우 중요하다. 당신이나 헬피가 자기 자신을 빈약하거나 과도하게 경청한다면 서로 잘 경청하지 못하는 것이다. 이와 달리 둘 다 서로 잘 경청한다면 이는 내적 경청의 질을 높이는 데 도움이 될 것이다.

헬퍼의 수용적 태도는 헬피가 자신의 생각과 느낌에 대한 권리를 갖는 개별적 인간 존재로서 존중받는 것과 관련된다. 이 태도는 또한 헬피가 지각한 선과 악에 대한 헬퍼의 유보적 판단을 수반한다. 모든 인간은 실수할 수 있으며, 자신과 타인에게 행복 혹은 고통을 가져올 수 있는 훌륭한 혹은 빈약한 인간적 기술과 능력을 소유하고 있다. 존중은 바라본다는 뜻인 라틴어 *respicere*에서 유래한다. 존중은 타인을 있는 그대로 바라보고, 그 독특한 개별성을 높게 평가하는 능력을 의미한다. 존중은 또한 타인이 착취나 통제 없이 자신만의 조건으로 성장하고 발달하는 것을 허락하는 것을 의미한다. 이처럼 수용적 태도는 타인을 개별적이며 독특한 인간 존재로서 존중하는 것과 관련되지만, 이것이 헬피가 말하는 모든 것에 당신이 동의할 필요가 있다는 것을 의미하는 것은 아니다. 그러나 이상적으로 당신은 헬피가 말한 바를 실재에 대한 헬피의 해석으로 존중할 만큼 내적으로 충분히 안정되어 있어야 한다.

당신은 헬피 앞에 심리적으로 현전할 필요가 있다. 이는 방어의 부재, 그리고 헬피의 표정과 경험화가 당신에게 미치는 영향을 허락하려는 의지를 수반한다. 가능한 당신은 자신의 신체, 사고, 감각, 정서와 함께 '거기에 있는 모든 것'이어야 한다. 심리적 접근성은 헬피뿐만 아니라 당신 자신도 수용하는 태도를 수반한다. 요컨대 자기(self)를 과감히 수용하는 사람은 타인을 수용하는 것으로 해석되며, 이와 반대로 자신을 수용하지 못하는 사람은 타인도 수용하지 못하는 것으로 해석된다.

헬피의 내적 참조틀을 이해하라

헬퍼가 헬피의 관점에서 사물을 바라보는 것은 헬퍼가 헬피의 내적 참조틀에서 헬피를 이해할 수 있는 능력을 가지고 있다는 말이다. '누군가의 모카신(moccasin)[5]을

---

5   역주 : 북미 인디언의 뒤축 없는 신발

신고 2개의 달을 걸어보기 전까지는 그 사람에 대해 판단하지 말라'는 미국 인디언 격언이 있다. 헬피에게 환대한다는 느낌을 주려면, 당신은 '모카신을 신고 걷기', '헬피 피부 속으로 들어가기', '헬피 눈으로 세상 보기'와 같은 능력을 개발할 필요가 있다. 능동적 경청의 중심에는 '당신'과 '나' 간의, '당신에 대한 당신의 관점'과 '당신에 대한 나의 관점' 간의, '나에 대한 당신의 관점'과 '나에 대한 나의 관점' 간의 기본적 구분이 있다. 당신에 대한 당신의 관점과 나에 대한 나의 관점은 내부의 혹은 내적인 관점이다. 반면, 나에 대한 당신의 관점과 당신에 대한 나의 관점은 외부의 혹은 외적인 관점이다.

당신의 헬피를 이해하고 경청하는 기술의 기초는, 당신 자신의 외적 참조틀에 머물기보다는 헬피의 내적 참조틀 속으로 들어감으로써 '나'와 '당신' 간의 독자성을 인정하는 것을 선택하는 것이다. 헬피의 관점에 대한 정확한 이해를 보여주는 방식으로 헬피가 말하는 것에 반응한다면, 헬피의 내적 참조틀 내부에 있는 것처럼 반응하는 것이다. 그러나 헬피의 관점에 대한 이해를 보여주지 않기로 선택하거나 헬피를 이해하는 능력이 부족하다면, 외적 참조틀로 반응하는 것이다. 글상자 7.1은 외적 혹은 내적 참조틀로 반응하는 헬퍼의 예들을 제시한다.

글상자 7.1 내적/외적 참조틀로 반응하는 헬퍼의 예

외적 참조틀 반응
당신은 그녀에게 그런 식으로 말하지 말았어야 했어요.
글쎄요, 저라면 그것을 하지 않았을 겁니다.
당신은 너무 쉽게 자신을 화나게 하고 있네요.
당신은 달리 행동할 수도 있었을 겁니다.

내적 참조틀 반응
당신은 그녀가 집에 오니 기쁘군요.
당신은 그가 달라지지 않아서 짜증났군요.
당신 승진에 대해 복잡한 느낌이군요. 봉급 인상과 지위 상승은 기쁘지만, 그만큼 커진 책임감이
　두려운가 봅니다.
당신은 그녀를 다시 보는 것이 걱정되는군요.

종종 당신은 '당신은~'으로 반응을 시작해 헬피의 내적 참조틀 속에 있음을 보여 줄 수 있다. 그러나 상황에 따라 "당신은 그녀에게 그런 식으로 말하지 말았어야 했어요.", "당신은 달리 행동할 수도 있었을 겁니다."와 같이 외적 참조틀로 반응할 수도 있다.

당신은 항상 헬피의 내적 참조틀로 반응할 것인지 그렇지 않을 것인지 의식적으로 선택해야 한다. 헬피 진술-헬퍼 반응-헬피 진술이라는 3개의 연결 체인을 생각하라. 헬피의 내적 참조틀로 반응하는 헬퍼는 헬피가 동일한 경로를 지속할 것인지 아니면 방향을 바꿀 것인지 선택하는 것을 허락한다. 그러나 외적 참조틀로 반응하는 헬퍼는 헬피가 달리 선택할 수도 있는 생각과 느낌과 경험이라는 열차의 궤도를 수정하거나 저지하도록 하는 것과 같은 영향을 줄 수 있다.

활동 7.1 헬피의 내적 참조틀 식별하기

아래에 형식적·비형식적 도움 상황에서 발췌한 몇 가지 진술-반응이 있다. 각 진술에 대해 헬퍼는 세 가지 방식으로 반응하고 있다. 헬피의 내적 관점을 반영하는지 아니면 헬퍼의 외적 관점에서 나온 것인지 여부에 따라 각 반응에 '내적' 혹은 '외적'이라고 써라. 어떤 반응은 인위적으로 보일지 모르나, 이는 단지 연습의 용이성을 위해 선택된 것이다. 이 장 끝에 답이 제시되어 있다.

〈예시〉 환자 대 간호사
환자 : 수술 후 돌아다니는 게 어려워요.
간호사 : 외적 (a) 더 열심히 할 수 없나요?
　　　　　 내적 (b) 돌아다니는 데 어려움을 발견하고 있군요.
　　　　　 외적 (c) 의사 선생님께 말씀하세요.

상황 1. 직원 대 매니저
직원 : 제가 어떻게 하고 있는지, 그리고 향상시킬 방법은 없는지 알고 싶습니다.
매니저 :
_____ (a) 스스로 그런 질문들에 답할 수 없나요?
_____ (b) 당신은 당신의 연간 평가까지 기다려야 합니다.
_____ (c) 당신이 어떻게 하고 있는지 그리고 더 잘할 순 없는지에 대한 어떤 피드백을 원하는군요.

(계속)

상황 2. 내담자 대 사회복지사

내담자 : 그/그녀가 자기 집안일 몫을 하지 않아 진저리가 납니다.

사회복지사 :

_____ (a) 그/그녀가 제 몫을 하지 않아 당신이 화났군요.

_____ (b) 누구나 똑같은 배를 타고 있지요.

_____ (c) 제가 당신 입장이라도 진저리가 나겠는데요.

상황 3. 내담자 대 헬퍼

내담자 : 이곳에 친한 사람이 아무도 없어 불행해요.

헬퍼 :

_____ (a) 많은 사람들이 새로운 곳에 적응하고 친구를 사귀기 위해 시간을 들입니다.

_____ (b) 여기에 진짜 친구가 없어 외롭군요.

_____ (c) 자신에 대해 그렇게 유감스럽게 생각하지 마시고 더 열심히 친구를 찾아보아야
합니다.

활동 7.2 내적/외적 반응 관찰하고 사정하기

1. 텔레비전이나 라디오의 인터뷰나 토크쇼를 시청하라. 사회자가 어느 정도까지 초대 손님의 내
   적 참조틀로 반응하는지 관찰하라.
2. 다음 상황에서 일주일 동안 당신의 의사소통을 모니터하면서, 언제 자신의 참조틀로 상대방에
   게 반응하는지, 아니면 상대방의 참조틀로 반응하는지 더욱 인식해보라.

   • 도움 접촉에서
   • 일상생활에서

활동 7.1 정답

1. (a) 외적   (b) 외적   (c) 내적
2. (a) 내적   (b) 외적   (c) 외적
3. (a) 외적   (b) 내적   (c) 외적

8

주의 및 관심 보이기

학습목표

이 장을 공부하고 활동을 해봄으로써 당신은

● 당신의 좋은/빈약한 신체 메시지를 보다 잘 인식하고

● 당신의 신체 메시지가 얼마나 훌륭한지 사정하기 시작하며

● 헬피에 대한 당신의 주의 및 관심 보여주기 능력을 향상시켜야 한다.

헬퍼와 헬피는 함께 있을 때 항상 서로에게 메시지를 보낸다. 2장에서 필자는 의사소통/행위 기술 메시지를 보내는 다섯 가지 주요 방식이 있다고 언급했다. 즉 구두, 음성, 신체, 접촉, 행위 전달 메시지이다. 이 장의 목표는 좋은 신체 메시지를 헬피에게 보내는 당신의 기술을 구축하는 데 있다. 청자로서 당신의 신체 메시지는 화자인 헬피의 말을 경청할 때든 반응할 때든 다 중요하다. 함께 이야기를 나누는 헬피에게 보상적인 당신이 되려면, 당신은 자신의 정서적 가용성과 관심을 신체적으로 전달할 필요가 있다. 이를 참여적 행동(attending behaviour)이라고 종종 부른다.

신체 메시지는 헬피 말에 대한 헬퍼 반응의 주요 범주이다. 이는 무언가 하지 않으려는 어떤 사람을 상상해보면 잘 알 수 있을 것이다. 예컨대 헬피가 민감한 개인적 문제로 어떤 헬퍼에게 도움을 구하러 갔는데, 헬퍼는 왜 왔는지 물으면서 창밖을 내다보고 책상 위에 두 발을 올리는 상상이다. 좀 더 심각한 실제의 예를 들자면, 필자

가 스탠퍼드대학의 상담대학원 학생이었을 때 탁월한 내담자 중심 상담사 한 분의 경우이다. 그 분은 그 당시 상담검사센터의 센터장이셨는데, 걸핏하면 아주 편안한 자세로 책상 위에 두 발을 올려놓곤 했다. 그 당시 필자는 그 분의 큰 관심을 받았던 터라 그런 행동에 특별한 반감을 갖지 않았었다.

다음 몇 가지 제안은 헬피에 대한 관심과 주의를 보여주는 헬퍼의 주요 신체 메시지 기술에 포함될 수 있는 것들이다. 다양한 수준에서 이 제안들은 헬피 말에 대한 헬퍼의 비구두적 보상들을 제공한다. 필자는 이 제안들을 조건부로 제시한다. 그러므로 사무실이 아닌 장면에서 헬피들을 만나는 사람들은 이 제안들을 자신의 도움 맥락에 맞게 편집하거나 각색할 필요가 있다.

가용성을 제대로 지각하게 하라

헬퍼로서 당신의 도움 가용성이 제대로 혹은 잘못 지각될 수 있다. 당신의 과로는 도움 불가의 적절한 사유로 지각될 것이다. 그러나 당신의 가용성이나 어떤 한계를 알리는 데 서툴다면 이는 당신의 가용성에 대해 오해를 불러일으킬 수 있다. 의도적이든 비의도적이든 당신은 거리감을 만드는 메시지를 보낼 수도 있다. 예컨대 일부 대학 강사들이 학생들의 근심을 의논할 시간을 거의 마련하지 않거나, 가능한 캠퍼스에서 시간을 덜 보내려 하는 것과 같은 것이다. 당신 헬피에게는 물론 다른 사람에게도 당신의 가용성과 접근성에 대한 명확한 메시지를 보내라. 비형식적 도움 장면에서 당신의 가용성을 알릴 수 있는 한 가지 단순한 방법은 단지 사람들에게 다가가고 밀착하거나 채팅하는 것이다.

이완적이며 개방적인 신체 자세를 취하라

슬럼프라든가 축 처짐이 아닌 이완된 헬퍼의 신체 자세는 헬퍼가 수용적이라는 메시지에 공헌한다. 당신이 긴장되고 꼿꼿한 자세로 앉아 있으면, 헬피는 의식적으로 혹은 직관적으로 당신이 어떤 개인적인 의제나 미완의 업무에 묶여 있어 접근하기 어렵다고 느낄 수 있다.

헬퍼와 헬피는 서로 잘 볼 수 있도록 개방적인 자세로 앉을 필요가 있다. 어떤 상담 기술 훈련가들은 훈련생들끼리 마주하도록, 다시 말해 훈련생 헬퍼의 왼쪽 어깨가 훈련생 헬피의 오른쪽 어깨와 마주해 앉도록 하는 것을 추천한다. 필자는 헬퍼와 헬피가 살짝 비껴 앉는 것도 추천하고 싶다. 이 자세에서도 상대방의 중요한 얼굴 메시지와 신체 메시지를 다 받을 수 있다. 이 자세는 마주하는 것에 비해 서로에게 접촉의 직접성을 다양화할 수 있는 재량권을 가질 수 있다는 장점이 있다. 고도로 상처받기 쉬운 헬피들은 이렇게 앉는 것에 대해 특히 고마워할 것이다.

팔다리 사용 방식은 개방적인 신체 자세를 강화할 수도 있고 손상시킬 수도 있다. 예를 들어 팔짱은 장벽으로 지각될 수 있으며, 때때로 다리를 꼬고 있는 것 역시 그럴 수 있다. 두 사람이 거울-이미지 자세를 취하는 자세 유사성은 서로 좋아하는 신호로 지각된다는 연구 증거도 있다.

몸을 너무 앞으로 혹은 뒤로 기울이지 말라

앞으로, 뒤로, 옆으로 몸을 기울일지 여부는 신체 자세의 또 다른 양상이다. 당신이 너무 앞쪽으로 몸을 기울이면 어색해 보이기도 하지만, 헬피 입장에서는 자신의 개인 공간에 대한 침입으로 느낄 수도 있다. 그러나 친밀한 노출의 순간에 앞쪽으로 적절히 기울이는 것은 침입으로 지각되기보다는 라포 형성에 도움이 될 수도 있다. 당신이 너무 뒤쪽으로 기울이면 헬피는 심리적 거리감을 느낄 수도 있다.

적절한 응시 및 눈 맞춤을 하라

여기서 응시(gaze)란 상대방의 얼굴 부위를 본다는 의미이다. 좋은 응시 기술은 당신의 관심을 가리킬 뿐만 아니라 당신으로 하여금 중요한 얼굴 메시지를 받도록 한다.

응시는 언제 경청을 멈추고 반응을 시작할지에 대한 단서들을 당신에게 제공할 수 있다. 그러나 동시적 대화에서 사용되는 주요 단서들은 신체 메시지라기보다는 구두 메시지와 음성 메시지이다.

좋은 눈 맞춤 기술은 합당한 수준에서 눈 접촉이 일어나도록 헬피 쪽을 바라보는 것과 관련된다. 헬피와 헬퍼의 심적 불안 수준, 관계의 발달 정도, 참여 매력도에 따라 도움 관계에서 눈 맞춤의 균형 수준은 다를 수 있다. 노려보기(staring)는 헬피가 지배당하거나 간파되는 것처럼 느낄 수 있어 위협적일 수 있다. 언젠가 한 손으로 두 눈을 감싸고 앉아 가끔씩 필자 쪽을 90도 각도로 힐끗 올려다보던 헬피와 상담한 적이 있다. 그가 정상적인 눈 맞춤으로 점진적으로 이동하는 데 8회기가 소요되었다. 헬피는 적절한 양의 눈 맞춤을 헬퍼로부터 바란다. 그렇기 때문에 헬퍼로서 당신이 너무 자주 아래나 옆으로 바라보면, 헬피는 당신이 긴장하거나 지루해하는 것으로 지각할지 모른다.

적절한 얼굴 표정을 전달하라

2장에서 느낌에 대해 논의할 때 일곱 가지의 중요한 느낌을 언급했다. 즉 행복, 관심, 놀람, 공포, 슬픔, 분노, 역겨움 혹은 경멸이 그것들이다. 이들 각각은 얼굴 표정에 의해 전달될 수 있다. 사람의 얼굴은 자신의 느낌에 대한 신체 메시지를 보내는 주요 방식이다. 많은 얼굴 정보들이 입과 두 눈썹을 통해 전달된다. 친절하며 이완된 얼굴 표정은 대개 관심을 보여주는 것이며, 미소 역시 그렇다. 헬피가 이야기할 때, 당신은 얼굴 표정을 통해 헬피의 말에 집중하고 있다는 것을 보여줄 필요가 있다. 예를 들어 헬피가 행복할 때, 진지할 때, 훌쩍거릴 때, 화날 때 당신의 얼굴 표정을 바꾸면서 그 느낌들을 이해했다는 것을 알리는 것이다.

양질의 제스처를 사용하라

제스처는 사고와 느낌 전달에 사용되는 신체 움직임이다. 머리 끄덕임은 경청에 있어 가장 흔한 제스처일 것이다. 가벼운 머리 끄덕임은 지속적인 관심, 크게 반복하는 머리 끄덕임은 동의를 의미할 수 있다. 머리 끄덕임은 헬피에게는 지속적인 대화를 위한 보상으로 보일 수 있다. 부정적인 측면으로, 선택적 머리 끄덕임은 헬피를 통제하는 강력한 방법일 수 있으며, 이렇게 되면 무조건적 수용은 조건적 수용이 된다.

특히 말로 표현하기 어려운 모양, 크기, 움직임을 보여주기 위해 제스처를 쓸 수 있다. 당신은 한 손과 팔로 반응하면서 주의와 관심을 보여줄 수 있다. 그러나 이 제스처를 과도하거나 과소하게 사용하면 반감을 살 수 있다. 무관심을 보여주거나, 명료한 의사소통을 방해하는 부정적 제스처의 예에 포함되는 것으로 다음과 같은 것들을 들 수 있다.

- 볼펜이나 연필 만지작거리기
- 깍지 끼기
- 손으로 책상 따위를 북처럼 두드리기
- 머리 만지작거리기
- 한 손을 입술 위에 대기
- 귀 잡아당기기
- 몸 긁기

만지되 신중하라

헬피를 만지는 것이 사적 공간에 대한 공격이 되지 않도록 아주 신중을 기한다면 도움에서 적절할 것이다. 예를 들어 헬피의 손, 팔, 어깨, 등 윗부분을 만지는 것은 근심을 보여주는 것이다. 만지기 강도와 지속은 접촉을 확립할 만큼 충분해야 한다. 그러나 불편하거나 어떤 성적 관심의 단서가 되지 않도록 주의해야 한다. 만지기의 한계와 그 효용성에 대한 메시지를 포착할 수 있는 능력은 능동적 청자가 되는 기술의 일부이다. 호저(豪猪)[6] 부모가 새끼에게 사랑하는 것에 대해 충고하는 것처럼, 내담자 만지기를 고려할 때는 '신중하게 다가서라!'

개인적 공간과 높이에 민감하라

헬퍼의 능동적 경청은 헬피의 개인 공간에 대한 존중을 수반한다. 당신은 너무 가까울 수도, 너무 멀 수도 있다. 헬퍼와 헬피 모두를 위한 편안한 물리적 거리는 아마도 상대방 머리와 약 1.5미터 떨어져 앉는 것이다. 서구 문화의 헬피는 너무 가까운 물리적 거리를 개인적인 것으로 지각할지 모른다. 그러나 물리적으로 너무 멀리 떨어져 있으면, 헬피는 더 크게 말해야 할 뿐만 아니라 정서적으로 거리가 있는 것으로 지각할 수도 있다. 도움 대화를 위한 가장 편안한 높이는 서로의 머리 높이를 동일 수준으로 하는 것이다. 헬피보다 더 높고 더 정교한 의자에 앉은 헬퍼는 관계에 있어 헬피가 더 나약하다는 느낌에 기여할 수 있다.

옷차림과 몸단장에 유의하라

때때로 헬퍼의 옷은 자신의 작업 맥락에 의해 지배된다. 예를 들어 병원에서 의사는 하얀 가운을 입고 간호사는 유니폼을 입는다. 특별한 경우를 제외하고 당신은 자신이 어떻게 옷을 차려입을지 선택할 수 있다. 당신의 옷은 당신에 대한 여러 가지 메시지를 보낸다. 다시 말해 당신의 옷을 통해 드러나는 당신의 메시지는 헬피가 얼마나 그리고 어떤 영역에서 자신을 드러낼지에 영향을 미칠 수 있다. 옷을 통한 당신의 메시지에 포함되는 것에는 다음과 같은 것들이 있다.

- 사회적 지위나 직업적 지위

---

6 역주 : 쥐목 호저과에 딸린 포유동물로, 남부 유럽·북부 아프리카·남북 아메리카에 산다. 몸길이는 90cm이고, 무게는 27kg쯤 된다. 몸에는 부드러운 털과 억센 털, 뾰족한 가시털이 빽빽하게 나 있다. 꼬리는 짧고 가시털이 나 있다. 머리에는 길고 거센 갈기가 있고, 위험이 닥치면 고슴도치처럼 몸을 둥그렇게 움츠린다.

- 성 역할 정체성
- 민족성
- 동료집단 규범에 대한 순응 정도
- 반항성, 내향성, 외향성

헬퍼들은 개성을 유지하면서도 고객에 따라 적절한 옷 입기를 해야 한다. 예를 들어 스트레스가 많은 비즈니스 임원에 비해 십대 비행청소년은 비형식적으로 차려입은 헬퍼에게 보다 잘 반응한다. 당신의 몸단장 또한 당신이 자신을 얼마나 잘 돌보고 있는지에 대한 중요한 정보를 제공한다. 예컨대, 깔끔한지 혹은 더러운지, 말쑥한지 혹은 지저분한지에 대한 정보이다. 당신 머리카락의 길이와 스타일도 당신에 관한 메시지를 보낸다.

이상의 제안들에 대한 결론적 코멘트

규칙이라는 개념은 신체 메시지의 적절성을 이해하는 데 매우 중요하다. 그러나 도움 상황에서 행동을 지배하는 규칙이 '죄수복'이 되어서는 안 된다. 진정한 의미에서 동맹적 도움 관계를 창출하기 위해 부득불 규칙을 구부리거나 부숴야 할 때도 있을 것이다. 관계 규칙이 문화에 따라 상이할 수 있다는 점도 유의해야 한다. 예를 들어 일부 호주 원주민들에게는 상대방 눈을 똑바로 쳐다보는 것은 용납되지 않는다. 인도에서는 머리를 끄덕이거나 흔드는 것이 긍정과 부정 모두의 의미를 갖는 경우도 흔하다. 요컨대 당신은 자신과 헬피의 개인적 요구에 민감해야 할 뿐만 아니라, 당신이 일하는 사회문화적 맥락 속에서 신체 메시지의 규칙에 민감할 필요가 있다.

당신은 신체적 의사소통을 수반하는 능동적 경청을 선택함에 있어서 유연할 필요가 있다. 도움 관계가 발전하면서, 헬피는 자신이 당신에 의해 환대받고 있는지 그리고 어떨 때 환대받고 있는지 알게 된다. 예를 들면 헬피는 과거 경험에 비추어 당신이 몸을 뒤로 기울일 때 당신이 한층 더 주목하고 있다는 것을 알지 모른다. 주의 및 관심을 보여주는 메시지를 선택적으로 사용하라. 필요에 따라 당신은 자신의 신체 메시지를 덜 보상적인 것으로 만드는 것을 선택할 수 있다. 예를 들어 헬피가 말한 것에 대한 당신의 이해를 점검하고 싶을 때는 헬피가 장황하게 계속 얘기하는 것을 멈추게 하거나 아니면 헬피의 말을 요약할 수 있다.

진정성이 중요하다. 당신의 신체 메시지 그 자체뿐만 아니라 신체 메시지와 음성 및 구두 메시지 간의 일관성은 헬피가 당신을 보상적 청자라고 지각할 가능성을 높인다. 한편, 당신은 미소를 지으면서 동시에 몸을 꼼지락거리거나 한 발로 톡톡 바닥을 치는 소리를 낼 수 있다. 미소는 관심을, 꼼지락거림과 발구름은 조바심을 나타낼지 모르며 이때의 전반적 메시지는 성실하지 못함을 전달할 것이다. 덧붙여 당신은 좋은 구두적 반응을 했으나 빈약한 신체적 의사소통에 의해 그것이 완전히 부정될 수도 있다.

활동 8.1 좋은 혹은 빈약한 신체 메시지에 대한 인식 높이기

당신의 파트너는 흥미로운 주제를 당신에게 말한다. 당신은 주로 듣는 역할을 하며 다음과 같이 하라.

- 당신이 반응을 시작할 때 1분 정도 끔찍한 신체 메시지를 사용한다.
- 2분 이상 그 메시지를 좋은 신체 메시지 사용으로 전환한다.
- 끔찍한 그리고 좋은 신체 메시지를 주고받는 것이 어떤 느낌인지 논의하고 간략히 보고하는 시간을 갖는다.
- 역할을 바꿔 위 단계들을 반복한다.

활동 8.2 주의와 관심을 보여주기 위한 신체 메시지 사정

당신의 주의와 관심을 보여주기 위한 다음 신체 메시지들 각각에 대해 자신을 사정하라. 다시 말해 이 신체 메시지들이 당신이 현재 상담 기술을 사용하고 있거나 미래에 사용할 도움 장면과 관련되는 정도를 평가하는 것이다.

- 가용성 알리기
- 이완되고 개방적인 신체 자세 취하기
- 너무 앞쪽으로 혹은 뒤쪽으로 몸 기울이지 않기
- 적절히 응시하기

(계속)

- 적절한 얼굴 표정 전달하기
- 좋은 제스처 사용하기
- 아끼듯 만지기
- 개인적 공간과 높이에 민감하기
- 옷차림과 몸단장에 유의하기
- 당신의 신체와 의사소통하는 방식에 있어서의 문화적 고려사항들
- 위에서 언급되지 않은 다른 중요한 영역들

활동 8.3 주의 및 관심 보여주기 향상시키기

당신 생각에 향상의 여지가 있는 주의 및 관심 보이기를 위한 특정한 신체 제스처 하나를 골라라. 예컨대 너무 경직된 자세로 앉는 경향과 같은 것이다. 그러고 나서 향상시킬 부분에 대해 파트너와 대화하라. 대화 동안이나 끝난 후, 당신의 방식에 대해 파트너의 피드백을 구하라. 그런 뒤 적절하다면 파트너와 역할을 바꿔서 하라.

바꿔 말하기와 느낌 반영하기

다소 중첩되는 기술인 느낌 바꿔 말하기와 느낌 반영하기는 방금 의사소통한 것을 되돌려주는 것과 관련된다. 당신은 '귀찮게 왜?'라고 의아해하거나 '인위적이지 않나?'라고 생각할지 모르겠다. 헬피 진술을 당신이 다시 말로 하는 것은 헬피가 계속해서 진술하도록 하는 데 분명 보상이 된다. 나아가 헬피가 자신의 경험을 생각만이 아닌 말로 표현하는 것은 그 경험에 생동감을 불어넣을 수 있다. 게다가 헬피가 자신의 경험을 헬퍼에 의해 다시 듣는 것은 그 경험을 더욱 살아있는 것으로 만들 수도 있다. 이처럼 구두화(verbalization)는 헬피로 하여금 자신의 생각, 느낌, 경험에 더 접촉하도록 할 수 있다. 덧붙이자면, 헬피의 경험을 구두화함으로써 당신과 헬피는 서로 의사소통하는 것의 의미를 보다 정확히 탐색하고 이해하는 과정에 참여할 수 있게 된다.

바꿔 말하기 기술

바꿔 말하기는 헬피 진술의 의미를 당신이 다른 말로 표현하는 것이다. 경우에 따라 당신은 헬피의 말을 바꿔 말하기보다는 반복하는 것을 선택할 수도 있다. 예컨대 헬피가 어떤 중요한 통찰을 공유하는 말을 할 때 당신이 그것을 반복하는 것은 통찰을 더욱 깊게 하는 데 도움이 되기도 한다. 반면에 반복은 대개 앵무새처럼 뜻도 모르고 따라 하는 것이 된다. 헬피는 앵무새가 아니라 사람과 관계를 맺고 싶어 한다.

　바꿔 말하기는 적어도 헬피 메시지의 급소(crux)를 말로 다시 당신이 하는 것과 관련이 있다. 당신은 헬피와 방금 의사소통한 것을 헬피의 내적 참조틀로부터 간단명료하게 다시 전달하려고 애써야 한다. 바꿔 말할 때, 헬피가 사용한 단어를 가끔 그대로 사용할 수 있지만, 가능한 피하라. 그리고 헬피가 종종 사용하는 언어에 밀착하려고 애쓸 필요가 있다. 글상자 9.1은 바꿔 말하기의 예를 보여준다.

　양질의 바꿔 말하기는 헬피의 원래 진술보다 더욱 명료하고 때론 더욱 간명하게 거울반영(mirror reflection)을 할 수 있다. 이럴 경우, 헬피는 "맞아요!" 혹은 "제대로 보셨어요!"와 같은 코멘트로 감탄하기도 한다. 바꿔 말하기와 악전고투하는 당신을 위한 간단한 팁은 도움 대화의 속도를 줄이는 것이며 그래서 더 생각할 시간을 갖는 것이다. 자신감과 유창함을 얻기 위한 또 하나의 팁은 도움 동안은 물론 끝난 후에도 바꿔 말하기를 연습하는 것이다.

글상자 9.1 바꿔 말하기의 예

헬피 대 사회복지사

헬피 : 그것에 신경 안 쓰려고 계속 애쓰고 있지만 여전히 신경이 쓰이네요.
사회복지사 : 그것에 대해 걱정하지 않으려고 진짜 노력하지만 계속 걱정이 되는군요.

아동 대 교사

아동 : 같이 공부하게 되어 참 기뻐요.
교사 : 함께 공부하니 너 좋아하는구나.

느낌 반영 기술

헬피의 느낌을 반영하는 헬퍼의 반응 대부분은 헬피 의사소통의 정서적 내용을 강조하는 바꿔 말하기다. 느낌 반영하기는 능동적 경청의 핵심 기술이다. 5장에서 필자는 Rogers의 5단계 공감 과정인 관찰 및 경청하기, 공명하기, 식별하기, 전달하기, 점검하기를 기술했다.[7] 여기서 필자는 이 과정을 부수고 두 단계로 대별한다. 즉 느낌 식별하기와 느낌 반영하기다.

느낌 식별하기

헬피의 느낌을 반영해 돌려줄 수 있기 전에, 당신은 그 느낌이 무엇인지 정확히 식별하거나 구분할 필요가 있다. 때때로 헬피는 '나는 ~라고 생각한다'는 의미를 '나는 ~라고 느낀다'라고 말한다. 예컨대 "저는 성평등이 중요하다고 느낍니다."라고 하는데 이는 느낌이라기보다는 생각을 기술한 것이다. 반면에 "저는 성차별에 대해 분노를 느낍니다."는 느낌을 기술한 것이다. 헬피 느낌을 정확히 끄집어내는 데 능숙해지고 싶다면 헬피의 생각과 느낌을 구분하는 것이 중요하다. 다음은 느낌 식별의 방법들이다.

- 신체 메시지 : 헬피를 바라보기만 해도 헬피가 무엇을 느끼는지에 대해 많은 것을 끄집어낼 수 있다. 예를 들면 피곤하거나 걱정하거나 행복한 모습으로 도움을 구하러 오는 헬피가 있는가 하면, 의자에 털썩 주저앉거나 꼿꼿이 앉는 헬피도 있을 것이다. 때때로 헬피의 신체 메시지는 구두 메시지보다 더 중요한 복합 메시지를 전달한다.
- 음성 메시지 : 헬피의 느낌 강도에 관한 메시지들 중 많은 것은 헬피가 느낌에 가하는 음성 강도에 의해 전달된다. 예컨대 자신의 느낌과 제대로 접촉하지 못하는 헬피는 다소 밋밋하고 동떨어진 목소리로 의사소통할 것이다.
- 느낌 단어와 구 : 헬피 느낌을 발견하는 훌륭한 방법은 느낌 단어와 구에 귀를 기

---

7   역주 : 5장 글상자 5.1 참조

울이는 것이다. 물론 이 방법이 전적으로 성공적인 것은 아니다. 느낌 단어에 포함되는 것들에는 행복한, 슬픈, 화난, 외로운, 불안한, 우울한 등이 있다. 느낌 구는 느낌을 기술하는 단어 묶음이다. "느낌 단어들을 경청하라!"는 것은 단순한 지침처럼 보인다. 그러나 때때로 헬피는 충분히 신중하게 듣지 않는 경우가 있다. 그래서 헬피가 방금 표현했는데도 "당신은 무엇을 느꼈습니까?"라고 묻는다.

- 신체 반응 단어 : 헬피의 신체 반응 단어들을 경청함으로써 느낌을 식별할 수 있다. 헬피는 긴장한, 피곤한, 심장이 두근거리는, 머리 아픈 같은 단어로 신체 반응을 기술할지 모른다.

- 느낌 관용구 : 느낌 관용구는 느낌을 의사소통하는 데 사용되는 구의 변환이거나 일상적 표현이다. 종종 이러한 관용구는 시각적 이미지로 표현된다. 예컨대 "제가 달 위에 있어요."는 기쁨의 정서를 기술하는 느낌 관용구이다.

- 느낌 이미지 : 헬피는 느낌을 불러일으키며 의사소통하기 위해 시각 이미지를 의도적으로 사용할 수 있다. 시각 이미지는 느낌의 내용을 이해할 수 있는 하나의 틀을 제공할 수 있다. 예를 들면 당혹감을 기술하고 예시하기 위해 어떤 헬피는 "쥐구멍으로 들어가고 싶은 심정이었습니다.", "방을 뛰쳐나가고 싶었습니다."와 같은 이미지를 사용할지 모른다.

느낌 반영하기

느낌 반영을 위한 간단한 지침은 인칭 대명사 '당신'으로 반응을 시작해 '마치 헬피의 내적 참조틀 내부에 있는 것처럼' 하는 것이다. 느낌을 반영할 때 느낌 단어와 구 앞에 항상 "당신은 ~라고 느끼는군요."라고 하는 것은 성가신 일이다. 때때로 '당신은 ~하군요.'라고 해도 좋다. 예컨대 "당신은 기쁨을 느끼시는군요." 대신 "당신은 기쁘군요."로 하는 것이다. 느낌을 바꿔 말하거나 그 느낌을 기술할 수 있는 다른 단어를 찾는다면 더 좋을 수도 있다.

가능한 헬피의 주요 느낌을 의사소통하면서 되돌려주어라. 설령 헬피가 자신의 주요 느낌으로 시작하지 않을지라도, 당신이 먼저 그것을 반영한다면 헬피는 자신이 더 이해되고 있다는 느낌을 가질 것이다.

느낌의 강도를 반영하려고 애써라. 누군가와 한바탕 소요가 있은 후 헬피에 따라 '황폐화된'(강한 느낌), '화난'(중간 느낌), '약간 화난'(약한 느낌) 감정을 가질 수 있다. 때때로 헬피는 자신의 느낌을 기술하기 위해 많은 단어를 사용할지 모른다. 그 단어들은 동일한 주제로 수렴될 수 있는데, 이 경우 그 느낌의 급소를 반영하는 단어를 선택하면 좋다. 이와 달리 어떤 헬피는 '행복한/슬픈'과 같은 단순한 반대어로부터 '상처난/분노의/죄의식의' 같은 보다 복잡한 조합에 이르기까지 다양한 수준의 복합 느낌을 말로 표현할지 모른다. 이 경우 바람직한 반영은 그 느낌 메시지들의 핵심 요소들을 골라내는 것이다. 경우에 따라 헬피로 하여금 느낌을 바르게 표현할 수 있는 방법을 찾도록 조력할 수 있는데, 이 경우의 느낌 반영은 반향적인 느낌 단어들을 선택하도록 돕는 것과 관련된다.

때때로 헬피가 스스로 부과하는 느낌과 이유를 동시에 반영할 수 있다. 이렇게 할 수 있는 간단한 한 가지 방법은 "당신은 ~때문에 ~라고 느끼시는군요."라는 말로 헬피의 내적 참조틀을 반영하는 것이다. 덧붙여, 이유를 반영해 돌려주는 것은 당신의 관점에서 해석하거나 설명하는 것을 의미하지 않는다는 것을 명심할 필요가 있다.

당신의 느낌 반영의 정확성을 점검하는 것은 매우 중요하다. 당신이 느낌을 얼마나 명료하게 전달받았는지 그리고 메시지를 정확히 받아들이는 데 얼마나 자신감을 갖는지에 따라 헬피의 느낌 진술에 대한 당신 반응의 망설임 수준은 다를 수 있다. 반응을 끝내면서 약간 고조된 음조 변화로 늘 점검하라. 예를 들면 "제가 당신을 제대로 이해하고 있나요?"와 같이 직접 묻거나, "당신이 ~라고 하는 말을 제가 듣고 있다고 생각합니다(잠정적인 느낌 진술).", "당신이 ~라고 느끼는 것을 이해하고 싶지만, 아직 명료하지 않네요."와 같이 말하면서 점검하는 것이다. 아니면, "개의치 않는다고 말하면서도 두 눈엔 눈물로 가득하군요."와 같이 복합 메시지로 반응하고 잠시 있다가 "그런데, 용감한 얼굴을 하고 있는 게 궁금합니다."라고 덧붙이며 점검할 수도 있다.

느낌 반영에 있어 중요한 고려사항은, 헬피가 이를테면 수치, 분노, 상처, 배반과 같은 것에 대한 통찰을 지니고 있는지 그리고 그 수준은 어느 정도인지 이해하는 것이다. 당신은 헬피가 도움 과정의 특정 순간에 얼마만큼 현실의 문제를 다룰 수 있는지에 대해 민감할 필요가 있다. 당신은 헬피가 인정하기 어려운 경험에 대한 느낌을 성급히 혹은 서툴게 반영함으로써 헬피를 위협할 수 있다.

글상자 9.2는 헬피의 느낌을 반영할 수 있는 상이한 방식의 예들을 제공한다. 이 예들을 가지고 헬피의 어떤 진술에나 정확한 유일한 반응 방식이 있다고 말하려는 것은 아니다. 그러나 다음에 제시된 느낌에 대한 반응들은 헬피의 느낌을 더 경험하고, 표현하고, 탐색하고, 이해할 수 있도록 하는 초석이나 가교 역할을 할 수 있을

글상자 9.2 느낌 반영하기의 예

느낌 단어 반영하기
헬피 : 두려워요.
헬퍼 : 위협받고 있군요.

느낌 구 반영하기
헬피 : 쓰레기더미에 묻힌 기분이네요.
헬퍼 : 우울하군요.

신체 반응 반영하기
첫 번째 경우는 신체 반응 단어를 그대로 사용함으로써 확실히 알아들었다는 것을 보여주기 위한 반복 반영이다. 이렇게 할 수도 있지만 다른 방식으로 바꿔 말하기도 생각해보라.

헬피 A : 땀 흘리기 시작했어요.
헬퍼 A : 땀 흘리기 시작했군요.

헬피 B : 뱃속의 나비들을 경험하고 있습니다.
헬퍼 B : 당신 복부에 긴장감을 느끼고 있군요.

느낌 및 이유 동시에 반영하기
헬피 : 모든 것을 완성하려고 하니 완전 녹초입니다.
헬퍼 : 다 끝내려고 하니 정말 피곤하군요.

것이다. 느낌은 대양의 파도처럼 부단한 유동 과정 속에 있다. 능숙한 헬퍼는 헬피 느낌의 조수간만을 쫓아 반영할 수 있다.

작은 구두적 보상

헬피로 하여금 자신의 내적 참조틀을 공유하도록 도울 때 헬피의 모든 진술을 반영할 필요는 없다. 당신은 좋은 신체 메시지 기술을 사용하는 것에 더해 작은 구두적 보상(verbal reward) 기술을 활용할 수 있다. 이 기술은 헬퍼의 관심을 간단히 말로 표현해서 헬피가 계속 이야기하도록 격려하기 위해 설계된 것이다. 구두적 보상이 전달하는 메시지는 "제가 당신과 함께 있습니다. 계속하세요."이다. 작은 구두 보상 기술을 활용하는 방식에 따라 그 결과는 좋을 수도 나쁠 수도 있다. 다시 말해 한편으로는 헬피의 내적 참조틀을 공유하고 탐색하도록 하는 데 보상이 될 수 있지만, 다른 한편으로는 헬피의 말을 가지고 헬피를 조형하려 할 수도 있다는 것이다. 한편, 헬피 자신에 대한 긍정적인 말이나 부정적인 말에 대해 각기 보상할 수 있으며, 헬피가 개인적으로 관심을 갖는 의제를 듣고 보상할 수도 있고 보상하지 않을 수도 있다. 글상자 9.3은 작은 구두적 보상의 몇 가지 예를 제시한다. 가장 흔히 사용되는 것 같은 '으흠(Uh-hum)'은 구두적 보상이라기보다는 음성적 보상에 가깝긴 하다.

글상자 9.3 작은 구두적 보상의 예

으흠	물론이지요	계속해주세요	과연 그렇군요	더 말씀하시죠
그리고	멈추지 마세요	그래서요?	알겠어요	정말이세요?
그래요?	맞아요	그러면?	그렇습니다	듣고 있어요

개방형 질문

느낌 반영과 작은 구두적 보상 외에, 개방형 질문을 통해 헬피의 내적 참조틀을 정교화하는 것을 도울 수 있다. 개방형 질문은 헬피의 옵션을 줄이지 않고 내적 관점을 나누도록 한다. 초기 회기(들)에서 헬피의 방문 이유를 말하도록 도울 때 특히 유용하다. 후속 회기(들)에서도 그 유용성을 충분히 발견할 수 있을 것이다. 개방형 질문에 포함되는 것들에는 "그것에 대해 말씀해 주시겠습니까?", "더 자세히 말씀해 주실래요?"가 있다. 그리고 덜 개방적이긴 하지만 "그것에 대해 당신이 어떻게 느끼시나요?"도 포함된다.

개방형 질문은 화자의 옵션을 축소하는 폐쇄형 질문과 대조적이다. 폐쇄형은 대개 '예' 혹은 '아니요'라는 두 가지 옵션만 준다. 그렇다고 폐쇄형 질문을 절대 해서는 안 된다는 말은 아니다. 경청 목적에 따라 폐쇄형 질문이 유용할 때도 있다. 나아가 자신의 주요 역할을 수행하려면 폐쇄형 질문을 해야만 하는 사람도 많다. 폐쇄형 질문은 정보 수집에 특히 유용하다. 그러나 헬피 자신만의 언어로 자기 세계를 공유하도록 돕고 싶을 때 폐쇄형 질문은 억제될 필요가 있다. 다음의 대조적 질문을 통해 얻을 수 있는 정보량을 생각해보라.

개방형 질문 : 오늘 어땠어요?

폐쇄형 질문 : 오늘 좋았나요? 아니면 나빴나요?

활동 9.1 바꿔 말하기 기술

1. 글상자 9.1로 돌아가 2개의 헬피 진술 각각에 대해 최소한 하나 이상의 대안적 바꿔 말하기를 제시하라.
2. 파트너를 이루어 작업하면서 상대방의 어떤 진술에 '양식을 준다'. 청자는 화자의 진술을 바꿔 말하고, 화자는 청자의 바꿔 말하기에 대한 자신의 반응을 피드백한다. 역할을 바꿔 이러한 진술-반응-피드백을 수행한다.

활동 9.2 느낌 반영하기 기술

1. 글상자 9.2로 돌아가, 다음 네 가지 영역에서 헬피의 진술에 대한 당신의 반응으로 글상자를 만들어라.

(계속)

- 느낌 단어 반영하기
- 느낌 구 반영하기
- 신체 반응 반영하기
- 느낌 및 이유 반영하기

2. 파트너와 작업하라. 각각 화자와 청자 역할을 한다. 우선, 화자는 느낌을 나누기에 편한 한 가지 주제를 고른다. 그다음, 청자는 경청할 때 그 주제에 대한 느낌을 정확히 반영함으로써 화자가 그 느낌에 대해 이야기할 수 있도록 돕는다. 경청할 때든 반응할 때든 구두 메시지뿐만 아니라 음성 메시지와 신체 메시지에도 주목하라.

10

시작하기, 구조화하기, 요약하기

학습목표
이 장을 공부하고 활동을 해봄으로써 당신은

- 헬피가 이야기하도록 허용하는 몇 가지 방법을 알고
- 헬피와 함께 도움 시간을 구조화하는 진술문 작성에 대해 배우며
- 헬피가 의사소통한 것을 요약하는 몇 가지 방법을 알아야 한다.

좋은 시작은 좋은 중간과 좋은 끝의 가능성을 높인다. 빈약한 시작은 헬피를 놓치거나 회복하기 어려울 정도로 도움기반을 상실케 할 수도 있다. 형식적 장면에서든 비형식적 장면에서든 우호적이며 기능적인 방식으로 도움 과정을 시작할 수 있다. 도움을 시작하는 적절한 방법은 헬퍼가 맡은 역할에 따라 다양하다. 당신이 상담이 주 업무가 아니라 다른 주요 역할의 일부로 상담 기술을 사용한다거나 비형식적 장면에서 그 기술을 사용한다면, 여기서 제시되는 일부 기술은 당신 상황에 맞춰 조정될 필요가 있다.

이야기 허용

이야기 허용은 헬피로 하여금 자신의 이야기를 하도록 초대하는, 그리고 헬퍼는 들

을 준비가 되어 있다는 것을 가리키는 짤막한 진술이다. 또한 "저는 당신 이야기를 듣는 것에 관심이 있고 들을 준비가 되어 있습니다. 당신의 내적 참조틀을 저와 공유합시다."라는 메시지를 전달하는 '잠긴 문을 여는 열쇠'이기도 하다. 헬퍼는 헬피에 관한 정보를 알아낼 뿐만 아니라, 헬피로 하여금 자신에 대한 정보를 발견하도록 돕기 위해 도움 현장에 있는 것이다.

당신은 "제가 당신을 어떻게 도울 수 있나요?" 혹은 "당신을 위해 제가 무엇을 할 수 있나요?"와 같이 평범하게 대화를 여는 말을 사용하는 것에 신중해야 한다. 이렇게 여는 말은 헬피가 나중에 자조를 위한 자신만의 자원을 개발하기보다는 당신의 자원에 대해 의존적이라는 것을 함축함으로써 초기 회기(들)를 불행한 시작으로 데려갈 수 있다.

헬피에게 이야기하도록 허용할 때 당신의 신체 메시지와 음성 메시지는 매우 중요하다. 당신의 메시지는 당신이 함께 이야기하기에 편하고 신뢰할 만한 사람인지를 알려준다는 점에서 그렇다. 명료하면서도 비교적 천천히 이야기하기는 차분한 환경을 만들 것이다. 당신은 또한 8장에서 이미 살펴본 영역인 주의와 관심 보여주기에 적절한 신체 메시지를 사용해야 한다.

형식적 도움 회기 밖에서 헬피와 비형식적 접촉을 하는 사람도 많을 것이다. 청소년시설의 교도관, 마약 중독자 치료를 위한 사회복지시설 거주 직원, 병원 간호사가 그럴 수 있다. 이런 비형식적 장면에서, 누군가가 걱정되는 개인적 의제를 가지고 있지만 함께 나누려면 용기를 필요로 한다는 것이 감지될 때 이야기하기 허용 기술이 사용될 수 있다. 글상자 10.1은 형식적·비형식적 도움 모두에서 사용할 수 있는 이야기 허용의 몇 가지 예를 제공한다. 덧붙여 헬퍼가 이야기하는 것을 시작하기 어려워하고 있다는 것을 알게 될 때 헬퍼가 쓸 수 있는 몇 가지 추수 진술문이 포함되어 있다.

> **글상자 10.1 이야기 허용의 예**
>
> **형식적 장면**
>
> 왜 오셨는지 말씀해주세요.
>
> 무엇이 당신을 여기로 데려 왔는지 말씀해주세요.
>
> 무엇이 당신을 근심케 하는지 말씀해주세요.
>
> 당신 문제가 무엇인지 말씀해주세요.
>
> 제게 그 상황을 알려주세요.
>
> 어디서부터 시작하고 싶은가요?
>
> 당신은 _____ 으로 언급되어 왔습니다. 지금 당신은 자신의 상황을 어떻게 보세요?
>
> **비형식적 장면**
>
> 마음속에 뭐가 있나요?
>
> 말씀하신다면 제가 도움이 될 겁니다.
>
> 오늘 불행해 보이는군요(헬퍼는 측은지심의 반응을 하라).
>
> **'윤활유적(lubricating)' 추수 코멘트**
>
> 시작하는 게 참 힘드신가 봅니다.
>
> 천천히 하세요.
>
> 준비되시면 하세요.

때때로 당신은 헬피 이야기를 듣기 전에 조직 요건상 기본정보 수집이라는 임무를 완수해야 할 때도 있을 것이다. 그러나 유연하라. 위기에 처한 헬피에게는 심리적 안정이 최우선이다. 관료적 형식 채우기는 나중에 할 수도 있다. 때때로 당신은 회기를 둘러싼 비밀의 한계를 말해줄 필요가 있을 것이다. 제삼자에게 보고해야 하거나 어떤 법적 한계를 보고해야 할 필요성이 발생할 경우가 그렇다. 덧붙여, 메모를 한다면 그렇게 하는 것에 대해 초기 회기에서 간략하게 설명하고 허락을 구할 필요가 있다.

슈퍼비전 목적으로 도움 회기를 기록할 필요가 있는 사람도 있다. 많은 코스에서, 슈퍼비전을 받는 훈련생들을 관찰하는 헬퍼는 그들의 회기가 기록될 것임을 사전에 알고 있다. 항상 그런 것은 아니지만, 기록 허가는 회기가 시작되기 전에 이루어질

> **글상자 10.2　회기 기록 요구의 한 예**
>
> 저의 슈퍼비전 목적으로 이 회기를 비디오로 촬영해도 괜찮겠습니까? 제 슈퍼바이저만 기록을 볼 것이며[관련된다면, '그리고 슈퍼비전 집단'을 덧붙여라], 검토가 끝나면 삭제할 것입니다. 촬영 중 지를 원할 때는 즉시 촬영을 멈추겠습니다.

필요가 있다. 글상자 10.2는 기록 허가를 요구하는 한 예를 제시한다. 또한 좋은 신체 및 음성 메시지는 허락을 받아내는 것을 보다 용이하게 할 수 있다. 초조하고 주저하는 방식으로 허락을 구하는 사람은, 차분하면서도 자신 있게 도움을 구하는 사람보다 의심과 저항을 불러일으킬 가능성이 높다.

구조화 기술

도움 회기가 낯선 경험인 헬피들도 많다. 당신은 도움 과정을 보다 알기 쉽고 덜 위협적인 것으로 만들려고 노력할 수 있다. 구조화는 도움 과정을 설명하는 것을 수반한다. 당신은 신체, 음성, 구두 메시지로 구조와 관련한 의사소통을 한다. 여기서 필자는 도움 초기에 10~15분 정도 구조화하는 것만 검토한다. 회기를 시작하면서 구조화를 다 하려고 하지 말라. 오프닝 진술뿐만 아니라 추수 진술을 통해서도 구조화는 가능하다. 당신이 시작하면서 모든 것을 설명하려 한다면 정서적 이완을 바라거나 정보 공유에 필사적인 헬피에게 제대로 반응하지 못할 수 있다.

　앞의 두 가지 구조화 방식 중 하나인 오프닝 진술은 구조화를 위한 첫 기회를 제공한다. 여기서 당신은 시간적 한계를 설정하고 헬피가 이야기하는 것을 허용할 수 있다. 헬피가 온 이유를 말하도록 돕는 당신의 능동적 경청 기술을 사용하고, 핵심을 요약하고, 그 요약의 정확성을 점검한다. 그런 다음 나머지 도움 과정에 대해 짧고 명료하게 설명할 수 있다. 글상자 10.3은 6장에 제시된 RUC 모형을 위한 틀을 제공하는 두 가지 추수 구조화 진술의 예를 제시한다. 첫 번째 진술은 헬피가 한 가지 주요 문제만을 분명히 가지는 상황이다. 두 번째 진술은 헬피가 한 가지 이상의 문제를 제시

글상자 10.3 구조화 진술의 예

오프닝 진술 혹은 최초 구조화 진술

우리가 함께한 지 45분 정도 되었네요. 왜 오셨는지 말씀해주세요.

두 번째로 가능한 구조화 진술

a) 단일 문제

당신이 오신 이유를 약간 알 것 같네요. 근데 시간 관계상 하는 말인데요, 우리 함께 당신 문제 속의 특정 상황을 골라 작업할 수 있나요? 당신이 그 상황을 보다 잘 이해하도록 제가 도울 것이고, 그러면 그걸 더 잘 다룰 수 있는 전략들을 함께 검토할 수 있을 겁니다.

b) 한 가지 이상의 문제

상이한 문제 영역들을 요약한 후, 헬퍼가 다음과 같이 말한다.

이 문제들 중 어느 것에 초점을 두고 싶으세요? (헬피는 자신의 선택을 말한다.) 우리가 이 문제의 특정 상황을 식별해낼 수 있을지 궁금하네요. 당신이 그걸 더 잘 관리하는 것이 중요하잖아요. 식별할 수 있다면, 우리는 그 상황을 더 충분히 탐색하고 그걸 다루기 위한 어떤 유용한 전략들을 생각해낼 수 있을 거예요. 그렇게 해도 좋으신가요?

하는 상황이다. 만일 구체적인 상황이 드러나지 않았다면, 추수 진술을 통해 헬피에게 함께 작업할 하나의 주요 문제 영역에서의 한 가지 상황을 식별하도록 요구한다.

구조화는 도움 진행 방식에 대한 동의를 얻어낼 수 있을 뿐만 아니라 도움 과정을 위한 의제나 목표를 수립함으로써 동맹 관계를 강화할 수 있다. 당신은 헬피에게 중요한 그래서 작업이 필요한 특정 상황을 선택하도록 도울 필요가 있다. 그러나 도움 과정에 대한 지적 논의로 빠지지 않도록 주의하라. 당신이 쉬우면서도 자신감 넘치는 방식으로 구조화 진술을 한다면, 대부분의 헬피는 제안된 틀 속에서 작업하게 되어 기뻐할 것이다.

요약 기술

요약은 도움 회기로부터 나온 긴 발췌 내용들을 헬퍼가 간략하게 진술하는 것이다. 다시 말해 일정 단위의 논의를 하는 동안이나 끝난 후, 혹은 도움 회기 시작 시나 끝난 후 일련의 헬피 진술의 상이한 부분들을 모으고, 명료화하고, 다시 반영하는 것이다.

여기서는 도움 시작에서의 헬퍼 요약에 논의의 초점을 둔다. 요약은 회기를 진전시키는 데 도움이 된다. 또한 헬피가 말한 내용의 단편들을 헬피에게 거울처럼 다시 반영하도록 한다. 그리고 이해를 점검하고, 명료화한다. 혹은 주제, 문제 영역, 문제 상황을 식별한다. 요약은 이외의 목적을 위해서도 도움이 될 것이다. 헬피가 장시간 이야기했다면, 당신은 요약을 통해 당신의 현전을 확립하고, 도움 대화를 보다 쌍방적인 것으로 만들 수 있다. 나아가 헬피 이야기가 아주 빠르면 속도를 조절하면서 진정시킬 수도 있다.

헬피가 도움을 받으러 온 이유를 말할 때, 당신은 전체 의사소통 단위를 반영하는 요약을 할 수 있을 것이다. 그러한 요약은 헬피가 말한 것에 대한 주요 느낌과 내용을 통합한다. 기본적 반영 요약(basic reflection summary)은 헬피가 동일한 주제를 지속하게 하거나 다른 주제로 이동하는 가교 역할을 할 수 있다. 이외의 요약 기능에 포함되는 것들로, 당신이 정확히 들었다는 것을 분명히 하고, 헬피에게 도움이 되었는지 점검하고, 헬피와 당신의 이해를 서로 명료화하도록 하는 것을 들 수 있다. 기본적 반영 요약의 변형에는 헬피가 지각한 정서와 원인을 연결하는 느낌 반영 및 이유 요약(reflecting feelings and reasons summary)이 있다.

도움 초기에 유용한 또 다른 요약 기술은 상이한 문제 영역들에 대한 개관을 제공할 수 있는 능력이다. 헬피가 당신의 도움을 구하러 와서 많은 상이한 문제들을 기술하기 시작했다고 상상해보자. 이런 상황에서 당신의 문제 영역 식별 요약은 헬피 스스로 요약할 수 있는 것보다 더 명료한 진술을 제공할 수도 있다. 나아가 그러한 진술은 헬피에게 어떤 문제가 가장 중요한지, 어디에 초점을 두고 싶은지 우선순위화하도록 요청하기 위한 기초를 제공할 수 있다. 글상자 10.4는 요약 진술문의 예들을 제시한다.

글상자 10.4 요약의 예

기본적 반영 요약

헬퍼 대 젊은 여성

요약하자면, 당신의 남자친구가 막 떠났고, 그에 따른 복잡한 느낌을 가지고 있다. 2년 동안 동거했고, 다시 혼자인 것에 적응하는 것이 쉽지 않다. 함께했던 좋은 순간들이 그립다. 그러나 그런 순간들이 점점 줄어들고 있다는 것을 깨닫는다. 그가 떠나 아프다. 그러면서도 자신의 미래를 보다 낙관적으로 느끼기 시작한다. 다른 남자친구를 만날 준비는 아직 되어 있지 않지만, 정서적으로 회복되었을 땐 그럴 것이라고 느낀다. 그러나 잘 맞지도 않을 누군가와 함부로 함께 있는 것을 원치 않는다. 제가 정확히 들었나요?

문제 영역 식별 요약

헬퍼 대 중년 남성

요약하자면, 당신은 제게 적어도 네 가지 문제 영역을 설명했습니다. 첫째, 당신 아내 수잔과의 관계가 바라는 대로 되지 않는다. 예전만큼 서로를 즐기지 않지만 다시 가까워졌으면 한다. 둘째, 당신은 13살 아들 팀과 어려움을 겪고 있다. 아들은 노골적으로 말하며 독립적이다. 그렇지만 당신은 여전히 그를 돌보고 있고, 그를 위한 최선의 것을 원한다. 셋째, 최근 당신 부친이 세상을 떠난 후, 당신 어머니 에밀리는 과도한 요구를 시작했다. 그래서 당신은 그녀를 좀 더 잘 다루고 싶다. 넷째, 당신은 스트레스를 느끼고 있고, 업무 이외의 것에는 거의 관심이 없다. 그러나 보다 균형 잡힌 삶을 살고 싶다. 당신은 더 이상 그렇게 많은 시간을 일하면서 소비할 필요가 없다고 느끼지만, 변하는 게 쉽지 않다. 제가 제대로 요약했나요?

활동 10.1 시작하기, 구조화하기, 요약하기 기술

당신은 헬퍼, 파트너는 헬피로서 작업한다. 헬피는 초기 회기를 시작하면서 역할놀이로 다루고 싶은 사생활이나 직업상의 특정 문제 상황 하나를 상상한다. 아니면, 실제 문제 상황을 가지고 작업할 수도 있다. 헬퍼는 다음 기술을 활용해 15분 정도 헬피와 면담한다.

- 오프닝 진술하기
- 이야기하기 허용하기
- 바꿔 말하기
- 느낌 반영하기
- 작은 보상 활용하기
- 개방형 질문하기
- 요약하기

(계속)

- 차기 회기 구조화 진술하기

위와 같은 활동들을 하는 회기의 초반부가 끝날 무렵, 헬퍼는 헬피가 나중에 함께 작업할 특정 상황을 식별하는 것을 당연히 조력했을 것이다.

회기를 다 마친 후의 회기 검토도 잊지 말라. 비디오나 오디오 기록물을 보면서 검토할 수도 있다.

그리고 나서, 잠시 휴식을 취한 후 서로 역할을 바꿔서 해보라.

11

질문하기

학습목표
이 장을 공부하고 활동을 해봄으로써 당신은

- 느낌과 신체 반응, 생각, 의사소통 및 행위에 초점을 둔 질문에 대해 알고
- 질문으로 능동적 경청에 변화 주기에 입문해야 한다.

이 장은 커다란 심리적 요소를 지닌 헬피의 문제를 탐색하기 위한 질문에 초점을 두고 있다. 헬피를 향한 과도한 질문은 관계 맺기에 거스를 뿐만 아니라 헬퍼의 능동적 경청 기술 상당 부분을 훼손할 위험이 있다. 너무 많이 질문함으로써 너무 적게 듣는 경향은 억제되어야 한다. 덧붙여, 헬퍼가 안전한 정서적 분위기를 창출할 수 있다면, 질문을 받지 않았는데도 더 많고 더 깊은 정보를 드러내는 헬피도 왕왕 있다는 것에 유념해야 한다.

질문은 도움 관계를 손상시킬 수 있는 잠재성을 지니고 있다. 때로는 치유가 불가능할 정도로 손상시키는 경우도 있다. 헬피는 자신의 내적 참조틀로부터 이해되기보다는 헬퍼의 참조틀로부터 심문받는 것에 분노한다. 예컨대 헬피의 대답도 듣지 않고 질문 공세를 펴면서 궤도 이탈하는 안하무인 격의 헬퍼에 분명 분노한다. 또한 헬피는 자신의 민감한 개인사에 침입적인 질문에 분노한다. 나아가, 헬퍼의 어설픈 통제는 헬피의 저항과 분노를 야기할 수 있다. 통제에 매우 순종적인 태도를 보이는

헬피도 유심히 관찰할 대상이다. 순종이 헬퍼를 믿고 따르는 것일 수 있으나, 헬피 스스로 삶에 대해 책임지려 하기보다는 헬퍼에게 의존하려는 의지의 표현일 수도 있 기 때문이다.

당신은 어떻게 헬피의 문제 상황에 대한 이해를 명료화하고 확장하도록 조력하는 데 착수할 것인가? 이 질문에 대한 답은 너무 엄격하지 않은 방식으로 헬피와 함께 어떤 상황의 상이한 측면이나 '각도'에 대해 체계적으로 탐색하는 과정에 참여하는 것이다. 당신이 질문 기술을 배울 때 유의할 점은, 너무 많은 질문보다는 너무 적게 질문하는 것이 차라리 나은 실수라는 것이다. 동맹 관계의 맥락 속에서 잘 선정한 질문 몇 개를 하는 데 일단 보다 능숙해진 후 질문의 양을 점차 늘리면 된다. 그러나 능숙해졌다고 해서 헬피를 통제하고 무력화하는 지점까지 질문해 들어가서는 결코 안 된다는 점도 특히 유념해야 한다.

당신의 질문 방법은 당신이 말한 내용 못지않게 매우 중요하다. 질문할 때 음량, 조음, 고저, 강조, 속도 측면에서 좋은 음성 메시지를 사용해야 한다. 예컨대 당신 목소리가 크고 거칠면 헬피는 위압감을 느낄 수 있다. 나아가, 당신의 신체 메시지 는 헬피의 대답에 주목하고 관심이 있다는 것을 명확히 보여주어야 한다. 예컨대 당 신이 눈 맞춤을 거의 하지 않거나 뻣뻣한 몸짓을 할 경우 헬피는 질문에 잘 응답하 고 싶지 않은 느낌을 가질 것이다.

느낌과 신체 반응에 대한 질문

질문은 헬피의 느낌과 신체 반응을 구체화하는 데 도움이 된다. 어떤 느낌에 부여하 는 헬퍼와 헬피의 의미가 불일치하는 경우도 빈번하다. 그렇기 때문에 그 의미를 명 료화할 필요가 있다. 이를 위해 다음과 같은 질문들을 할 수 있다.

- 당신이 아주 우울하다고 말했을 때, 정확히 그건 무슨 뜻인가요?
- 당신이 아주 우울하다고 말했을 때, 당신의 구체적인 느낌과 신체 반응은 무엇 인가요?

글상자 11.1 느낌과 신체 반응에 초점을 둔 질문의 예

언제 이렇게 느끼기 시작했나요?

그 느낌을 더 말해주세요.

당신의 신체가 그 느낌을 어떻게 경험하고 있는지 말씀해주세요.

혹시 그 느낌을 포착할 수 있는 어떤 시각적 이미지를 가지고 있나요?

지금까지 당신 기분이 어땠나요? 그리고 오늘은 어떤가요?

그 느낌에 수반되거나 그 밑에 깔린 어떤 다른 느낌이 있나요?

지금-여기의 느낌은 어떤가요?

그 느낌이 얼마나 지속되나요?

0부터 10(혹은 0부터 100)까지 척도에서 그 느낌의 강도는 몇 점인가요?

• 매우 우울하게 느끼고 있군요. 그 느낌에 대해 더 말해주실래요?

이러한 질문들을 통해 당신은 헬피와 협력해서 관련 느낌과 신체 반응을 식별할수 있다. 때때로 헬퍼는 헬피의 구체적인 느낌과 신체 반응을 직접 점검할 수 있다. 예컨대 "자살하고 싶은 충동이 들 때가 있나요?", "식욕은 어때요?"라고 물어보는 것이다.

헬퍼는 종종 헬피의 느낌과 신체 반응을 확대하고 정교화하도록 도울 필요가 있다. 글상자 11.1은 이와 관련한 몇 가지 예시적 질문을 제공한다.

생각에 대한 질문

당신은 적절한 질문을 통해 헬피의 생각을 드러내도록 도울 수 있다. 때때로 느낌을 통해 사고에 접근할 수도 있다. 예컨대 "그런 느낌에 앞서거나 동행하는 생각은 무엇입니까?"와 같이 질문하는 것이다. 한편, 당신은 헬피나 타인의 행동을 통해 헬피 사고에 접근하는 것을 선택할 수도 있다. 예를 들면 "당신이 그것을 했을 때 무슨 생각을 하고 있었나요?", "그가 그것을 말했을 때 당신 머릿속에 어떤 생각이 스쳐 지나갔나요?"와 같이 질문할 수 있다. 또한 "거기에 어떤 다른 생각이나 이미지

글상자 11.2 사고에 초점을 둔 질문의 예

그 상황 전에/동안/후에 어떤 생각이 들었나요?

당신이 이렇게 느끼기 시작하기 전에 무슨 생각이 들었나요?

그 상황에서 어떤 이미지를 가졌나요?

느린 동작으로 그 상황에서의 당신 생각으로 들어가보세요.

얼마나 자주 그런 생각을 하나요?

그녀/그가 그렇게 행동할 때 당신은 무슨 생각을 하나요?

다음의 생각들 중 무엇이 뜨거운 생각인가요?

그녀/그가 무엇을 생각하고 있었다고 생각하나요?

무엇이 두려운가요?

당신은 그 상황에서 어떤 자원과 강점을 가지고 있나요?

이 상황은 어떤 기억을 떠올리게 하나요?

어떤 다른 생각이나 이미지가 있었나요?

또한 헬퍼는 헬피의 자기대화, 규칙, 지각에 대한 구체적인 질문들을 할 수도 있다.

가 있었나요?"와 같은 추수 질문을 할 수도 있다.

사고를 알아보는 다른 방법은 그 강도의 측면에서이다. 이를테면 생각에 차가운, 따뜻한, 뜨거운 것과 같이 라벨을 붙이는 것이다. 특히 원치 않는 느낌과 자기패배적 의사소통을 야기할 수 있는 생각을 헬피가 찾도록 돕는 것이 중요하다. 타인의 생각에 대한 헬피의 생각은 종종 자신의 빈약한 의사소통을 추동시키는 '뜨거운 사고(hot thought)'일 수 있다. 예를 들면 누군가에게 버럭 화를 냄과 동시에 '그가 날 잡으러 밖에 있다.'와 같은 생각이 뜨거운 것이다. 글상자 11.2는 헬피의 사고에 초점을 두는 예시적 질문 몇 가지를 제공한다.

만일 당신이 사실을 넘어 헬피의 해석과 지각을 찾으려 한다면, 헬피가 보다 깊게 사고할 수 있는 방식을 이해하도록 조력하는 것이 그 한 방법일 수 있다. 헬피가 제공하는 정보는 종종 개인적으로 특별하거나 상징적인 의미가 있다. 예컨대 생일날 꽃을 받지 않은 사실은 헬피에 따라 사랑의 결핍으로 생각할 수도 있고 그렇지 않을 수도 있다. 개인적 의미를 규명하기 위한 질문은 개방적이고 잠정적이어야 한다. 항상 그런 것은 아니지만, 누구보다도 질문에 대한 답을 잘 아는 사람은 바로 헬피 자신이기 때문이다. 이와 관련한 질문의 예로 다음과 같은 것을 들 수 있다.

- _____는 당신에게 어떤 의미인지 궁금하군요.
- 그걸로 당신은 무엇을 얻나요?
- 당신에게 _____는 왜 그렇게 중요한가요?

의사소통과 행위에 대한 질문

헬피의 의사소통과 행위에 대해 질문하는 목적은 헬피 행동 방식에 대한 구체적인 세부사항을 끄집어내는 데 있다. 헬피의 보고는 종종 모호하기 때문에 보다 구체적이 되도록 도울 필요가 있다. 때때로 헬퍼는 헬피가 실제 상황에서 일어난 문제를 발견하도록 돕는 것에 서투르며 그 결과 그 모호성은 지속된다. 글상자 11.3은 의사소통과 행위에 초점을 둔 몇 가지 질문의 예를 제시한다.

의사소통과 행위에 초점을 두는 추가적인 질문으로 "제게 보여주실래요?"가 있다. 당신은 헬피가 누군가와 상호작용하면서 사용하는 구두, 음성, 신체 메시지를

글상자 11.3 의사소통과 행위에 초점을 둔 질문의 예

어떻게 행동하셨는데요?
뭐라고 말씀하셨나요?
당신 목소리로 어떻게 의사소통하고 있었나요?
당신 신체언어로 어떻게 의사소통하고 있었나요?
그녀/그는 당신이 그걸 하자 어떻게 반응했나요?(구체적으로 말씀해주세요.)
당신들이 소동을 벌일 때 주로 어떤 식으로 의사소통하나요?
당신이 그걸 하기 전에 무슨 일이 있었나요?
그것을 한 결과들은 무엇인가요?
언제 당신은 그렇게 의사소통하나요?
어디서 당신은 그렇게 행동하나요?
당신은 하루에/일주일에/한 달에 몇 번 _____을 하나요?
매일 당신은 _____을 몇 분/시간 동안 하나요?

헬피 혼자나 당신과 짝지어 역할놀이로 예시하도록 초대할 수 있다. 예컨대 아동 훈육에 어려움을 가진 교사에게 훈육 방식을 당신에게 보여 달라고 하는 것이다. 역할놀이는 한 단위의 의사소통에만 초점을 둔 초기의 "제게 보여주실래요?"라는 질문에 대한 반응을 넘어, 헬피의 의사소통 패턴을 탐색하는 데 도움이 될 수 있다. 당신은 또한 역할놀이를 기록한 후 헬피에게 보여주어 요점을 예시하고 스스로 관찰하는 기술을 개발하도록 할 수 있다.

질문으로 능동적 경청에 변화 주기

헬퍼가 일련의 질문을 빠르게 계속해서 할 때 헬피는 심문당한다고 느낀다. 헬피가 계속 반응하고 싶은지 확인하기 위해 당신이 잠시 멈춘 후 각 반응에 반영한다면, 당신의 질문은 아주 부드럽게 될 수 있다. 이처럼 능동적 경청에 변화를 주는 것은 당신 반응의 정확도를 스스로 점검하는 것을 담보하는 장점도 부가적으로 가지고

글상자 11.4 질문으로 능동적 경청에 변화 주기

문제 상황
올리버는 18세 학생이다. 기숙사 학생들과 잘 지내지 못해 걱정되어 헬퍼에게 온다.

여러 가지 질문을 하면서 능동적 경청에 변화 주기
올리버 : 기숙사 학생들과 잘 지내지 못해 걱정이 커요.
헬퍼 : 기숙사에서의 다른 학생들과의 관계에 대해 걱정이 크군요. 더 말씀해주실 수 있나요?
올리버 : 예. 우리는 모두 여섯 명인데, 저 빼고 친구처럼 다들 잘 지내는 것 같아요.
헬퍼 : 학생 빼고 잘 지내고 있군요. 그들이 학생에게 어떻게 행동하나요?
올리버 : 공개적으로 불쾌해진 않지만, 애써 제게 말을 걸려고 하는 것 같진 않아요.
헬퍼 : 그렇다면, 그들이 학생을 싫어하기보단, 학생이 소속감을 느끼지 못하는 것 같은데요. 제 말이 맞나요?
올리버 : 예.
헬퍼 : 그들에게 어떻게 행동하나요?
올리버 : 그들과 얘기하려고 하기보단 혼자 지내는 경향이 있어요. 그들을 무서워하는 것 같아요.

있다. 글상자 11.4는 질문을 통해 능동적 경청에 변화를 주는 과정을 보여준다. 여기에서 헬퍼는 올리버의 느낌과 그 이유를 드러내도록 격려하면서 내적 참조틀을 기술하도록 촉진하고 있다.

헬피가 방금 말한 것을 항상 신중히 듣고 존중하라. 그러면 당신은 관련 질문을 하면서 헬피의 마지막 반응을 구축하도록 격려할 수 있다. 헬피 반응과 논리적으로 연계된 질문은 당신에 의해 지시되기보다는 함께 작업하고 있다는 느낌을 창출한다. 문제 상황 명료화를 위한 여러 가지 질문을 끝낸 후, 당신은 핵심을 요약하고 그 요약의 정확성과 완결성을 헬피와 함께 점검할 수 있다.

활동 11.1 질문을 사정하고 고안하기

1. 글상자 11.1을 보라.
   - 글상자 속 질문 중 어떤 것이 헬피의 느낌과 신체 반응을 명료화하는 데 가장 유용하다고 생각하는가?
   - 이 외에 당신이 생각할 수 있는 다른 유용한 질문들이 있는가?
2. 글상자 11.2를 보라.
   - 글상자 속 질문 중 어떤 것이 헬피의 사고를 명료화하는 데 가장 유용하다고 생각하는가?
   - 이 외에 당신이 생각할 수 있는 다른 유용한 질문들이 있는가?
3. 글상자 11.3을 보라.
   - 글상자 속 질문 중 어떤 것이 헬피의 의사소통과 행위를 명료화하는 데 가장 유용하다고 생각하는가?
   - 이 외에 당신이 생각할 수 있는 다른 유용한 질문들이 있는가?

활동 11.2 질문으로 능동적 경청에 변화 주기

파트너와 함께 작업하라.
- 파트너와 함께 한 가지 문제 상황을 고른다.
- 파트너 A는 헬퍼처럼, 파트너 B는 헬피처럼 행동한다.
- A는 10~15분 정도 시간을 들여 여러 가지 질문을 통해 능동적 경청에 변화를 준다. 이때 A는 다음 사항들에 대한 질문을 통해 B의 문제 상황을 함께 명료화한다.

(계속)

> ▸ 느낌과 신체 반응
> ▸ 생각
> ▸ 의사소통과 행위
> ▸ 그/그녀가 관계있다고 생각하는 여타의 것

- 끝내면서 A는 그동안 다룬 주요 세부사항들을 요약한다.
- 나누기 및 피드백 회기를 갖는다.

가능할 경우, 역할을 바꿔 이 활동을 반복하라.

모니터하기

능동적 경청 기술과 질문하기 기술에 더해, 당신은 어떤 장면에서의 헬피의 느낌, 신체 반응, 사고, 의사소통/행위에 대한 모니터링을 통해 문제 명료화를 도울 수 있다. 당신은 모니터링을 통한 자각이 왜 유용한지 헬피에게 설명할 필요가 있다. 체계적 모니터링은 도움 시작, 동안, 후 모두에서 중요할 수 있다. 도움 시작 시의 체계적 모니터링은 기초선을 설정하고 인식을 증대시킬 수 있다. 도움 동안의 모니터링은 환기시키고, 진전을 점검하고, 동기를 부여하는 데 도움이 된다. 도움 후 모니터링은 헬피의 정보 수집이 도움 동안만큼 체계적이진 않지만 획득한 기술을 유지하는 것과 관련된다. 여기서는 도움 시작 시의 모니터링에 초점을 둔다.

느낌과 신체 반응 모니터하기

당신은 매일 혹은 특정 상황 맥락에서 간단한 평정 척도를 사용해 헬피의 느낌과 신체 반응을 모니터하도록 격려할 수 있다. 예컨대 기분('매우 행복한'부터 '매우 우울한'까지), 불안 수준('전혀 불안하지 않은'부터 '매우 불안한'까지), 스트레스 감정('전혀 스트레스 없음'부터 '매우 스트레스 받음'까지) 등과 같은 느낌에 헬피 스스로 평정하도록 하는 것이다. 이런 느낌에 대한 평정 척도의 범위는 0~10점 혹은 0~100점이다. 당신은 헬피가 매일 혹은 여러 상황에서 경험하는 핵심적이거나 중요한 느낌과 신체 반응을 식별하고 평정하는 기술을 훈련시킬 필요가 있을 것이다. 다음은 헬피가 매일 혹은 특정 상황에서 자신의 불안 수준을 측정하기 위해 사용할 수 있는 간단한 척도의 예이다.

전혀 불안하지 않음   0   1   2   3   4   5   6   7   8   9   10   매우 불안함

당신은 또한 활동지(worksheet)를 활용해 헬피가 특정 상황에서 자신이 어떻게 느끼는지 모니터하고 보다 잘 인식하도록 도울 수 있다. 글상자 12.1은 한 친구에 의해 오해받는다는 느낌을 가진 헬피와 관련해 채워진 활동지를 보여준다. 당신은 헬피 스스로 활동지를 마무리하도록 요구하기에 앞서 그것을 채우는 약간의 연습을 제공할 필요가 있을 것이다.

사고 모니터하기

당신은 헬피의 생각, 지각, 이미지를 모니터하도록 격려할 수 있다. 때때로 이런 모니터링은 느낌 및 신체 반응과도 연동된다(글상자 12.1 참조). 헬피에게 느낌 및 신체 반응과 가장 관련 있는 어떤 뜨거운 사고에 별표를 하도록 요구할 수 있다. 생각을 모니터할 수 있는 또 하나의 접근은, 헬피가 '난 운이 없어.'와 같이 자기패배적인 생각이 들 때마다 그것을 숫자로 기록하도록 요청하는 것이다. 숫자로 세는 것은 헬피 사고의 반복적 속성을 인식하도록 하는 데 도움이 될 수 있다. 나아가 헬피에게 매일 표적으로 삼는 생각과 지각의 빈도를 장기간에 걸쳐 기록하게 할 수도 있다.

글상자 12.1 특정 상황에서의 주요 신체 반응과 생각을 식별하고 평정하기 위한 활동지

상황

－ 언제? 어디서? 누가? 무엇을?

　토요일, 오후 7시, 매트는 그녀의 아파트에 함께 사는 진을 오해한다.

주요 느낌과 신체 반응

－ 내가 무엇을 느꼈는가? 신체적으로 나는 어떻게 반응했는가? 주요 느낌과 신체 반응 각각을 0~100점으로 평정하라.

　분노 80점, 혼란 60점, 상처 65점

생각(지각과 이미지)

－ 내가 이런 식으로 느끼고 신체적으로 반응하기 시작하기 직전에, 나는 어떤 생각들을 가졌는가? 다음의 '뜨거운 사고'에 별표를 하라(복수응답 가능).

　내가 아무리 애써도 진과 말이 안 통한다.

　*내가 이미 느끼고 있는 압박감에 더해 이 쓸데없는 실랑이를 벌일 필요가 없다.

　나는 가능한 이성적이 되려고 애써 왔다.

　나는 평상시엔 진과 꽤 잘 지낸다.

　진은 말하기 전에 주의 깊게 생각하지 않는다.

　사고를 모니터하는 추가적인 접근은 상황-사고-결과(STC) 틀을 사용하는 것이다. 이 틀은 사고가 상황을 중재하는 방식 그리고 헬피가 상황에 대해 느끼고 신체적으로 반응하고 행위하는 방식을 분석하기 위한 도구이다. 헬피는 물론 당신을 위해서도 이 틀을 사용할 수 있다.

S = Situation(헬피가 직면하는 상황)

T = Thought(생각, 시각 이미지)

C = Consequence(느낌, 물리적 반응, 의사소통, 행위)

STC 틀의 기본적인 아이디어는 상황의 결과(C)가 상황(S)에서 자동적으로 생성되지 않는다는 것이다. 다시 말해 상황(S)의 결과(C)는 헬피가 무엇을 그리고 어떻게 생각하느냐(T)에 의해 중재된다는 것이다. 헬피의 느낌, 신체 반응, 의사소통, 행위

글상자 12.2 STC 활동지

상황
–나의 문제 상황을 간단명료하게 진술한다.
토미와 첫 데이트를 할 것이다.

사고
–상황에 대한 내 생각들을 기록한다.
난 아주 잘해야 한다. 어떻게 하면 그가 나를 좋아하게 할 수 있을지 전혀 모르겠다. 실패할까
두렵다.

결과
–상황에 대한 내 생각의 결과들은 무엇인가?
  ▶나의 느낌과 신체 반응
  느낌 : 매우 불안함
  신체 반응 : 복부 긴장, 잘 집중할 수 없음

  ▶나의 의사소통 및 행위
  나는 마이크와 내 자신에 대해 너무 많은 말을 하고 있다. 나는 제대로 듣지 못하고 있으며 그
  에게 충분한 관심을 보여주지 못하고 있다.

는 그것들이 좋든 나쁘든 헬피의 생각과 정신 과정에 의해 중재되는 것이다.

글상자 12.2는 헬피가 어떤 상황에서 자신의 생각을 모니터하는 것은 물론 그 생
각을 분석하는 것에도 사용할 수 있는 STC 활동지의 한 예를 제시하고 있다. 당신
은 헬피가 활동지를 완성하는 방법을 미리 가르칠 필요가 있다. 이 활동지에 나오는
루비는 26세로 마이크와 4년간의 관계를 끝낸 후 토미와의 첫 데이트에 대해 몹시
불안해한다.

의사소통 및 행위 모니터하기

당신은 헬피가 자기 행동을 모니터함으로써 문제 영역에서 의사소통하고 행동하는

방식을 보다 잘 인식하도록 격려할 수 있다. 예컨대 헬피로 하여금 누군가에게 데이트 요구 전화를 하고 그때 자신이 어떻게 행동했는지 기록하는 과제 작업에 동의하도록 하는 것이다. 다음은 당신이 헬피의 의사소통과 행위 방식을 스스로 모니터하도록 격려할 수 있는 방법들이다.

일기와 일지

일기나 일지 쓰기를 통해 의사소통과 행위를 모니터하게 할 수 있다. 헬피로 하여금 자신이 잘했거나 서툴렀던 행동을 보여줬던 중요한 사건을 글로 쓰는 것에 특별한 관심을 두도록 한다. 모니터를 위해 일기나 일지를 쓰는 것이 유용하지만, 어떤 헬피는 이 접근이 너무 쉬워서 무시할 순 없지만 너무 비체계적이라고 생각할 수도 있다.

빈도 차트

빈도 차트는 헬피가 특정 시기에 특정 행동을 몇 차례나 하는지에 초점을 둔다. 그것은 매일일 수도, 매주일 수도, 매달일 수도 있다. 예를 들어 헬피는 하루에 담배를 몇 개비 피우는지 합산한 정보를 가지고 날짜별 월간 차트 기록을 만들 수 있다. 다른 예로, 구직 중인 헬피가 고용상담사에게 일주일 동안 매일 자신의 구직 행동을 〈구직행동차트〉에 기록할 것을 약속할 수 있다. 이 차트의 수평축에는 활동 목록, 수직축에는 날짜 목록이 있다. 수평축 활동 목록은 서류 응시, 전화 응시, 편지 문의, 전화 문의, 접촉 접근, 고용센터 방문, 인터뷰 참여 따위로 구성될 수 있다. 헬피가 어떤 행위를 할 때마다 해당 칸에 숫자 1을 쓰도록 한다.

STC 로그

STC 로그(log)[8]나 활동지를 채우는 것은 헬피의 사고, 느낌, 신체, 행위 방식 간의 연계성을 이해하도록 조력할 수 있다. 이에 대한 한 예인 앞의 글상자 12.2를 보라.

---

8 역주 : 기록지를 의미한다.

글상자 12.3 구두, 음성, 신체 메시지 로그의 예

	내가 의사소통한 방식		
상황	구두 메시지	음성 메시지	신체 메시지
1			
2			
(기타)			

구두, 음성, 신체 메시지 로그

헬피는 자신의 음성 및 신체 의사소통에 대한 인식 수준이 낮을 때가 비일비재하다. 이해 단계에서, 헬피는 자신의 문제 상황 이해에 중요한 영역 일부를 헬퍼의 도움으로 인식할 수 있을 것이다. 결혼해서 세 아이를 둔 빌과 작업하는 헬퍼의 예를 보자. 빌의 문제 상황은 미망인 어머니 메릴에게 한계를 설정하는 어려움에 집중되어 있다. 어머니는 스스로를 잘 돌볼 수 있음에도 불구하고 지속적으로 아들에게 전화하고 면대면 시간과 관심을 요구한다. 글상자 12.3은 이런 상황에 처한 빌의 의사소통 방식에 대한 정보 수집을 위한 로그 형식을 보여준다. 실제 로그 내용을 제시하지는 않았는데, 그 내용을 당신의 상상력으로 채워보라.

헬피의 모니터링 조력하기

절대 다수의 헬피들은 자신이 어떻게 느끼고, 신체적으로 반응하고, 생각하고, 의사소통하고, 행위하는지에 대한 관찰을 체계적으로 기록하는 습관이 몸에 배어 있지 않다. 헬퍼는 헬피가 그렇게 하도록 동기를 부여할 필요가 있다. 예를 들어 당신은 앞의 빌에게 다음과 같이 설명할 수 있을 것이다. "어머니가 당신과 함께 시간을 보내려는 시도를 할 때마다 구두, 음성, 신체로 의사소통하는 당신의 방식을 체계적으로 글로 쓴다면, 우리는 어머니의 시간 및 관심 요구 행동에 대한 한계를 설정할 수 있는 유용한 전략들을 개발할 수 있을 것입니다."

헬피에게 항상 모니터링 로그를 제공하라. 만일 헬피가 어떤 로그 형식을 마련하려 할 경우 항상 슈퍼비전하라. 헬피 스스로 로그를 만들 것이라고 기대하지 말라. 설령 만든다고 하더라도 틀릴 가능성이 농후하다.

헬피 스스로 자기 자신을 정확히 관찰하기란 쉽지 않다. 따라서 헬퍼는 헬피가 특정 행동을 구분하고 기록하도록 훈련시킬 필요가 있다. 무엇을 기록할 것인지에 대한 것뿐만 아니라 어떻게 기록할 것인지 헬피에게 분명하게 가르칠 필요가 있다. 덧붙이자면, 헬피는 자신의 행위를 잘못 지각하거나 선택적으로 지각하는 어떤 경향에 대해 인식하도록 할 필요가 있다. 예컨대 강점보다는 약점에 더 주목하는 경향과 같은 것이다.

당신 헬피가 로그를 채울 때 관심과 칭찬으로 보상하라. 이 지침은 보상받는 행위는 반복될 가능성이 더 크다는 행동주의의 기본원칙에 기초하고 있다. 나아가, 로그에 대해 간략하게 보고하는 헬피의 노력에 대해서도 항상 보상하라. 헬피가 기록한 모니터링 로그의 정보를 활용해 자기탐색과 자기평가를 하도록 격려하라. 과제를 위한 과제가 아니라, 수집한 정보의 의미를 스스로 이해할 수 있도록 도와라.

활동 12.1 느낌, 신체 반응, 생각 모니터하기

파트너와 역할놀이를 하는 작업이다. 헬퍼 역할을 하는 사람은 상상이나 실제로 자기패배적일 수 있는 느낌, 신체 반응을 경험하는 특정 상황에 처한 헬피를 돕는다. 헬퍼는 그 느낌, 신체 반응, 생각을 모니터하는 이유를 헬피에게 제시하라. 글상자 12.1의 형식을 사용해 헬피가 그 상황에서의 주요 느낌, 신체 반응, 생각을 식별하도록 도와라.

나중에 피드백 및 논의 회기를 가져라. 그런 다음 적절하다면 역할을 바꿔서 하라.

활동 12.2 상황, 생각, 결과 모니터하기

파트너와의 역할놀이를 해보라. 헬퍼 역할을 하는 사람은 상상이나 실제로 자기패배적인 태도로 행동하는 특정 상황을 갖는 헬피를 돕는다. 헬퍼는 헬피의 생각, 느낌, 의사소통/행위 간의 관계를 모니터하는 이유를 헬피에게 제시하라. 글상자 12.2의 STC 형식을 사용해 헬피가 그 상황을 기술하고, 그에 대한 자신의 사고를 식별하고, 사고에 대한 느낌/신체 반응과 의사소통/행위의 결과들을 식별하도록 도와라.

나중에 피드백 및 논의 회기를 가져라. 그런 다음 적절하다면 역할을 바꿔서 하라.

활동 12.3 구두, 음성, 신체 메시지 모니터하기

역할놀이를 해보라. 헬퍼 역할을 하는 사람은 상상이나 실제로 빈약하게 의사소통을 하는 특정 상황에 처한 헬피를 돕는다. 헬퍼는 그 상황에서의 의사소통을 모니터하는 이유를 헬피에게 제시하라. 글상자 12.3의 로그 형식을 사용해 헬피가 그 상황에서의 구두, 음성, 신체 메시지들을 체계적으로 관찰하고 기록할 수 있도록 훈련시켜라.

나중에 피드백과 논의 회기를 가져라. 그러고 나서 적절하다면 역할을 바꿔서 하라.

13

도전과 피드백 주기

학습목표
이 장을 공부하고 활동을 해봄으로써 당신은

● 헬피에게 도전을 주기 위한 지식과 기술을 습득하고
● 당신의 관찰 피드백은 물론 경험 피드백을 헬피에게 제공하는 방법에 대해 배워야 한다.

이 장이 앞의 장들과 다른 점은 헬피에게 도전을 주고 피드백을 제공하는 기술이 헬피의 내적 참조틀을 명료화하기 위해 설계된 것이라기보다는 헬퍼의 외적 참조틀로부터 나오는 반응을 보다 명료하게 표상하기 위한 것이라는 데 있다. 어떤 동맹 관계에서나 좋은 출발점은 헬피의 참조틀을 이해하고 명료화하기 위해 헬퍼가 자신의 능동적 경청 및 질문 기술을 활용하는 것이다. 당신은 도전과 피드백 제공이라는 두 가지 기술 모두를 사용해 헬피의 기존 참조틀을 명료화하는 것을 넘어 헬피 자신의 문제를 바라보는 방식을 스스로 확장하도록 도울 수 있다.

도전 제공하기

도전하기는 직면하기보다 부드러운 단어일 것이다. 헬피의 직면하기는 뜨거운 의자에 앉아 자신의 자기보호적 습관이 공격적인 헬퍼에 의해 무자비하게 발가벗겨지는 이미지를 연상케 한다. 도전은 헬퍼의 외적 참조틀로부터 나오며 그 목적은 헬피가 자기 자신, 타인, 자신의 문제 상황에 대해 보다 향상되고 새로운 관점을 개발하도록 돕는 데 있다. 헬퍼가 노련하게 헬피로 하여금 다양한 이유로 충분히 인식되지 않은 상태로 남아 있는 자신의 느낌, 생각, 의사소통에 도전하도록 하면, 헬피는 그것들 간의 불일치를 인식할 수 있다. 여기서 필자가 옹호하는 도전은 다음 두 가지의 뚜렷한 특징을 지니고 있다. 첫째, 도전은 헬피의 기존 내적 참조틀과 상당히 가까운 경향이 있으며, 둘째, 그것은 상대적으로 비위협적인 태도로 주어진다는 것이다. 글상자 13.1에서 예시하듯, 도전은 여러 가지 모양과 크기로 온다.

글상자 13.1 헬피의 불일치에 대한 헬퍼의 도전 제공의 예

구두, 음성, 신체 메시지의 불일치
당신은 그것이 슬프게 느껴진다고 말하면서도 웃고 있네요.

말과 행동의 불일치
그와 끝났다고 말하고 있는데 여전히 그에게 전화를 계속 하고 있네요.

가치와 행위의 불일치
정직이 중요하다고 하면서도 때때로 거리낌없이 진실을 왜곡하네요.

약속하기와 약속 준수의 불일치
아이들과 더 많은 시간을 보내겠다고 약속하셨지만, 그렇게 해 오지 않은 것 같은데요.

과거 진술과 현재 진술의 불일치
지난 회기에 당신 사장이 진절머리가 난다고 하셨는데, 이젠 정말 좋다고 하시는군요.

진술과 증거의 불일치
당신 배우자가 당신을 위해 어떤 것도 하지 않는다고 말씀하셨는데, 어젯밤 그가 저녁 식후에 설거지를 하셨다고 지금 말씀하시는군요.

자기 평가와 타인 평가의 불일치
제가 다음과 같은 두 가지 메시지를 갖고 있습니다. 즉 당신은 그 상황을 잘 처리했다고 생각하시고, 다른 회원들은 여전히 당신 행동 때문에 불행하다는 것입니다.

어떻게 도전시킬 것인가

도전 제공을 위한 헬퍼의 구두 메시지에 포함되는 것에는 다음과 같은 것을 들 수 있다.

- 한편으로 ~이지만 다른 한편으로는 ~입니다.
- 당신이 ~라고 말씀하셨습니다. 그러나 ~
- 제가 ~라는 두 가지 메시지를 가지고 있습니다.

도전시킬 때 헬퍼의 음성과 신체 메시지는 이완되고 친절해야 한다. 그리고 초기에는 헬피에게 위협이 되지 않을 정도의 도전만 제공해야 한다. 헬퍼가 아주 노련하게 하지 않으면 강력한 도전은 도움 관계를 해칠 가능성이 매우 크기 때문이다.

도전시킬 때 헬피의 귀가 새로운 정보에 항상 열려 있도록 하는 것이 중요하다. 그러므로 당신은 헬피를 아랫사람 대하듯 하지 말고 대등한 존재로서 도전시켜야 하며 또한 도전이라고 하는 것은 탐색을 위해 헬피를 초대하는 것임을 항상 기억할 필요가 있다. 헬피가 당신의 말을 상명하복으로 지각하는 것은 헬피 도전의 주요 위험이다.

도움 목적에 필요한 만큼만 강력하게 도전하게 하는 것이 중요하다. 헬퍼의 어설픈 강력한 도전 제공은 헬피의 저항을 불러일으킬 수 있다. 능숙한 헬퍼조차 불가피한 경우를 제외하곤 강력하게 도전시키는 것을 피한다. 특히 라포와 신뢰가 아직 확립되지 않은 초기 도움 관계에서 강력한 도전 제공은 바람직하지 않다. 헬피가 헬퍼의 도전 요구에 저항하기 위해 사용할 수 있는 전략에 포함되는 것에는 다음과 같은 것들이 있다.

- 도전시키는 헬퍼를 불신한다.
- 오히려 헬퍼의 관점을 바꾸도록 설득하려 한다.
- 도전의 가치를 폄하한다.
- 도전해야 할 자신의 어떤 관점에 대해 다른 곳에서 지지를 구하려 한다.
- 도움 안에서는 도전하겠다고 동의하지만 도움 밖에서는 어떤 것도 하지 않는다.

당신이 제공하는 도전의 가치를 평가하는 궁극적 책임을 헬피 몫으로 남겨라. 다시 말해 도전이 헬피로 하여금 자기탐색을 진전시키는 데 도움이 될 것인지 여부를 스스로 결정하도록 하는 것이다. 한편, 당신이 제공하는 도전이 헬피의 기존 지각과 크게 어긋나지 않을 때가 종종 있다. 이 경우 당신이 시의적절하고 재치 있는 말로 도전시키면 헬피는 방어를 풀고 실제 도전을 향해 나아갈 것이다.

마지막으로 다시 강조하건대, 도전 제공이 과하지 않도록 유의해야 한다. 어느 누구도 지속적으로 도전받는 것을 좋아하지 않는다. 당신의 지속적인 도전 요구는 불안한 정서적 분위기를 만든다. 당신의 능숙한 도전 제공은 헬피의 이해를 확장시키고 보다 효과적으로 행동하도록 도울 수 있지만, 너무 자주 그리고 어설프게 도전시키는 것은 헬피의 통찰을 막고 좋은 동맹 관계 창출을 해칠 수 있다.

피드백 제공하기

피드백 제공 기술과 도전 제공 기술은 중첩된다. 그러나 후자는 헬피의 불일치에 대한 반응으로 사용되는 반면 전자에는 불일치의 가정이 없다. 여기서 필자는 '당신은 _____로 관찰된다.'라는 관찰 피드백과 '나는 당신을 _____로 경험한다.'라는 경험 피드백을 구분해 설명한다.

관찰 피드백

헬피의 의사소통에 대한 관찰자로서 헬퍼는 헬피 스스로 지각하는 것과 다르게 그리고 아마도 더 정확하게 지각할 수도 있다. 당신과 헬피가 동맹을 맺고 문제와 문제 상황을 진정으로 이해하려고 할 때 당신은 자신의 관찰에 기초해 피드백을 제공하기로 작정할 것이다. 어떻게 의사소통하는지 당신에게 막 보여준 헬피를 문제의 의사소통 상황으로 데려가라. 짧은 역할놀이를 한 후 헬피는 자신의 구두, 음성, 신체 메시지에 대해 약간의 통찰을 보여줄지 모른다. 그러나 관찰자로서 당신은 그 밖의 무언가에 헬피가 주목하기를 바랄 것이다.

당신은 피드백을 어떻게 하는가? 바람직한 피드백 제공 방식에 포함되는 것들로, '나' 메시지 사용, 구체적이며 가능한 긍정적인 피드백, 확증적이며 교정적인 피드백, 예시적인 피드백, 헬피에게 피드백에 반응할 기회 제공하기를 들 수 있다. 글상자 13.2에 이와 관련한 지침들과 관련 진술의 예들이 제시되어 있다.

필자는 짧은 역할놀이 후 어떤 피드백을 제공하기에 앞서 헬피들이 스스로 평가하

글상자 13.2 피드백 제공을 위한 지침

'너' 메시지보다는 '나' 메시지를 사용하라

'너' 메시지

당신은 _____을 했습니다.

'나' 메시지

저는 당신을 _____로서 경험했습니다.

구체적이고 가능한 긍정적인 피드백을 제공하라

구체적이지도 않고 부정적인 피드백

그것은 빈약했습니다.

구체적이고 긍정적인 피드백

당신이 보다 큰 소리로 말하고 눈 맞춤을 더 할 수 있었을 거라고 저는 생각했습니다.

확증적이며 교정적인(confirmatory and corrective) 피드백을 사용하라

당신의 큰 목소리는 좋았지만 눈 맞춤을 더 하면 좋았을 거라고 생각했습니다.

행동적 피드백뿐만 아니라 정서적 피드백도 고려하라

당신이 큰 목소리로 말하고 매우 직접적인 눈 맞춤을 할 때, 제가 당신에 의해 압도되는 느낌이었어요.

예시적 피드백을 고려하라

당신의 눈 맞춤이 제게 어떻게 다가왔는지 보여주고 싶은데…(이때 예시하라)

헬피가 주어지는 피드백에 반응할 수 있는 기회를 주어라

제가 방금 한 말에 대해 당신은 어떻게 생각하시나요?

도록 요청하는 것을 선호한다. 이렇게 하는 이유들이 있다. 첫째, 그들의 능동적 참여를 격려하기 위함이다. 둘째, 그들이 어떤 식으로든 필자가 지적하려는 점을 자기 평가를 통해 알아차렸다면 피드백을 더 받을 필요가 없기 때문이다. 셋째, 그들의 자기관찰 기술을 구축해주기 위함이다. 넷째, 그들이 스스로 사정할 기회를 이미 가졌기 때문에 필자의 피드백에 대한 그들의 수용 가능성은 더 높아질 것이라고 믿기 때문이다. 예컨대 필자는 헬피들의 수행에 대해 스스로 코멘트하도록 초대해 그것을 듣고 요약한 후, "제가 한두 개 더 관찰한 것을 말해도 괜찮겠습니까?"라고 묻고, 허락하면 간명하게 피드백을 제공한다.

경험 피드백

헬퍼는 헬피에 대한 자신의 경험을 헬피에 대한 관찰뿐만 아니라 도움 과정 자체에 대한 관찰을 제공하기 위한 발판으로도 피드백을 활용할 수 있다. 정도의 차이는 있을 수 있으나, 도움 회기와 접촉은 도움 밖 삶의 축소판일 것이다. 이는 헬피가 도움 밖에서 어려움을 겪는 것과 동일한 의사소통 패턴을 도움 회기와 접촉으로 가져올 수 있다는 점에서 그렇다. 그러나 헬퍼 자신의 개인적인 미해결 과제가 헬피를 돕는 방식을 방해하지 않도록 매우 주의해야 한다.

　당신이 헬피와 접촉하다 보면 헬피의 대인 간 스타일을 경험할 수 있을 것이다. 이를 통해 당신은 헬피의 도움 밖 문제를 얼추 파악할 수 있을 것이다. 예컨대 헬피가 제때에 인터뷰에 오지 않거나, 문제 상황과는 거리가 먼 방식으로 이야기하거나, 뭔가 안심되는 말을 구하는 것과 같은 경험을 통해서 헬피의 도움 밖 문제를 유추해볼 수 있다. 만약 어떤 헬피가 계속해서 안심되는 말을 구한다면, 당신은 다음과 같이 코멘트할 수 있을 것이다. "난처하군요. 당신이 뭔가 안심되는 말을 저로부터 듣고 싶어 하시는 것 같은데, 그것 때문에 제가 어떤 압박감을 느끼고 있거든요. 당신 스스로 판단하라고 격려하고 싶어요." 자존감이 낮은 헬피에게는 긍정적인 경험 피드백을 해주는 것이 유용할 때가 있다. 예를 들면 "그 상황을 다룰 수 있는 힘을 당신이 가지고 있음을 저는 경험합니다.", "당신이 친구에게 줄 것이 많다는 것을 저는 경험합니다."와 같이 하는 것이다. 이런 식으로 하는 코멘트들은 추상적 안심시키기가 아니라 진심 어린 피드백일 필요가 있다.

당신은 또한 도움 과정과 관련해 경험 피드백도 제공할 수 있다. 예컨대 헬피가 반복적으로 동일한 지점을 맴돌 경우 다음과 같이 말할 수 있다. "당신은 그 순간에 충분히 그 주제를 다루었다는 것을 제가 경험합니다. 그래서 앞으로 나아가는 것이 당신에게 이익이 될 것 같은데요. 어떻게 생각하세요?" 다른 예로, 개인적 문제를 다루려고 할 때마다 멀어지는 장치로 유머를 사용하는 헬피에 대한 당신의 경험을 다음과 같이 나눌 수 있다. "이 주제를 다루는 것이 편치 않은가 봅니다. 그것을 직접 다루는 것을 회피하기 위해 당신은 광대처럼 행동하기 시작했다는 것을 제가 감지하고 있거든요." 말할 필요도 없이, 이러한 경험 피드백을 사용해 헬피의 후진이 아닌 전진을 도모하려면 당신의 재치와 적절한 타이밍이 매우 중요하다.

활동 13.1 도전 제공 기술

1. 헬피에게 도전을 제공한다는 개념은 당신에게 어떤 의미인가?
2. 도움 관계 초기에 도전을 제공하는 장단점은 무엇인가?
3. 당신만의 도전 진술문들로 글상자 13.1을 재생산하라.

활동 13.2 피드백 제공 기술

1. 글상자 13.2의 피드백 제공하기 지침들을 보라. 각 지침을 예시하는 진술을 고안하라.
2. 파트너 A는 '헬피', 파트너 B는 '헬퍼'로 짝을 이루어 다음 순서로 작업하라.
    - A는 누군가와의 의사소통을 향상시키고 싶은 자신의 문제 상황 하나를 선택한다.
    - 짧은 역할놀이를 하면서 A는 문제 상황에서 의사소통하는 방식을 B에게 시연한다.
    - B는 A의 문제 상황에서의 구두, 음성, 신체 메시지에 대해 <u>스스로</u> 코멘트하도록 초대한다.
    - B는 자신의 관찰 피드백을 A에게 준다.
    - 이 관찰 피드백 기술에 대해 함께 나누기 및 논의 회기를 갖는다.
    - 적절하면, 역할을 바꿔서 한다.
3. 경험 피드백 제공이라는 개념은 당신에게 어떤 의미인가?
4. 하나 혹은 그 이상의 당신의 경험 피드백 제공하기 진술을 고안하라.

14

자기노출

학습목표
이 장을 공부하고 활동을 해봄으로써 당신은
- 자기노출의 주요 두 차원인 몰입 보여주기와 개인정보 노출에 대해 이해하고,
- 자신의 개인정보를 적절하게 노출하는 것과 관련한 몇 가지 지침에 대해 배운다.

헬퍼는 형식적 혹은 비형식적으로 아니면 자신의 주요 업무 혹은 그 업무의 일환으로 여러 장면에서 헬피와 관계를 맺는다. 형식적 상담과 심리치료와는 다른 맥락에서 상담 기술을 사용하는 헬퍼들은 종종 이미 헬피들과 이중적 관계에 있다. 예컨대 감독-노동자, 언어치료사-환자, 호텔 매니저-손님과 같은 것이다. 모든 도움 맥락에 일반화하는 것은 불가능하기 때문에 이 장은 헬피의 심리적 의제가 두드러질 경우의 도움 접촉에 초점을 둔다. 헬피와 작업할 때 헬퍼는 자신에 대해 전부 말해야 하는가? 만일 헬퍼가 자신의 진실성과 인간성을 빈 화면에 채워 헬피에게 보여주어야 한다면 어떻게 해야 하는가? 헬퍼의 자기노출은 헬피에게 자기를 알리는 방식과 관련된다.

헬퍼의 자기노출은 단기 도움 접촉인 경우일지라도 좋을 수도 있고 나쁠 수도 있다. 헬퍼 자신에 대해 이야기하는 것으로부터 파생될 수 있는 긍정적 결과에는 다음과 같은 것들이 포함된다.

- 헬피에게 새로운 통찰 및 관점 제공
- 자신의 유용한 기술을 헬피에게 시연
- 도움 관계의 평등화 및 인간화
- 헬피의 어려움 정상화하기
- 헬피의 희망 고취
- 헬피에게 안심 제공

그러나 헬퍼가 자신을 부적절하게 노출할 경우 중대한 위험이 초래될 수 있다. 예컨대 도움 대화의 초점이 헬피가 아닌 헬퍼 자신이 됨으로써 헬피에게 부담을 줄 수 있다. 나아가 취약한 헬피가 자신을 '정신 번쩍 들게 해줄' 헬퍼를 원하고 있을 때 대화의 초점이 헬퍼라면 헬피는 헬퍼가 연약하고 안정적이지 않다는 인상을 가질 수도 있다.

  자기노출이라는 용어는 대개 면대면의 의도적 구두 노출을 말한다. 그러나 헬퍼가 자신을 노출할 수 있는 다른 방법도 많다. 즉 음성 메시지, 신체 메시지, 가용성, 사무실 장식, 전화/편지/이메일 의사소통을 통해 노출할 수 있다. 심지어 도움 비용의 크기로도 가능하다. 자기몰입 반응과 자기노출 반응을 구분하는 것이 유용하다. 다시 말해 헬퍼 자기노출에는 최소 두 가지 주요 차원인 몰입 보여주기와 개인정보 노출하기가 있다.

몰입 보여주기

다음은 녹음기를 상담실에 켜둔 채 환자의 자유연상과 꿈을 들으러 커피숍으로 가곤 했던 어느 심리분석가에 대한 풍자이다. 어느 날 카우치에 있어야 할 환자가 커피숍으로 들어오자, 다음과 같은 대화가 일어났다.

심리분석가   당신 여기서 뭐하세요? 심리분석 받아야 하잖아요.

환자   걱정하지 마세요. 선생님 사무실에 있는 녹음기 속에서 제가 열심히 말하고 있거든요.

완전히 얼빠진 이 심리분석가와 달리, 당신은 자신의 몰입을 보여줌으로써 도움 과정을 조력할 수 있다. 몰입을 보여주는 노출은 도움을 인간화함으로써 헬피로 하여금 자신이 진짜 사람과 관계하고 있다고 느끼게 할 수 있다. 헬피에 대한 당신의 반응을 나눔으로써 당신이 보여주는 몰입에는 '지금 여기'라는 속성이 있다. 당신의 몰입 노출을 위한 영역에는 다음 세 가지가 있다.

- 헬피의 특정한 노출에 반응하기
- 인간으로서 헬피에게 반응하기
- 헬피의 취약성에 반응하기

글상자 14.1은 위의 각 영역에 해당하는 헬퍼 진술의 예들을 제공한다.

글상자 14.1 몰입을 보여주는 헬퍼 노출의 예

헬피의 특정한 노출에 반응하기
제가 너무 기쁘군요.
그거 끔찍해요.
그거 좋은데요.
그걸 들으니 유감이네요.

인간으로서 헬피에게 반응하기
당신의 인내심이 존경스럽습니다.
당신의 똑똑함에 감사드려요.

헬피의 취약성에 반응하기
당신이 정말 불안하면 제가 있잖아요.
당신이 그렇게 불행할 때 저는 슬픔을 느낍니다.

개인정보 노출하기

개인정보 노출은 헬퍼에 의해 주도될 수도 있지만 헬피 질문에 대한 헬퍼 반응으로도 일어날 수 있다. 개인정보 노출의 한 가지 영역은 자격이나 경험과 관련된다. 때때로 이 정보는 이미 가용하지만, 그렇지 않다면 무엇을 얼마만큼 노출할 것인지 결정할 필요가 있다. 자격과 경험에 대한 질문을 받았을 때, 할 말이 많겠지만 정직하면서도 간략하게 대답하면 된다.

개인정보 노출과 관련한 또 다른 영역은 사생활이나 세세한 외적 관심사와 관련된다. 도움 장면은 그 범위가 매우 비형식인 것부터 대단히 형식적인 것까지 그 범위가 광대하므로, 사생활에 대한 노출 정도의 적절성은 장면에 따라 다를 수 있다. 예컨대 동료 도움에서는 본계약의 일부로 사생활 문제에 대해 함께 논의할 수 있다. 청소년센터에서 이루어지는 비형식적 장면인 경우, 헬퍼는 자신의 사생활이나 개인적 관심사를 내담자와의 관계 구축 과정의 일환으로 선택적으로 드러낼 수 있다. 예컨대 어떤 스포츠 활동이나 팝 음악에 관심을 가진 젊은 헬퍼는 청소년 집단과 대화할 때 자신의 관심사를 공유하고 싶을 것이다. 그러나 개인을 조력할 때, 이러한 개인정보 노출은 적절하지 않은 경우가 많다. 이를테면 다른 주요 역할의 일부로서 도움을 주는 의사, 복지담당 공무원, 성직자와 같은 헬퍼는 사생활이나 개인적 관심사를 상대적으로 덜 노출할 것이다.

헬퍼의 사생활이나 직장생활에서의 과거나 현재의 경험이 헬피의 현재 경험과 유사할 때가 있다. 비슷한 경험에 대해 개인정보를 노출하는 헬퍼는 헬피로 하여금 자신의 경험을 이해시키는 데 도움이 될 수 있다. 예컨대 시험걱정을 하는 헬피는 비슷한 경험을 공유한 헬퍼를 달리 느낄 것이다. 덧붙이자면, 이러한 개인정보 노출은 헬피로 하여금 자신의 경험에 대한 이야기를 더욱 쉽게 하도록 할 수 있다. 글상자 14.2는 동맹 관계를 강화할 수 있는 개인정보 노출의 한 예를 담고 있다.

글상자 14.2 개인정보 노출의 예

헬퍼 : 당신이 시험 치르는 것에 대한 어려움을 말씀하시는 걸 들으니, 옛날 제 생각이 나네요. 저역시 시험 불안이 커서 무언가 해야 했거든요. 서로 다른 경험일 수도 있지만, 당신이 겪는것에 대해 제게 뭔가 생각이 있어요.

카일 : 그렇게 말씀해주시니 고맙습니다. 무엇보다 힘든 두려움은 제가 지독히도 외롭고 쓸모없는놈이라는 느낌입니다. 괜히 제 시험 불안을 사람들에게 말해서 부담을 주거나 지루하게 만들고 싶지 않거든요.

어떤 도움의 경우 경험을 노출해 공유하는 것은 의무적 과정이다. 익명의 알코올중독자모임이나 일부 마약중독 프로그램에서는 중독에 대해 솔직히 털어놓아야 한다. 나아가 더 이상 음주나 마약을 하지 않는다는 증명서를 제출하기도 한다. 이와 같은 개인정보 노출은 고뇌에 찬 투쟁일지라도 성공적으로 중독을 억제할 수 있는 힘일수 있다.

만일 당신이 자신의 개인정보를 노출하려고 한다면 선택의 여지는 많다. 한 가지선택은 과거 경험만 노출할 것이냐 아니면 현재 경험하고 있는 것까지 노출할 것이냐의 문제이다. 다른 선택은 얼마나 정직할 것이냐 혹은 얼마나 세세한 것까지 공유할 것이냐 하는 문제이다. 또 다른 선택은 사실뿐만 아니라 그 느낌까지 노출할 것인가 하는 것이다. 예컨대 미취업 사실뿐만 아니라 그에 따른 우울이나 자괴감과 같은 정서와 싸워야만 했던 경험까지 노출할 것인가를 선택하는 문제이다. 나아가 그경험에 어떻게 대처했으며 지금은 어떤 느낌인지에 대해서도 선택할 수 있다. RUC도움 모형의 기본 가정인 단기 도움인 경우, 선택의 폭은 상대적으로 좁아 보인다. 단기 도움의 헬퍼로서 당신에게는 보다 장기적인 일련의 도움 회기를 진행하는 상담사나 심리치료사에 비해 헬피와의 '관계적 깊이'를 발전시킬 수 있는 충분한 기회가주어지지 않을지 모르기 때문이다.

당신과 헬피의 경험이 유사할 경우, 당신의 개인정보를 적절하게 노출하는 것과관련한 몇 가지 지침으로 다음과 같은 것들이 있다.

1. 자신에 대해 이야기하라.　부득이한 경우가 아니면, 당신이 알고 있거나 들은 적이 있는 제삼자의 경험을 노출하지 말라.

2. 과거 경험에 대해 이야기하라.　예컨대 현재 진행되고 있는 당신의 이혼 관련 경험을 노출할 경우, 당신과 헬피의 의제가 뒤섞이면서 도움에 적절한 정서적 거리를 담보하기 어려울 위험성이 있다.

3. 초점을 견지하라.　관련성이 떨어지거나 너무 많은 말로 도움을 더디게 하거나 초점에서 벗어나지 말아야 한다.

4. 좋은 음성, 신체 메시지를 사용하라.　당신은 진실되고 일관될 필요가 있다. 음성, 신체 메시지가 구두 노출과 어긋나지 않도록 하라.

5. 헬피의 반응에 민감하라.　당신 노출이 헬피에게 도움이 될 때, 환영받지 못할 때, 부담이 될 때를 깨달을 만큼 당신은 충분히 깨어 있어야 한다.

6. 헬퍼-헬피 차이에 민감하라.　헬피의 기대가 문화, 사회계급, 인종, 성에 따라 다르듯, 헬퍼 자기노출의 적절성과 관련한 기대 역시 다르다.

7. 개인적 경험을 공유하되 아껴라.　도움 초점이 헬피가 아닌 당신으로 전도되지 않도록 매우 유의해야 한다.

8. 역전이에 유념하라.　역전이란 헬퍼의 삶에서 해결되지 않은 문제에 기반한 헬피를 향한 긍정적 혹은 부정적 느낌이다. 의도적이든 비의도적이든, 어떤 헬퍼는 개인 정보를 노출해 헬피를 조종하면서 충족되지 못한 인정, 친밀감, 성욕을 채우려 한다. 이럴 가능성은 당신의 동기와 행동에 대한 윤리적 인식의 중요성을 잘 보여준다.

활동 14.1 몰입 보여주기

1. 당신의 현재나 미래의 도움 작업과 관련해, 도움 초기부터 계속해서 당신이 헬피에게 보여줄 수 있는 적절한 몰입 상황 몇 가지를 적어보라.
2. 글상자 14.1을 지침으로 삼아 다음 각 영역에서 하나 이상의 몰입 보여주기 노출 진술문을 고안하라.
   - 인간으로서 헬피에게 반응하기
   - 헬피의 취약성에 반응하기
3. 파트너와 함께 다음과 같이 하라.
   - 당신의 기본 상담 기술들을 사용해 파트너의 개인적 근심을 논의하도록 하거나 헬피 역할 놀이 하는 것을 돕는다.
   - 미니 회기 과정을 진행하면서 당신의 몰입을 보여주는 몇 가지 상황을 만든다.
   - 파트너는 당신이 보여주는 몰입의 영향에 대해 피드백한다.
   - 역할을 바꾼다.

활동 14.2 개인정보 노출하기

1. 당신의 현재나 미래의 도움 작업과 관련해, 도움 초기부터 계속해서 당신의 개인정보를 헬피와 공유하기에 적절한 상황 몇 가지를 적어보라.
2. 각 상황에 해당하는 당신의 개인정보 노출 진술문들을 고안하라.
3. 파트너와 함께 다음과 같이 작업하라.
   - 당신의 기본 상담 기술을 사용해 파트너의 개인적 근심을 논의하게 하거나 헬피 역할놀이 하는 것을 돕는다.
   - 미니 회기 과정을 진행하면서, 하나 혹은 그 이상의 적절한 상황에서 당신의 개인정보를 노출하려고 애쓴다.
   - 파트너는 당신의 개인정보 노출의 영향에 대해 피드백한다.
   - 역할을 바꿔서 다시 위 작업을 수행한다.

15

저항 관리하기와 의뢰하기

학습목표
이 장을 공부하고 활동을 해봄으로써 당신은

- 헬피의 저항을 관리하기 위한 다양한 방식에 대해 알고
- 헬피를 언제, 어떻게 의뢰하고 추천할지에 대해 배워야 한다.

저항 관리하기와 의뢰하기를 다루는 이 장은 헬퍼의 어려움을 야기할 수 있는 두 가지 영역에 관심을 둔다. 당신은 타인에 의해 의뢰되거나 자유의지 없이 도움에 오는 헬피와 만나는 경우도 있을 것이다. 나아가, 도움이 시작되어서도 동맹 관계에 충분히 참여하는 것에 저항하는 헬피도 볼 것이다. 또한 당신은 당신이 아닌 다른 사람이 당신 헬피를 돕는 것이 더 적절할 것이라고 생각할 경우도 있을 것인데, 이 경우 헬피를 의뢰할 것인지, 의뢰한다면 어떻게 할 것인지, 다른 곳을 추천해야 할 것인지와 같은 이슈들이 발생한다.

저항 관리하기

저항은 '도움에 방해가 되는 어떤 것'으로 광의적으로 정의될 수 있을 것이다. 저항은 도움 과정을 좌절시키고, 방해하고, 더디게 하고, 때론 멈추게 하는 헬피의 느낌,

생각, 의사소통이다. 헬피의 주저함은 저항의 한 양상이다. 다시 말해 헬피가 잠재적으로 혹은 실제적으로 도움 과정에 참여하지 않으려 하거나 꺼리는 현상이다. 어떤 헬피는 도움의 필요성을 이해하지 못한 채 타인의 바람을 충족하기 위해 마지못해 당신을 보러 올 것이다. 예를 들면 교사나 부모에 의해 억지로 보내진 아동, 법정에 의해 강제된 물질 남용자나 가정폭력 가해자와 같은 경우다. 많은 헬피들은 자신의 문제에 대해 의논하는 것에 양가감정을 느낀다. 한편으론 변화를 바라면서도 다른 한편으론 기존의 안전하고 익숙한 방식을 바꿔야 하는 것에 대해 그리고 도움 과정에서 개인정보가 노출되는 것에 대해 불안해한다. 나아가, 자신의 기대나 욕구와는 너무 거리가 있는 헬퍼의 행동에 저항하기도 한다.

저항을 어떻게 관리할 것인가

다음 제안들은 도움 회기 초기에 헬피 저항을 이해하고 다루기 위한 것이다. 이것들 중에는 향후 도움 회기 및 접촉과 관련된 것도 있다. 헬퍼들이 기본적인 상담 기술들을 사용하는 광범위한 맥락들에는 저항을 하는 이유와 변수가 너무도 많기 때문에 모든 상황 맥락을 다루기란 불가능하다. 따라서 당신의 맥락에 맞게 다음 제안들을 각색할 필요가 있을 것이다.

| 능동적 경청 기술을 사용하라

헬퍼는 헬피 저항의 원천을 잘못 귀인할 수 있다. 이 경우 헬퍼는 성급하게 협력을 잘 하지 않으며 앞으로 나아가지도 못한다고 헬피를 비난할 수 있다. 초보 헬퍼는 빈약한 경청 기술로 헬피의 저항을 야기하거나 지속하게 만들 때가 종종 있다. 노련한 헬퍼조차도 이렇게 할 때가 있다. 도움 초기 단계에서의 저항은 정상적인 현상이다. 당신은 능동적 경청 기술을 잘 사용해 헬피와의 신뢰를 구축함으로써 저항을 낮출 수 있다. 어떤 헬피의 저항은 공격성으로 나타나는데 이 경우 당신은 자신을 정당화하면서 헬피와의 경쟁적인 시합 분위기로 빠질 필요가 없다. 공격성을 헬피의 내적 분노로 분명히 귀인하고 그 분노를 아주 분명하게 알아차렸다고 반영하면 된다. 헬피가 적대감을 보이는 이유들을 제시할 경우 역시 당신은 그것들에 대해 반영할 수 있다. 헬피의 내적 참조틀을 이해한다는 것을 보여주는 것만으로도 저항은 줄어들 수 있다. 특히 지속적으로 보여줄 때 더욱 그렇다.

내담자와 동행하라

법정에 친구가 있다는 느낌을 헬피가 갖도록 도움으로써 저항을 줄일 수 있을 때도 있다. 다음 예는 부인에 대해 분노를 표출하는 남편의 말을 우선 헬퍼가 경청한 후 헬피를 지지하고 있다.

사친   제가 왜 와야 하는지 모르겠네요. 제시카가 당신을 만나러 와야죠. 문제를 일으킨 사람은 제시카입니다. 그녀가 진짜 엉망이에요.

헬퍼   정작 와야 할 사람은 제시카라고 생각하고 있으며, 그렇기 때문에 여기에 있는 것에 대해 불편하게 느끼는군요. 그녀가 문제를 일으킨 사람이니까요.

사친   맞습니다(이어서 헬피는 자기의 입장을 이야기한다).

이 예에서 헬퍼는 부인의 부족함에 대한 남편의 초점을 받아들이고, 그녀의 부족함을 언급하려는 그의 욕구를 이용해 동맹 관계를 구축하고 있다. 만일 남편이 부인에 대해 계속 불평했다면, 적정한 시간이 흐른 후 헬퍼는 충분한 신뢰와 선의를 구축해서 그로 하여금 자신의 행동에 초점을 두도록 하거나 아니면 역지사지 해보라고 조력했었을지도 모르겠다.

주저함과 두려움에 대한 논의를 허용하라

당신과 만나는 것을 주저하는 어떤 분명한 혹은 미묘한 메시지를 헬피로부터 받는다면, 당신은 이를 공개하고 헬피로 하여금 정교화하도록 할 수 있다. 예컨대 중요한 어떤 것도 노출하기를 꺼리는 것으로 보이는 청소년 범죄자에 대해 교도관은 다음과 같이 반응할 수 있다.

교도관   내가 교도관이기 때문에 네가 오픈하는 것을 꺼리는 것 같구나. 내 말이 맞다면 네가 걱정하는 것이 무엇인지 구체적으로 알고 싶단다.

당신은 또한 상황에 따라 헬퍼-헬피 특징의 차이점에 대해 헬피가 논의하도록 허용할 수 있다. 예를 들면 도움에 참여하는 것을 어렵게 만들 수 있는 문화와 인종에 대한 논의와 같은 것이다.

협동을 초대하라

헬피와 좋은 동맹 관계를 구축하는 것은 많은 저항을 예방할 수 있을 뿐만 아니라 극복할 수도 있다. 당신은 도움 과정 초기부터 파트너십이라는 아이디어 창출을 목표로 여러 가지 진술을 할 수 있다. 여기서 파트너십이란 헬피와 함께 작업하면서 헬피의 문제를 다루고 그래서 헬피가 보다 행복하고 충만한 삶을 영위하도록 조력하는 공유된 노력을 말한다.

자기 이익에 편입시켜라

당신은 헬피가 도움에 참여하는 이유나 도움이 헬피에게 주는 이득을 식별하도록 도울 수 있다. 예컨대 당신은 부모가 자기를 괴롭히고 그래서 부모가 문제가 있다고 지각하는 아동으로 하여금 보다 나은 기술로 부모와 대처한다면 더 행복해질 수도 있다는 것을 이해하도록 조력할 수 있다. 나아가 헬피 행동의 적절성에 도전하는 질문을 통해 헬피의 자기 이익을 고려하게 할 수 있다. 이를테면 "당신의 현재 행동은 당신을 어디로 데려가고 있습니까?", "그 행동은 당신에게 어떻게 도움이 됩니까?"와 같이 묻는 것이다. 목표에 대해 생각하도록 격려하는 질문 역시 유용해서, "그 상황에서 당신의 목표는 무엇입니까?", "당신은 자신의 삶을 좀 더 통제하고 싶지 않습니까?"라고 물을 수 있다.

침묵적인 헬퍼의 말에 보상하라

어떤 헬피들은 헬퍼와 함께 있든 그렇지 않든 말하는 게 어렵다고 느낀다. 특히 헬퍼에게 말을 거는 것을 어려워하는 헬피들도 있다. 당신의 헬피가 그렇다면 너무 재촉하지는 말되 가능한 자주 그리고 보다 분명하게 반응하라. 예컨대 헬피가 이야기할 때 작은 보상을 자주 하는 것이다. 또한 당신은 헬피의 말 대부분을 반영하고 최대한 활용함으로써 용기를 줄 수 있다. 나아가 말하는 것의 어려움을 헬피 스스로 토로하지 않더라도 당신이 그 어려움을 반영할 수도 있다.

의뢰하기와 추천하기

도움 초기는 물론 어느 정도 도움이 진행된 다음에도 당신은 헬피를 의뢰하거나 다른 곳을 추천하는 것에 대한 결정과 직면할지 모른다. 경험 많은 상담사들조차 작업하기에 상대적으로 더 유능하고 편하게 느껴지는 유형의 헬피들이 있다. 저명한 심리치료사 Arnold Lazarus에 따르면 중요한 도움 원칙의 하나는 '당신의 한계 및 다른 임상가들의 강점을 아는 것'이 만일 당신이 특정 헬피를 다룰 능력이 없거나 다른 헬퍼가 더 적절하다고 판단되면 의뢰하고 추천할 준비가 늘 되어 있어야 한다. 당신의 헬피 의뢰를 둘러싼 여러 가지 중요한 윤리적 이슈들이 있으며, 다른 헬퍼가 약물남용이나 원치 않는 임신과 같은 특정 문제에서 당신에 비해 높은 전문성을 가질 경우 특히 그렇다.

의뢰나 추천이 양자택일의 문제가 아닌 경우도 있다. 때때로 당신은 당신 헬피와 작업을 지속함과 동시에 당신 헬피를 다른 도움 전문가에게 의뢰할 수 있다. 이와 반대되는 입장에서 당신이 의뢰의 수혜자일 수도 있다. 때때로 당신은 헬피를 잠시 의뢰해 헬피 문제에 대한 추가적인 지식을 구할 수도 있다. 예를 들어 집중력 장애가 있거나 성 기능에 문제가 있는 헬피를 병원에 의뢰해 의료 검진을 받도록 하는 경우이다. 검진 결과에 따라 당신은 헬피를 혼자 볼 것인지, 의사와 함께 할 것인지, 아니면 관둘 것인지 판단할 수 있다.

헬피 자체가 아니라 헬피 문제만 타인에게 의뢰하는 경우도 많다. 예컨대 당신은 특정 헬피를 가장 잘 조력할 수 있는 방법에 대해 동료들이나 슈퍼바이저들과 논의할 수 있다. 헬피 문제만 의뢰해야 할 때의 예를 들자면, 당신이 특정 영역에서 가용한 유일한 헬퍼일 때, 헬피가 당신과의 지속적인 작업을 분명히 선호할 때, 의뢰에 따른 임무 수행을 헬피가 성실히 이해하지 못할 가능성이 있을 때이다.

어떻게 의뢰할 것인가

의뢰와 추천을 위해 고려해야 할 몇 가지 유의사항과 기술이 있다. 너무 손쉽게 당신 헬피를 의뢰하지 말라는 것이다. 부득이한 경우가 아니면 가능한 지양해야 한다. 헬피가 당신과 작업을 계속하는 것이 더 나을 때가 있다. 만일 당신이 헬피를 제대로 돌볼 자신이 없다면 당신의 불안과 두려움에 주파수를 맞춰야 한다. 그러고 나서 당신은 함께 작업할 수 있는 헬피의 범위를 확장할 수 있는 자신감과 기술을 구축하려고 애쓸 수 있다. 가능한 곳이라면 어디서든지 당신은 적절한 슈퍼비전을 받고 지지를 구할 수 있다는 것을 분명히 해 두어라.

시간이 흐름에 따라 당신은 자신의 강점과 한계를 위한 좋은 느낌을 개발하려고 노력해야 한다. 당신은 작업이 잘 되는 헬피 유형과 그렇지 않은 유형에 대해 현실적이어야 한다. 또한 당신의 작업량에 대해 현실적일 필요가 있으며 그것에 적절한 한계를 설정할 필요가 있다.

좋은 의뢰와 추천은 '맹목적으로' 행해지는 것이 아니다. 당신이 아는 신뢰할 만한 사람이 있을 경우에 의뢰와 추천을 하는 것이 바람직하다. 당신 소재지에서 가용한 관련 자원이 있는지 잘 파악하라. 그러면 능력을 확신할 수 없는 사람에게 당신 헬피를 추천하는 것을 피할 수 있을 것이다. 덧붙여, 당신이 아는 헬퍼가 당신 헬피를 돌볼 시간이 있는지 확인하는 것 또한 잊어서는 안 된다.

필요하다고 판단되면 가능한 즉시 의뢰와 추천을 하라. 필요 이상으로 지연할 경우 헬피는 물론 당신의 시간이 낭비된다. 또한 헬피가 당신과의 정서적 유대감을 맺기 전에 의뢰하는 것이 보다 바람직하다.

의뢰와 추천을 할 때, 왜 그렇게 하는 것이 좋은 생각인지 헬피에게 차분히 설명하라. 헬피가 이미 노출한 기존 정보로부터 당신의 설명을 지지할 수 있어야 한다. 당신 헬피가 다른 헬퍼와 어떻게 접촉할 것인지 분명히 하는 것 또한 중요하다. 이를 위해 그 헬퍼의 명함을 주거나 주소와 전화번호를 적어줄 수 있다.

당신 추천에 대한 헬피의 질문이나 정서적 반응을 논의할 시간을 마련하라. 위기에 처한 헬피인 경우 다른 헬퍼 사무실까지 동행할 필요가 있을 것이다. 한 가지 더 고려해야 할 사항은 그 헬퍼에게 정보를 제공할지, 어떤 정보를 제공할지 여부이다. 이런 이슈에 대해 헬피와 논의할 수 있으며, 정보 제공을 결정할 경우 헬피의 허가를 구하라.

마지막으로, 당신의 지지망을 구축하라. 지지망은 당신이 사람보다는 문제를 의뢰하고 싶을 때 전문적 지지를 제공한다. 지지망은 의뢰망과 중첩될 가능성도 있지만, 지지망의 일부 구성원들의 역할은 상이하다. 예를 들어 당신은 당신의 헬피 문제를 슈퍼바이저나 훈련가들과 논의함으로써 지지를 구할 수 있으며, 그렇게 되면 당신 헬피를 그들에게 의뢰할 가능성은 작아지는 것이다.

활동 15.1 저항 관리하기

1. 당신이 현재 작업하고 있거나 미래의 도움 상황을 위해, 도움 초기부터 계속해서 헬피가 보여 줄지 모르는 주요 저항 방식들을 목록으로 작성하라.
2. 다음과 같은 측면에서 헬피의 저항 반응을 관리하기 위한 당신만의 진술들을 고안하라.
   - 반응에 참여하기
   - 주저함과 두려움 반응을 논의하도록 허락하기
   - 내담자를 자기 이익에 편입시키기

활동 15.2 의뢰하기

당신의 현재나 미래의 도움 작업과 관련해 다음의 질문들에 답하라.
1. 언제 당신 헬피를 다른 헬퍼에게 의뢰할 것인가?
2. 당신은 당신의 의뢰망에서 헬퍼의 어떤 범주를 필요로 하는가?
3. 헬피가 아닌 헬피 문제를 의뢰할 때, 당신은 당신의 지지망에서 헬퍼의 어떤 범주를 필요로 하는가?
4. 좋은 의뢰를 하려면 어떤 것을 고려해야 하는가?
5. 당신이 불필요한 의뢰를 저지를 위험성이 있을 때는 언제인가?

16

문제해결 촉진하기

학습목표
이 장을 공부하고 활동을 해봄으로써 당신은

● 헬피의 목표 명료화를 조력할 수 있는 방법을 알고

● 헬피가 여러 가지 옵션을 만들고 탐색하게 하는 기술들을 개발하며

● 헬피의 계획 세우기 조력을 시작할 수 있어야 한다.

6장에서 간단히 언급했지만, 문제해결 촉진과 의사소통/행위 및 사고 향상은 변화라는 이슈를 심도 있게 다룰 때 헬퍼와 헬피가 취할 수 있는 두 가지 접근이다. 이두 접근은 어느 정도 중첩된다. 문제해결 촉진 접근에서, 헬퍼는 헬피의 내적 참조틀에 밀착하고 변화를 위한 헬피의 제안을 주로 활용한다. 의사소통/행위 및 사고향상 접근에서, 헬퍼는 보다 능동적으로 헬피와 함께 작업하면서 향상을 위해 필요한 행동을 구체화하고 그 목표 달성을 돕는다.

이 장의 초점인 문제해결 촉진 접근은 초보 헬퍼들에게만 국한되지 않는다. 경험많은 헬퍼들 역시 능동적 경청 기술을 규명작업과 결합시키는 것에 매우 능숙할 필요가 있다. 여기서 규명작업이란 헬피가 목표를 명료화하고, 그 성취를 위한 여러가지 옵션을 탐색하고, 선택한 한 가지 옵션을 실행하기 위한 계획을 개발하도록 설계된 것을 말한다.

목표 명료화하기

헬피는 스스로 만든 문제와 문제 상황의 여러 가지 핵심 차원을 헬퍼의 도움으로 명료하게 이해했을 때 비로소 목표를 명료화하고 그 성취를 위해 나아간다. 헬퍼는 자신의 경청 기술을 잘 사용해서 헬피로 하여금 자기 자원을 탐색해 들어가고 문제 상황에서 적절히 행동하도록 촉진할 필요가 있다. Carl Rogers의 인간 중심 접근에서 역점을 두는 것은 상담사가 촉진적 조건과 정서적 분위기를 내담자에게 제공하는 것이다. 이는 내담자가 삶에서 효과적으로 행동하기 위한 기초로서 자신이 진실되게 느끼는 것과 접촉하도록 하기 위함이다. 헬퍼는 헬피가 스스로 작업을 하는 과정에 단지 능숙한 청자로서 어느 정도 머물러 있기를 헬피가 바라는지에 대해 민감해야 한다.

헬피 혼자 작업하는 상황이 아닌 경우, 헬퍼는 헬피의 목표 명료화를 돕는 여러 가지 질문을 하면서 헬피의 문제 상황의 주요 차원들을 한데 묶는 요약을 후속 조치로 할 수 있다. 어떤 헬피는 헬퍼를 처음 만났을 때 너무 압도되어 자신이 정말로 성취하고 싶은 것을 놓친다. 시간이 흐르면서 대부분의 헬피는 충분히 차분해져서 자신의 목표에 대해 꽤 이성적으로 생각할 수 있게 된다. 그러나 목표를 말로 명료하게 표현하기 위해서는 헬피의 조력을 여전히 필요로 한다.

당신은 구조화된 진술을 이용해 헬피가 변화의 이슈를 심도 있게 다루도록 조력하는 것을 시작할 수 있을 것이다. 예컨대 "우리가 당신의 문제 상황의 주요 차원들 중 많은 것을 명료화하고 요약했기 때문에, 우리는 이제 그 문제 상황에 대처하기 위한 목표 명료화 작업을 함께 할 수 있을 겁니다. 이렇게 하는 것이 도움이 될 것이라고 생각하십니까?"라고 말하면 대부분의 헬피는 즉시 '그렇다'고 대답할 것이다. 그러나 어떤 헬피는 "무슨 말씀이세요?"라고 물을 수 있다. 이 경우 "당신이 가고 싶은 곳을 명료화하면 거기에 가는 방법을 좀 더 쉽게 결정할 수 있을 겁니다."라고 재치 있게 설명해줄 수 있다.

당신은 '제가 어디로 가기를 바라십니까?'와 같은 결과 목표와 '제가 가고 싶은 곳에 이르는 데 필요한 하위 목표나 단계는 무엇입니까?'와 같은 과정 목표를 구분할 수 있을 것이다. 여기서 필자는 결과 목표에 초점을 둔다. 상담심리학자로서 필자가 실제 상담을 진행하다 보면 내담자들이 특정 상황을 위한 목표를 생각할 때 충분히 창조적이지 못한 경우를 종종 목도해 왔다. 당신은 헬피의 머릿속에 처음 떠오르는 목표에 고착되게 하기보다는, "목표 설정에 있어 당신의 선택은 무엇입니까?"와 같이 질문하면서 헬피가 여러 가지 목표를 생성하고 고려하도록 조력하는 것이 바람직하다. 목표는 '나는 무엇을 성취하길 바라는가?'와 같이 긍정적일 수도 있고, '나는 무엇을 회피하기를 바라는가?'와 같이 부정적일 수도 있으며, 종종 이 둘의 혼합일 수도 있다. 글상자 16.1은 헬피의 문제 상황에서의 목표 명료화를 돕기 위해 헬퍼가 사용할 수 있는 몇 가지 질문 목록이다.

헬피에게 목표에 관한 질문 공세를 펴는 것을 피하라. 대부분의 경우 작은 것이 아름답다. 헬피가 성취하고 싶고 피하고 싶은 것의 핵심에 이르는 몇 개의 잘 선택된 질문이 필요한 모든 것이다. 그러나 때때로 당신은 표면적 목표보다는 보다 깊은 목표 그리고 목표의 기저에 깔린 가치를 탐색하도록 촉진할 필요가 있을 것이다. 어떤 경우를 불문하고 당신은 헬피 스스로의 목표 설정에 대한 권리를 존중하고, 목표 달성을 위한 질문을 통해 당신의 능동적 경청에 변화를 주어야 한다.

글상자 16.1 목표 명료화를 위한 질문

- 그 상황에서 당신의 목표(들)는 무엇입니까?
- 당신이 생각하는 성공적 결과는 무엇입니까?
- 목표 설정에 있어 당신의 선택(들)은 무엇입니까?
- 그 상황에서 당신이 성취하고 싶은 것은 무엇입니까?
  - ▶ 당신 자신을 위해
  - ▶ 한 명 혹은 그 이상의 타인을 위해
  - ▶ 적절하다면, 당신의 관계를 위해
- 그 상황에서 당신이 피하고 싶은 것은 무엇입니까?
  - ▶ 당신 자신을 위해
  - ▶ 한 명 혹은 그 이상의 타인을 위해
  - ▶ 적절하다면, 당신의 관계를 위해

옵션들을 생성하고 탐색하기

목표(goal) 명료화를 위한 질문은 목적(end)에 관한 것이다. 옵션 생성 및 탐색을 위한 질문은 목적 달성을 위한 수단에 대한 것이다. 헬피는 처음 머릿속에 떠오르는 목표에 고착되기 쉽듯이, 처음 머릿속에 떠오르는 목표 성취 방법에 고착되기 쉽다.

글상자 16.2는 옵션을 생성하고 탐색하는 것을 활용해 헬피의 목표 성취를 조력한 결과를 조명하는 사례의 예이다. 종종 헬피들은 일단 목표를 설정하면 거기에 착 달라붙는 느낌으로 전진하는 법을 모른다. 옵션을 생성하고 탐색하도록 돕는 능숙한 질문은 헬피들로 하여금 '생각하는 모자'를 쓰고 자신의 정신을 창조적으로 사용하도록 돕는다. 많은 헬피들은 자신이 아는 것보다 현명하지만 그 지혜를 밖으로 끄집어낼 수 있는 충분한 자신감과 기술을 가지고 있지 못하다.

당신은 헬피로 하여금 옵션의 결과에 대해 생각하도록 조력할 필요가 있다. 옵션을 먼저 생성한 후 그 결과를 사정하는 것이 최선인 경우가 대부분이다. 옵션의 결과를 먼저 사정하는 것은 옵션을 생성하는 창조적 과정을 방해할 수 있기 때문이다.

옵션 생성 및 탐색을 위한 질문과 코멘트에는 다음과 같은 것들이 포함된다.

- _____ 와 같은 당신의 목표가 주어진다면[목표를 구체화하라], 그것을 성취할 수 있는 방법에는 어떤 것들이 있나요?
- 목표 성취와 관련한 아이디어들을 너무 많이 편집하지 말고 그냥 흐르도록 놔두세요.
- 당신이 그 상황에 접근할 수 있는 다른 방법들이 있나요?
- 그렇게 한 결과들은 어떨까요?

위 모든 질문과 코멘트에 대한 아이디어를 생각해낼 책임을 가능한 헬피가 지도록 하라. 헬피의 문제 상황을 당신이 떠맡고 소유하려는 유혹에 저항하라.

글상자 16.2 목표 달성을 위한 옵션 생성 : 사례 예

문제 상황

헬렌은 41세다. 남편 오스카(42세)와 딸 포피(14세)와 악화되는 관계가 걱정되어 도움에 들어간다. 그녀의 헬퍼인 38세의 잭은 그녀와 딸과의 관계 향상 작업을 한다. 그녀는 일에 너무 집중해 어머니로서 딸과 충분한 시간을 보내지 않는다는 것을 인정한다. 헬렌은 딸을 통제 불능의 위험에 처한 맹랑한 아이로 본다. 딸은 많은 시간을 공부하면서 보내는 것 같지 않으며, 따분해하면서 집 주변을 어슬렁거리고, 제멋대로인 몇몇 친구를 사귀기 시작했다. 딸 앞에서 남편과 때때로 언쟁하고, 그러면 딸은 방을 나가버린다.

헬렌의 목표

1. 딸과 보다 나은 관계 개발하기
2. 딸의 사춘기 과제 돕기

헬렌의 옵션

다음은 잭의 도움을 받아 헬렌이 목표 달성을 위해 생성한 몇 가지 옵션이다.

목표 1 : 딸과 보다 나은 관계 개발을 위한 옵션

- 남편과 딸을 위한 시간을 담보하기 위해 내 업무량을 조직화하기
- 퇴근 후 귀가한 저녁에 딸에게 친절하게 인사하기
- 딸은 물론 남편과의 관계 개선을 원한다는 것을 딸에게 말하기
- 딸 앞에서 절대 남편과 다투지 않기
- 나눌 준비가 되어 있는 딸의 삶의 사태에 관심 갖기
- 딸과 함께 더 많은 시간을 보내고 싶다는 것을 딸에게 알리기
- 딸은 물론 가족으로서 함께 할 수 있는 것에 대해 딸과 의논하기
- 함께 할 수 있는 몇 가지 일 찾기
- 딸과 정기적으로 뭔가를 헌신적으로 하기

목표 2 : 딸의 사춘기 과제들을 돕기 위한 옵션

- 딸이 원하면 언제든지 말동무가 되어 줄 수 있다는 것을 알도록 행동하기
- 딸의 학업에 관심 갖기
- 딸의 과외 활동에 관심 갖기
- 위협적이지 않은 방식으로 삶의 사실들에 대해 딸과 이야기하기
- 딸이 운전면허 시험을 볼 수 있을 때 운전 연습을 도울 것이라고 알리기
- 딸에게 합당한 용돈을 확실히 챙겨주기

헬피와 작업할 때 문제를 단순화하는 것부터 시작하라. 예를 들어 한 가지 목표 달성을 위한 옵션들을 탐색하는 데 우선 초점을 두고 그 후에 헬피가 몇 가지 옵션을 생성하도록 조력하는 것이다. 필요하다면 당신은 노트패드나 화이트보드 사용을 고려해야 한다. 당신이나 헬피가 위 사례와 같은 세부사항 모두를 기억하기란 거의 불가능하기 때문이다.

계획 조력하기

여러 가지 옵션을 생성한 다음 헬피는 실행할 준비가 되어 있는 옵션들을 선택할 필요가 있다. 계획의 범위는 단순한 것부터 세세한 것까지 이를 수 있다. 헬피의 계획하기를 촉진하는 기술에는 다음과 같은 과정이 포함된다.

- 목표 달성을 위한 옵션들을 선택하도록 조력하기
- 그 옵션들을 실행하는 방법을 구체화하도록 격려하기
- 적절한 곳에서 그 옵션들을 시간 틀을 가지고 단계별 계획으로 계열화하기

계획이 마련되면 당신은 그것을 실행하려는 헬피의 헌신을 탐색할 수 있으며, 이 과정에는 예상되는 어려움과 후퇴를 다루는 방법이 포함된다. 나아가, 헬피가 보다 기억하기 쉽게 계획을 쓰도록 격려할 수 있다. 만일 헬피가 후속 회기나 도움 접촉을 위해 다시 온다면, 헬피가 자신의 진전을 모니터하면서 필요할 경우 계획을 수정하도록 도울 수 있다. 글상자 16.3에 딸 포피와 더 나은 관계 개발이라는 목표를 충족시키기 위해 헬렌이 헬퍼 잭과 함께 고안한 계획이 예시되어 있다.

글상자 16.3 계획의 예

헬렌의 목표
포피와 더 나은 관계 개발하기

헬렌의 계획

1단계 : 오늘부터, 매일 아침 그리고 직장에서 돌아왔을 때 딸을 친절하게 맞이하고, 그녀가 나눌 준
비가 되어 있는 삶의 사태에 관심을 갖는다. 나아가, 남편과 딸과 더 많은 시간을 확실히 보
낼 수 있도록 내 업무량을 조직화하고, 딸 앞에선 절대 남편과 언쟁하지 않는다.

2단계 : 이번 주, 딸과 남편과의 관계 개선을 원하며 딸과 더 많은 시간을 보내고 싶다는 것을 딸이
알도록 하고, 가족이 함께 할 수 있는 일을 의논하고 찾는다.

3단계 : 2단계 이후 일주일 이내에, 적어도 하나 이상의 즐거운 활동을 딸과 함께 한다.

4단계 : 그러고 나서, 매주 최소한 한 가지 이상의 즐거운 활동을 딸과 함께 한다. 어떤 즐거운 활동
들은 가족으로서 행해진다는 것을 분명히 한다.

때때로 헬퍼와 헬피는 계획을 개발할 시간이 실제로 거의 없거나 그렇다고 생각한
다. 미라와 작업하는 한 헬퍼의 예를 보자. 미라는 결혼 16년 차로 남편을 존중하지
만 둘 사이의 관계가 뭔가 냉랭하고 충분히 몰입적이지 않다는 느낌을 남편에게 알
리고 싶은 압박적 요구를 가지고 있다. 얼마간 미라는 남편과 이를 논의할 준비를
해 왔고 오늘 저녁 실행하고 싶어 한다. 헬퍼가 "당신은 뭘 성취하고 싶은가요?"라
고 묻자, 그녀는 자기 느낌을 공개하고 남편 반응이 어떤지 보고 싶다고 대답한다.
그러자 헬퍼는 "남편과의 대화를 능숙하게 할 수 있는 방법은 무엇입니까?", "능숙
하지 않은 방법은 무엇입니까?"라고 묻는다. 그리고 나서 헬퍼는 오늘 저녁 남편과
의 대화를 어떻게 다룰 작정인지에 대해 보다 구체적이 되도록 그녀를 격려한다.[9]

---

9 역주 : 계획을 함께 짜기보다는 헬피 스스로 하라고 격려하는 수준임

활동 16.1 문제해결 촉진하기

1. 파트너와 작업하라. 파트너는 헬피로서 자신의 실제 문제 상황 혹은 자신이 아닌 다른 헬피가 보일 수 있는 문제 상황 하나를 제시한다.

2. 헬퍼로서 당신은 헬피와의 동맹 관계 구축을 위한 한 차례의 도움 회기를 수행한다. 헬피와 함께 문제 상황을 명료화한 후, 당신은 그동안 다룬 주요 근거를 요약하면서 회기를 끝낸다.

3. 그러고 나서 당신과 헬피는 다음과 같은 순서로 변화에 대한 문제해결 촉진 접근을 수행한다.

   - 목표 명료화하기
   - 목표 달성을 위한 옵션들을 생성하고 탐색하기
   - 한 가지 계획 개발하기
   - 예상되는 어려움들과 계획 실행에 대한 헬피의 헌신 탐색하기

4. 회기가 끝난 후, 나누기 및 피드백에 대해 논의하라. 회기를 기록해서 그것을 논의의 일부로서 돌려보는 것은 좋은 생각일 수 있다.

5. 필요하다면, 역할을 바꿔서 하라.

17

코칭, 시연, 예행연습

학습목표

이 장을 공부하고 활동을 해봄으로써 당신은

● 헬퍼 중심 코칭과 헬피 중심 코칭의 차이를 이해하고

● 시연에 대한 지식 및 기술을 개발하며

● 헬피의 예행연습을 조력하기 위한 기술을 개발해야 한다.

변화를 위한 의사소통/행위 및 사고 접근을 채택할 때, 헬퍼는 종종 헬피의 행동 변화를 조력하기 위해 자신의 헬피 훈련 기술을 사용하고 있음을 발견한다. 헬퍼의 세 가지 중요한 헬피 훈련 기술에는 헬피 중심 코칭, 시연, 예행연습이 있다.

헬피 중심 코칭

헬피의 의사소통, 행위, 사고의 방식을 향상시키려고 훈련할 때, 당신은 헬피가 자기 문제와 문제 상황에 대한 소유의식을 갖도록 허용하는 것이 중요하다. 나아가 좋은 동맹 관계를 유지하려고 애써야 한다. 가르치고 안내하려는 당신의 갈망은 헬피의 잠재능력에 대한 존중을 타고 넘어 헬피의 삶을 이끌 뿐만 아니라 그 삶이 최선으로 작동하게 하려는 헬피의 결의를 다지게 한다.

헬퍼 중심 코칭과 헬피 중심 코치의 차이를 구분할 필요가 있다. 헬퍼 중심 코칭은 본질적으로 '물병과 머그잔 접근(jug and mug approach)' 방식이다. 헬퍼는 헬피라는 머그잔에 지식과 기술을 쏟아붓는 물병이다. 헬퍼가 주도하는 코멘트는 '우선 당신이 이것을 하고, 그리고 저것을 하고, 또 요것을 하고…'와 같은 형태이다. 헬피는 배움의 속도와 방향에 대해 책임지는 것이 거의 허용되지 않는 수동적 그릇이다. 물론 현실에서는 필자의 이러한 묘사만큼 조야하게 작업하는 헬퍼는 극소수일 것이다.

헬피 중심 코칭은 헬피를 자율적 인간 존재로서 존중한다. 헬피 중심 코치로서의 헬퍼는 헬피와 연계된 목표를 성취하기 위한 계획을 개발하고, 헬피의 기존 지식과 기술을 끄집어내고 구축한다. 나아가 배움의 속도와 방향에 대한 의사결정에 헬피가 참여하도록 허용하며, 헬피의 지식과 기술을 향상시켜 도움 종료 후 헬피가 스스로 도울 수 있도록 조력한다.

특정 상황에서의 구두, 음성, 신체 메시지 향상을 위해 연습하는 것에 대한 피드백의 예를 들어보자. 헬퍼 중심 코치는 자신이 전문가인 양 직접 피드백을 한다. 그러나 헬피 중심 코치는 이에 앞서 헬피 스스로 연습에 대해 평가하도록 함으로써 헬피의 전문성을 개발하려고 애쓴다. 피드백을 실제 제공할 때조차도, 헬피 중심 코치는 자신의 피드백에 대해 헬피와 논의하며, 그 타당성과 관련한 최종 발언을 헬피에게 남겨둘 준비가 되어 있다.

시연

헬퍼로서 당신은 시연을 통해 헬피가 과거에 비해 더 나은 의사소통을 하고, 행동하고, 사고하는 방식을 배우게 할 수 있다. 나아가, 헬피가 과거와 달리 의사소통하고 행동하는 것을 적절한 자기대화와 동행시키는 방법을 시연할 수 있다. 다음은 당신이 헬피의 향상된 행동 방식을 시연할 수 있는 몇 가지 방법이다.

라이브 시연

아마도 가장 도움이 되는 시연은 라이브일 것이다. 당신은 우선 헬피와는 상이한 행동 방식을 제시한 후 라이브 시연을 통해 헬피를 코칭할 수 있다. 라이브 시연의 장점은 '지금-여기'라는 즉각성(spontaneity)이다. 또한 헬피와 상호작용하면서 헬피의 시연을 적절하게 수정할 수 있다. 기록되지 않는다면, 라이브 시연의 한 가지 단점은 헬피가 자신의 시연을 보거나 들을 수 있는 사본을 소장할 수 없다는 것이다. 당신은 또한 헬피가 일상생활에서 라이브 시연을 관찰하도록 격려할 수 있다. 예컨대 수줍어하는 헬피로 하여금 보다 외향적인 사람들의 사교 기술을 관찰하고 배우도록 격려하는 것이다.

기록물 시연

당신은 자신만의 비디오나 오디오 시연 기록물을 만들어서 특히 비슷한 문제를 가진 헬피들과의 작업에 유용하게 활용할 수 있다. 나름 완벽한 기록물을 만들려면 수차례의 수정보완 노력을 아끼지 않아야 할 것이다. 물론 다른 사람이 만든 기록물을 활용할 수도 있다. 이완 기록물 중에는 전문적으로 만들어진 것들도 있다. 오디오나 비디오 시연의 장점은 기록물을 헬피에게 빌려주어 반복해서 듣거나 볼 수 있게 한다는 것이다.

시각 시연

당신이 묘사하는 시연 장면을 헬피에게 시각화하거나 상상하도록 요구할 수 있다. 헬피로 하여금 자기 자신 혹은 표적 의사소통이나 행위를 하는 누군가를 시각화하도록 요청하는 것이다. 주의할 점은 장면을 적절하게 상상할 수 있는 헬피에게만 시각 시연이 적합하다는 것이다. 당신이 안내를 잘 해도 당신의 묘사와 헬피의 상상력 간에 중요한 차이가 있을 수 있다는 것이 잠재적 문제이다. 일반적으로 헬피는 이완 상태에서 가장 잘 시각화한다.

문서 시연

문서 시연은 헬피의 의사소통이나 행위보다는 사고방식을 변화하도록 돕는 데 적절하다. 그러나 만화 캐릭터와 같은 시각 이미지를 담은 문서 시연은 바람직한 의사소통과 행위를 전달할 수도 있다.

시연자 기술

당신이 시연을 유능하게 하려면 자신의 재료에 대해 철저히 알아야 한다. 예컨대 주장 기술의 근거에 대해 충분히 알고 있어야 그 기술을 보다 적절히 시연할 수 있다. 당신은 시연의 특징에 주목할 필요가 있다. 한 가지 이슈는 정확한 행동뿐만 아니라 부정확한 행동도 시연할 것인가 하는 것이다. 당신은 긍정적 행동을 조명하기 위해 간단한 부정적 행동 시연 계획을 세울 수도 있다. 그러나 헬피를 혼란케 하지 않도록 분명히 하고, 부정확한 행동보다는 정확한 행동을 강조하는 것이 바람직하다.

시연 안내도 중요하다. 시연에서 무엇을 찾아내야 할지 말해줌으로써 그리고 당신의 시연을 헬피 스스로 시연해야 한다고 알림으로써 헬피의 관심을 증대시킬 수 있을 것이다. 시연 도중이나 끝난 뒤에 시연의 핵심을 이해하는지 물을 수 있으며, 나아가 그 핵심을 요약하도록 할 수 있다. 아마도 당신이 헬피의 배움을 점검하는 최상의 방법은 헬피가 시연하면서 보여주는 의사소통, 행위, 생각을 관찰하고 코치하는 것이다.

예행연습

예행연습은 역할놀이보다 덜 위협적일 것이다. 어떤 헬피들은 역할놀이를 생각하면 불안해한다. 수줍어하고 취약한 느낌을 이미 가지고 있는데 역할놀이를 통해 자신이 더 노출되지 않을까 걱정하는 것이다. 당신은 예행연습이 실수가 실제 문제가 되지 않는 상황에서 헬피가 다르게 의사소통하려고 애쓰는 것을 허용하기 때문에 도움이 된다는 것을 헬피에게 설명할 필요가 있을 것이다. 예행연습은 실제 문제 상황에서 효과적으로 의사소통할 수 있는 지식과 자신감을 제공할 수 있다.

예행연습을 시작하는 한 가지 방법은, 표적으로 삼은 헬피의 의사소통을 헬퍼가 혼자 혹은 헬피를 상대로 시연하는 것이다. 예를 들어 글상자 17.1에서 헬퍼 필은 헬피 이슬라의 의사소통 목표들을 시연하고 있다. 이슬라는 룸메이트인 루시 역할을 하고, 필은 이슬라의 역할을 하면서 루시에게 좀 조용한 시간을 갖는 것을 의논하자고 요청한다. 그런 다음 필이 룸메이트 역할을 하고, 이슬라는 본래 자기 모습으로 돌아가 요청하는 연습을 하도록 초대된다.

그러고 나서 필은 이슬라가 룸메이트 루시에게 좀 조용한 시간을 갖는 것에 대한

글상자 17.1 시연, 예행연습, 코칭의 예

이슬라는 21세의 심리학도이다. 최종 시험들을 목전에 두고 헬퍼 필을 보러 간다. 이슬라는 시험을 잘 치를 수 있을지 걱정하고 있다. 대학원 석사 과정 자리가 났지만 그것은 그녀의 좋은 학점을 전제로 하기 때문이다. 이슬라는 20세 룸메이트 루시와의 문제를 필에게 얘기한다. 역사학도인 루시는 라디오를 크게 틀고 공부한다. 필은 이슬라에게 자세히 물어본 결과 이슬라가 그런 소음 속에서 공부하는 것이 싫지만 그것을 중단하게 하려는 시도를 실제로 한 적이 전혀 없었다는 것을 발견한다. 필의 도움으로 이슬라는 루시에게 다음과 같이 말하는 주장적 주문을 개발한다. "네가 라디오를 켜고 공부하는 것을 좋아한다는 것을 알고 있어. 하지만 내 마지막 시험들이 끝날 때까지, 내가 도서관 개방 시간이 끝나 여기서 공부해야 할 때 조용히 공부할 시간을 정하는 것에 대해 동의해주면 좋겠어." 다시 필의 도움으로, 이슬라는 자신의 음성 메시지는 차분하면서도 확고해야 하며, 신체 메시지로는 좋은 눈 맞춤을 하고, 유쾌한 얼굴 표정을 유지하기로 결심한다.

필은 그러고 나서 라디오를 크게 틀고 이슬라에게 루시 역할을 하도록 하면서 조용한 시간에 대해 의논할 것을 요청한다. 이슬라가 루시 역할을 하는 동안, 필은 이슬라와 사전에 약속한 구두, 음성, 언어 메시지를 시연한다. 이슬라는 필의 요청 방식에 기뻐하지만, 루시가 달리 반응할 수도 있는 행동들에 대한 몇 가지 추후 반응을 연습할 필요가 있다고 말한다. 필은 이슬라에게 처음 요청을 잘하는 것에 집중하라고 말한다. 역할을 바꿔, 이슬라는 본래 자신의 역할을 연습한다. 그녀의 처음 주문은 주장적이기에는 불충분하다. 필은 이슬라에게 스스로 평가하도록 요청한 후 그녀의 구두, 음성, 신체 메시지를 어떻게 관찰했는지, 어떻게 하면 다르게 수행할 수 있는지 코치한다. 필의 지속적인 코칭하에 이슬라는 실제 상황에서 유능하게 수행할 수 있다는 합리적 자신감이 들 때까지 몇 차례 주문을 연습한다. 그러고 나서 필은 그녀의 주문에 달리 대응할지도 모르는 루시의 방식에 어떻게 반응할 것인지 연습시킨다.

의논을 주장적으로 요청하는 많은 예행연습을 통해 이슬라를 코치한다.

글상자 17.1에서처럼, 당신과 헬피는 대안 각본들을 생성하고 예행연습을 할 필요가 있을 것이다. 당신은 경직되기보다는 유연하게 헬피를 훈련시켜야 하는데, 이는 포괄적 상황에서 의사소통을 잘할 수 있는 헬피의 유연성을 길러주기 위함이다. 당신 자신의 제안에 앞서, 조용한 시간 의논주문에 대한 헬피의 공헌을 촉진할 수 있다. 예컨대 필은 "조용한 시간 논의에 대한 당신의 주장에 루시가 할지도 모르는 주요 반응 방식에는 무엇이 있다고 생각하나요?"라고 이슬라에게 물을 수 있다. 나중에, 식별된 주요 방식 각각을 위해, 필은 "효과적으로 반응하기 위해 당신은 어떤 구두, 음성, 신체 메시지를 사용할 필요가 있나요?"라고 물을 수 있다. 그러면, 이슬라와 필은 루시가 반응할지도 모르는 상이한 방식들에 대처하기 위한 효과적인 의사소통 예행연습을 할 수 있을 것이다.

나아가 당신은 다음과 같은 질문을 통해 각각의 예행연습을 정교화할 수 있다. "당신이 한 것에 대해 어떻게 생각하십니까?", "그 예행연습에서 당신은 어떻게 느끼고 있었습니까?", "실제 상황에서 그렇게 의사소통할 때 당신은 어떤 어려움과 직면할 수 있을까요?" 덧붙여, 피드백은 물론 격려도 할 수 있다. 때때로 오디오나 비디오로 예행연습을 기록해 피드백과 논의를 위해 다시 볼 수 있다.

활동 17.1 시연 기술 사용하기

파트너와 작업하라. 한 사람은 헬퍼 다른 한 사람은 헬피 역할을 한다. 함께 논의해서 헬피가 개선하고 싶은 특정 의사소통을 선택한다. 그러고 나서 헬퍼는 다음과 같은 시연 단계들을 밟는다.

- 무엇을 관찰할지 헬피에게 단서 주기
- 헬피 의사소통의 구두, 음성, 신체 메시지 요소 각각을 시연하기
- 이 세 요소를 하나로 묶기(시연할 때 헬피와 함께 역할놀이를 할 수도 있다).
- 헬피에게 시연의 핵심을 요약하도록 요청하기

위의 것들을 다 수행한 후, 헬퍼의 시연 기술의 활용에 초점을 두고 나누기 및 논의 회기를 가져라. 필요하다면 헬퍼가 시연 기술 사용에 어느 정도 유능하다고 느낄 때까지 시연을 반복하라.

그런 뒤 역할을 바꿔서 하라.

활동 17.2 예행연습 및 코칭 기술 활용하기

파트너와 작업하라. 한 사람은 헬퍼, 다른 한 사람은 헬피 역할을 한다. 활동 17.1에서 시연되거나 아니면 헬피가 향상시키고 싶은 다른 특정 의사소통을 위해 헬퍼는 다음과 같은 순서를 밟아라.

- 무엇을 관찰할지 헬피에게 단서 주기
- 헬피 의사소통의 구두, 음성, 신체 메시지 요소 각각을 시연하고, 이 세 요소를 하나로 묶기(시연할 때 헬피와 함께 역할놀이를 할 수도 있다).
- 헬피에게 시연의 핵심을 요약하도록 요청하기
- 의사소통 예행연습이라는 아이디어를 헬피에게 소개하기
- 이 활동의 범위 내에서, 헬피가 실제 삶에서 의사소통하는 것에 자신감을 느낄 만큼 예행연습시키고 코치한다. 예행연습과 코칭 과정의 일부로 오디오나 비디오 다시보기를 사용할 수도 있다.

위의 것들을 다 수행한 후, 헬퍼의 예행연습과 코칭 기술의 활용에 초점을 두고 나누기 및 논의 회기를 가져라. 필요하다면, 헬피는 헬퍼가 이 기술들의 활용에 어느 정도 자신감을 가질 때까지 좀 더 예행연습하고 코칭하는 것을 허락한다.

그런 뒤 역할을 바꿔서 하라.

18

헬피의 자기대화 향상시키기

학습목표
이 장을 공부하고 활동을 해봄으로써 당신은

- 차분한/코칭적/확언적 자기대화에 대해 알고
- 헬피의 자기대화 진술 생성을 조력할 수 있어야 한다.

이 장을 포함해 향후 세 장은 헬피의 사고방식을 작업하는 데 초점을 둔다. 다시 말해 이 장에서는 자기대화 창출, 다음 19장에서는 규칙 창출, 20장에서는 지각 창출이라고 하는 세 가지 중심적인 정신 기술을 소개한다. 이 기술들은 헬피의 사고 향상을 도울 수 있는 헬퍼의 기본 툴킷(toolkit)[10]으로 그 응용 폭이 넓다.

헬피의 특정 사고를 바꾸도록 조력할 때 매우 신중하게 진행해야 한다. 필자는 일부 초보 헬퍼들이 서두른 나머지 헬피 사고를 잘못 분석하는 것을 목격해 왔다. 이렇게 되면 헬피는 자신의 사고에 도전할 지식과 자신감을 갖지 못하게 된다. 또한 만약 당신이 위 세 가지 정신 기술을 적절히 이해하지 못할 경우 그것들을 혼돈된 방식으로 헬피에게 제시할 것이다. 더욱이 어떤 헬퍼들은 그것들을 철저히 훈련시키기보다는 학습 계열상 서두를 때가 있다.

---

10 역주 : 프로그래머가 특정 머신이나 응용에 쓸 프로그램 작성에 사용할 수 있는 프로그램 또는 루틴의 세트

　헬피 사고를 작업함에 있어 빈약한 정신 기술을 가진 헬퍼보다 합리적인 정신 기술을 가진 헬퍼가 그 사고를 작업하는 방식에 대한 보다 큰 통찰을 갖는다. 당신이 그러한 통찰을 지니려면 자신의 삶에서 합리적으로 사고하는 것에 능숙해지는 것이 하나의 첩경일 것이다.

　당신이 위 세 가지 기술을 자신의 정신 기술 레퍼토리로 가장 손쉽게 구축하기 위해서는 한 가지 기술을 집중 작업하는 것으로 시작하는 것이 아마 최선일 것이다. 시작하기에 좋은 정신 기술 영역은 자기대화 창출이다. 이는 다음 두 가지 이유 때문이다. 첫째, 헬피는 자신이 목표로 하는 어떤 변화된 의사소통이나 행위를 지지하는 자기대화를 창출할 수 있기 때문이다. 둘째, 사실상 모든 헬퍼와 헬피는 어떤 식으로든 자신에게 이야기하는 것을 인식하고 있기 때문이다. 그러므로 보다 훈련된 방식으로 그들 자신에게 대화하도록 요구해도 이상할 것이 하나 없다.

　당신이 헬피의 사고에 대해 작업할 때 시각 보조물을 활용할 수 있다. 필자는 화이트보드 사용이 유용하다고 생각한다. 보다 효과적인 생각을 생성하고 다듬기 위해 협력할 경우 특히 그렇다. 필자는 일부 뛰어난 심리치료사들이 노트패드를 사용하는 것을 봐 왔다. 적절한 순간에, 당신은 헬피의 향상된 생각을 적도록 함으로써 헬피 자신에 대해 시각적으로 기록하도록 격려할 필요가 있다.

　헬피들은 대개 여러 해에 걸쳐 자신의 잘못된 사고방식을 구축하고 유지하고 있으며, 그렇기 때문에 그것을 신속히 교정하기란 쉽지 않다. 당신이 좋은 동맹 관계를 지속적으로 제공한다면 잘못된 사고방식으로부터 헬피를 보호할 수 있다. 양질의 경청 기술 사용은 물론, 헬퍼 중심이 아닌 헬피 중심 방식으로 헬피의 사고를 향상시키도록 코치할 수 있다. 어떤 희생을 치르더라도 당신이 즉흥적이고 거만한 전문가가 되는 것은 피해야 한다. 겸양은 질서 속에 있다.

자기대화 향상시키기

필자는 당신이 30초 동안 눈을 감고 아무것도 생각하지 않으려는 단순한 정신 실험을 해볼 것을 권한다. 아마 당신은 자기대화로부터 자신이 벗어날 수 없다는 것을 아주 잘 인식하게 될 것이다.

부정적 자기대화

혼잣말을 하는 사람이 다 미친 게 아니다. 제정신과 정신이상을 결정하는 것은 바로 자신에게 계속 말하기 위해 무엇을 선택하느냐이다. 여기서 자기대화란 힘든 상황 전, 동안, 후에 자신에게 이야기하는 것을 말한다. 종종 헬피들은 자기패배적인 느낌, 신체 반응, 행위를 만들거나 악화시키는 효과를 가진 부정적 자기대화(negative self-talk)를 사용한다. 부정적 자기대화의 특징에는 다음과 같은 것들이 포함되어 있다.

- 자기경멸
- 사태가 악화되거나 통제 불가능할 것이라고 말하기
- 과거의 후퇴에 초점 두기

글상자 18.1은 부정적 자기대화를 사용함으로써 자신의 효과성을 방해하는 어느 헬피의 예를 보여준다.

글상자 18.1 부정적 자기대화의 예

올리비아는 25세의 수줍음 많은 싱글 여성이다. 그녀는 파티에 가는 것을 매우 걱정하고 있다. 파티에 가기 전 긴장을 하고서는 자신에게 '파티는 항상 어려워. 결코 편치 못할 거야.', '이번에도 어려운 경험을 하겠지.'라고 말을 한다. 파티 동안에는 '저 사람들이 날 어떻게 생각할까?', '내 사교술은 볼품없어.', '뭔가 불안한데 통제할 수 있을까?' 하고 혼잣말을 한다. 파티 후에는 '역시 긴장했어. 아무튼 파티가 끝나 기뻐.', '난 파티를 결코 즐기지 못할 거야.'라고 혼자 중얼거린다.

대처적 자기대화

대처적 자기대화(coping self-talk)는 부정적 자기대화와 대조적이다. 후자는 헬피의 적절한 의사소통과 행위를 방해하는 반면, 전자는 헬피의 성공적 수행 가능성을 강화한다. 한편, 대처적 자기대화는 통달적 자기대화(mastery self-talk)와 대조될 수 있다. 대처적 자기대화는 비현실적으로 높은 기준의 통달이나 완벽을 추구하기보다는, 합당하게 할 수 있는 만큼 잘하는 것에 대한 것이다. 다음은 대처적 자기대화의 세 가지 주요 차원이다.

차분한 자기대화

차분한 자기대화(calming self-talk)의 창출은 헬피가 여러 가지 방식으로 문제 상황을 다루는 데 도움이 된다. 즉 헬피는 다음과 같은 효과를 얻을 수 있다.

- 특정 상황 전, 동안, 후에 유해한 불안이나 과도한 분노와 같은 원치 않는 느낌을 보다 잘 다룰 수 있도록 정신을 진정시킬 수 있다.
- 문제 상황을 다루는 방식에 영향을 주는 과도한 스트레스를 관리하기 위한 방법으로써 정신을 진정시키고 이완시킬 수 있다.
- 문제 상황에서 최선의 의사소통과 행위 방식을 끝까지 생각하거나 얘기하고 싶을 때 보다 집중하고 초점을 맞출 수 있다.
- 보다 예리하고 깊게 자신의 느낌과 사고에 접촉할 수 있는 심리적 공간을 담보할 수 있다.

차분한 자기대화를 헬피들에게 소개할 때, 필자는 우선 그 개념에 대해 얘기한 후 '이완'과 같은 차분한 자기안내의 예를 제시한다. 그리고 나서 몇 가지 그들만의 차분한 자기안내를 찾아내도록 격려하고 그중 어떤 것을 사용하고 싶은지 함께 논의한다. 덧붙이자면, 차분한 자기안내를 할 때 조용하면서도 신중한 목소리 사용법에 대해 말하고, 시연하고, 코치한다. 그리고 서두르면서도 자기압박적인 방식으로 "진정해!"라고 말하면서 조용하고 신중한 목소리 사용법과의 차이점을 조명할 때도 있다.

냉각적 자기대화(cooling self-talk)는 차분한 자기대화의 하위 범주로 간주하면 될 것이다. 당신은 툭하면 분노를 폭발하는 성향의 헬피를 냉각적 자기대화로 훈련시킬 수 있다. 글상자 18.2는 차분한 자기대화와 냉각적 자기대화 진술의 예를 제공한다.

글상자 18.2 차분한 자기대화와 냉각적 자기대화 진술의 예

차분한 자기대화

차분하라	천천히 하라	긴장을 풀어라
침착하라	심호흡 하라	천천히 그리고 규칙적으로 숨 쉬어라
난 여하튼 할 수 있다		

냉각적 자기대화

흥분하지 말라	열까지 세라	주의하라
과잉반응하지 말라	내 자존심이 방해하지 않도록 하라	
난 낚이지 않도록 선택할 수 있다		문제를 해결하라

| 코칭적 자기대화

코칭적 자기대화(coaching self-talk)는 과업 성취를 위한 의사소통 기술을 소유하는 것처럼 단순한 것이 아니다. 코칭적 자기대화의 첫 단계는 헬피로 하여금 작업을 분해하도록 조력하는 것이다. 당신은 헬피와 함께 문제 상황에서 목표 달성을 위한 체계적 접근을 끝까지 생각하는 작업을 할 수 있다. 이 작업 과정에는 후퇴를 다루는 방법까지 포함된다. 일단 계획이 명료해지면, 헬피에게 요구되는 것은 계획 실행의 여러 단계로 자신을 안내하는 능력이다.

구두 메시지뿐만 아니라 음성 및 신체 메시지에 관한 자기대화를 강조하라. 글상자 17.1에서, 헬퍼 필과 함께 룸메이트 루시에게 "네가 라디오를 켜고 공부하는 것을 좋아한다는 것을 알고 있어. 하지만 내 마지막 시험들이 끝날 때까지, 내가 도서관 개방 시간이 끝나 여기서 공부해야 할 때 조용히 공부할 시간을 정하는 것에 대해 동의해주면 좋겠어."라는 주장적 구두 메시지를 개발했던 심리학도 이슬라의 예를 들어보자. 필은 면대면 상호작용을 다루는 법에 대해 이슬라에게 코치했을 뿐만 아니라 그녀의 구두, 음성, 신체 메시지에 대한 적절한 자기안내를 마음속에서 스스로 연습하도록 훈련시킬 수 있었다. 이슬라의 표적 음성 메시지는 침착하고 확고하게 되는 것이었으며, 표적 신체 메시지는 좋은 눈 맞춤을 하고 유쾌한 얼굴 표정을

유지하는 것이었다. 그러자 이슬라는 혼자 있을 때 시각화된 예행연습을 통해 문제
상황에 보다 잘 대처할 수 있도록 자신을 코치할 수 있었다. 당신 또한 내담자가 문
제 상황에서 스스로 활용할 수 있는 코칭적 자기대화를 개발해서 예상치 못했던 타
인의 반응을 다룰 수 있도록 조력할 수 있다.

█ 확언적 자기대화

필자는 긍정적 자기대화보다는 확언적 자기대화(affirming self-talk)라는 개념을 선
호한다. 긍정적 자기대화의 위험은 헬피가 실망과 실패에 대비하기 위해 세운 긍정
성이 거짓일 수도 있다는 것이다. 확언적 자기대화는 자신에게 유리한 쪽으로 셈하
는 현실적 요인을 상기하는 데 초점을 둔다. 다음은 헬피의 확언적 자기대화의 몇
가지 양상이다.

첫째, 대처할 수 있다고 자신에게 말할 수 있다. 예컨대 "난 이 상황을 다룰 수 있
다.", "내 불안은 나의 대처 기술을 사용하라는 신호다.", "단지 내가 해야 할 것은
최선을 다해 대처하는 것이다."와 같은 것이다. 덧붙여, 일단 상황에 보다 잘 대처하
게 되면 헬피는 '내 대처 기술을 사용했고 그것이 먹혔다'라는 것을 인정할 수 있다.

둘째, 자신의 강점을 인정할 수 있다. 종종 헬피들은 힘든 상황에 대해 걱정하느
라 자신의 장점을 잊어버린다. 예를 들어 누군가에게 데이트를 신청하고 싶지만 불
안해하는 헬피에게도 참으로 훌륭한 점들이 있을 수 있으며, 그렇다면 굳이 그것들
을 떠벌릴 필요가 없는데도 이를 망각하는 것이다. 헬피들은 또한 잘못될지도 모른
다는 것에 대해 생각하기보다는 스스로 인정하고 사용할 수 있는 좋은 대화 기술을
가지고 있을지 모른다. 덧붙이자면, 헬피들은 현재 직면한 상황과 유사한 상황에서
잘 해냈던 과거의 성공적 경험에 대해 생각할 수 있다.

셋째, 자신이 접근하는 지지자들을 인정한다면 보다 자신감을 갖게 된다. 이를테
면 친척, 친구, 배우자, 도움 서비스 전문가 모두 지지 자원이 될 수 있을 것이다. 바
라볼 수 있는 지지자가 있다는 것을 깨닫게 해주기만 해도 문제 상황에 보다 잘 대
처할 수 있는 사람들도 있다.

대처적 자기대화의 세 차원 하나로 묶기

종종 차분한, 코칭적, 확언적 자기대화 진술은 함께 묶인다. 글상자 18.3은 글상자 18.1의 파티에 가는 것을 걱정하는 올리비아의 예의 연속으로, 헬퍼 필은 차분한, 코칭적, 확언적 자기 대화 진술을 조합해 올리비아가 스스로 말하는 옵션을 갖도록 도왔다. 회기가 끝날 무렵, 올리비아는 도움 밖에서 기억하고 예행연습하고 활용할 세 차원의 대처적 자기대화 진술들을 써내려 간다.

글상자 18.3 대처적 자기대화의 예

올리비아의 헬퍼인 필은 우선 화이트보드에 '차분한'이라는 단어를 쓴다. 그런 다음 파티를 미리 생각했을 때 그녀를 진정시키는 데 도움이 될 것이라고 생각하는 진술들을 식별하도록 도왔다. 필과 올리비아는 코칭적, 선언적, 복합적 진술을 위해 이 과정을 반복하였고 그 결과 다음과 같이 화이트보드에 쓰인 범주와 진술들을 고안할 수 있었다.

차분한 자기대화
진정해
긴장 풀어

코칭적 자기대화
듣는 것은 물론 이야기하는 것도 기억하라
내가 좋아하는 사람들과 시간을 보내라
들을 때, 내가 이해했다는 것을 보여주어라
난 실수를 만회할 수 있다

확언적 자기대화
더 나아지고 있다
잘했다. 내가 그걸 할 수 있다는 걸 안다

복합적 자기대화
진정하라. 듣는 것은 물론 이야기하는 것도 기억하라. 더 나아지고 있다.

활동 18.1 헬피의 대처적 자기대화 사용 조력하기

파트너와 작업하라. 작업 목표는 대처적 자기대화 기술을 활용해 어떤 것에 대한 개인적 근심이라는 헬피의 문제 상황을 보다 잘 관리하도록 하는 것이다. 헬피와의 좋은 동맹 관계의 맥락 속에서 그리고 가능한 화이트보드를 사용해 헬퍼는 다음 과정을 밟는다.

- 말하기 기술을 이용해 부정적 자기대화와 대처적 자기대화의 차이를 기술한다.
- 시연 기술을 사용한다.
- 헬피의 현재 어떤 부정적 자기대화를 식별하도록 조력한다.
- 코칭 기술을 이용해 헬피가 차분한, 코칭적, 확언적 자기대화 진술을 고안하도록 조력한다.
- 과제협상 기술을 사용한다.

그런 뒤 논의하고 역할을 바꿔서 하라. 예행연습 및 실습 회기의 오디오 및 비디오 기록을 다시 보는 것은 배움을 조력할 것이다.

19

헬피의 규칙 개선하기

학습목표
이 장을 공부하고 활동을 해봄으로써 당신은

● 요구적 규칙을 탐지하는 것에 대해 알고

● 헬피가 요구적 규칙에 대해 논박하도록 조력할 수 있으며

● 헬피가 선호하는 규칙을 진술하도록 할 수 있어야 한다.

헬퍼는 헬피의 요구적 규칙을 보다 현실적인 요구로 대체하도록 도울 수 있다. 모든 사람은 자신의 삶을 이끄는 기성의 지침들을 제공하는 규칙서(rule book)를 소유하고 있으며 그렇기 때문에 아무런 사전 준비 없이 갑자기 출현하는 모든 상황을 끝까지 생각할 필요가 없다. 잘 기능하는 사람의 규칙 대부분은 합리적이고 현실적이다. 그리고 그 규칙은 자신뿐만 아니라 타인과 환경에 대한 선호에 기초하고 있다. 그러나 많은 헬피들은, 종종 의식하지 못하지만, 자신을 혼란케 하고 불행하게 만드는 데 기여하는 매우 엄격한 규칙, 즉 요구적 규칙을 소유하고 있다. 이 규칙은 자신, 타인, 환경에 대해 비합리적이고 비현실적인 요구를 하는 것에 기초하고 있다.

요구적 규칙 식별하기

비현실적이고 요구적인 규칙은 헬피의 문제와 문제 상황을 관리하는 것을 어렵게 하는 데 크게 기여한다. 이 규칙은 부정적 자기대화와 부정확한 지각을 창출하는 토대가 될 수 있다. 예를 들어 '난 인정받아야만 해', '난 완벽해야 해'와 같은 요구적 규칙 때문에 많은 사람들이 에세이 쓰기와 같은 새로운 과제를 시작하기 전에 자신감과 안녕감의 결여를 경험하는 것과 같은 것이다. 당신은 누군가가 당신 에세이를 좋아해주기를 그리고 당신이 그것을 잘 쓰기를 합리적으로 선호할 수 있다. 이 선호는 독자로부터의 승인과 자신으로부터의 완벽을 구하는 에세이 작가와는 아주 다른 것이다.

요구적 규칙은 대개 비현실적이지만 현실적인 부분도 담고 있다. 예를 들어 에세이 작가가 유능하게 쓰고 싶은 것은 현실적이지만, 완벽을 위해 애쓰는 것은 비현실적이다. 결론적으로, 당신이 헬피의 비합리적인 규칙을 변경하도록 도울 때 통째로 그 규칙을 제거하려 하기보다는 20~30퍼센트를 버리도록 하는 것에 초점을 두는 것이 바람직하다.

어떤 지표나 신호를 찾아보면 요구적 규칙을 탐지할 수 있다. 즉 부적절한 언어적 신호에 주목하는 것이다. 예컨대 요구적 규칙은 '~해야 한다(must, ought, should, have to)'로 특징되는 경향이 있다. 다음 4개는 대표적인 요구적 규칙이다. 이 규칙은 Albert Ellis의 용어로 '당위적 규칙(mustabatory rule)'에 해당한다.

- 누구나 날 좋아해야 한다.
- 난 완벽하게 유능해야 한다.
- 타인들은 내가 바라는 것을 해야 한다.
- 인생은 공평해야 한다.

지속적으로 부적절한 느낌은 헬피가 요구적 규칙을 가지고 있다는 신호일 수 있다. 적절한 느낌과 부적절한 느낌 간의 경계가 항상 분명한 것은 아니다. 삶은 고난일 수 있으며, 그러므로 적절한 느낌은 단순히 행복, 기쁨, 성취와 같은 '긍정적' 느낌과 대등한 것일 수 없다. 슬픔, 비난, 공포, 분노와 같은 어떤 '부정적' 느낌들은 그 것들이 발생하는 맥락에 따라 전적으로 적절할 수도 있다. 그러므로 당신은 다음과 같이 자문해야 한다. '이 느낌은 그 상황에 적절한가?' 그리고 '이런 식으로 감정을 유지하는 것은 헬피를 돕는 것인가 아니면 해롭게 하는 것인가?' 신체 반응 또한 요 구적 규칙을 알리는 신호일 수 있다. 예컨대 지속적인 근육 긴장은 완벽이나 보편적 인정을 위해 자신을 압박하는 헬피를 알리는 신호일 수 있다.

부적절한 느낌, 신체 반응, 의사소통/행위는 서로 관련을 맺고 있다. 만일 헬피들 이 요구적 규칙 때문에 과도한 분노감을 갖는다면, 그들의 신체적 각성 수준은 자신 의 입장을 돕기보다는 폭력적으로 행동하고 악화시키는 지점까지 자기판단을 손상 시킬 수 있다. 당신 자신에게 그리고 아마도 당신 헬피에게 할 수 있는 관련 질문으 로는 다음과 같은 것들이 있다.

- 헬피의 의사소통과 행위는 헬피 자신이나 타인에게 도움이 되는가 아니면 해가 되는가?
- 헬피가 과잉행동을 하고 있는가?
- 헬피의 행동은 자기패배적인가?

글상자 19.1은 공부중독 학생 제이콥의 임박한 최종 시험들과 관련한 요구적 규칙 인 '좋은 학점을 받아야만 한다'는 결과를 보여주는 예이다. 필자는 12장에서 모니 터링을 검토하면서 STC(상황-사고-결과) 형식의 예를 처음 제시한 바 있다. 다음 의 예는 글상자 19.3의 두 번째 부분에도 나오기 때문에, 사고(T)와 상황(C) 다음에 번호 (1)을 붙여 제이콥의 현재 생각과 결과를 표시했다.

당신은 헬피의 요구적 규칙과 대체할 수 있는 선호적 규칙 창출을 어떻게 도울 수 있겠는가? 이에 대한 대답은 헬피의 신호를 우선 읽은 후, 헬피의 문제 상황과 관련 된 하나 혹은 그 이상의 기저의 요구적 규칙(들)이 무엇인지 식별하도록 돕는 것이 다. 그런 다음 그 규칙(들)에 대해 논박하고, 질문하고, 도전하도록 해서 그것을 선 호적 규칙(들)으로 다시 진술하도록 격려하는 것이다.

글상자 19.1 요구적 규칙과 그 결과의 예

S 공부중독 학생인 제이콥은 임박한 최종 시험들 때문에 불안감이 커지고 있다.

T(1) 요구적 규칙 : 난 아주 좋은 학점을 받아야만 한다.

C(1) 부정적 느낌 결과 : 불안, 높은 스트레스, 짜증, 낮은 자존감

부정적 신체 반응 결과 : 정신적 긴장, 수면장애, 탈진

부정적 의사소통/행위 결과 : 비생산적으로 모범답안을 만들고 수정하면서 과도하게 시간 소비, 모든 사교생활 포기, 부적절한 레크리에이션

요구적 규칙 논박하기

Albert Ellis는 자신의 합리정서행동치료(REBT)에서 논박을 가장 전형적이며 흔히 사용되는 방법이라고 생각했다. 논박은 요구적 규칙에 대한 도전을 의미한다. 도전의 주요 기술은 과학적 질문이다. 당신과 헬피는 잠정적으로 요구적인 것으로 간주되는 어떤 규칙을 이성, 논리, 사실에 근거하여 지지하거나 폐기 혹은 수정할 수 있다. 글상자 19.2는 요구적 규칙을 논박하는 두 가지 방법을 보여준다.

글상자 19.2 요구적 규칙을 논박하는 두 가지 방법

기능적 논박(functional disputing)

기능적 논박의 목적은 헬피 규칙이 목표 성취를 방해하고 있을 수도 있다는 것을 지적하는 데 있다. 전형적 질문에는 다음과 같은 것들이 있다.

- 그것이 당신에게 도움이 되나요?
- 이런 식으로 계속 생각하는/행동하는/느끼는 것이 당신의 삶에 어떻게 영향을 미치고 있나요?

경험적 논박(empirical disputing)

경험적 논박은 헬피 규칙의 사실적 요소를 평가하는 것을 돕는 데 그 목표를 둔다. 전형적 질문들은 다음과 같다.

- 당신이 선호하는 모든 중요한 과제들에서 성공해야만 하는 근거가 어디 있습니까?
- 그것이 정확하다는 증거가 어디 있습니까?
- 어디에 그것이 쓰여 있습니까?

헬피와 동맹을 맺고 요구적 규칙을 논박할 때, "당신은 그 규칙에 대해 어떻게 질문하고 도전할 수 있겠습니까?"와 같은 질문을 하면서 헬피의 논박을 유도하라. 질문할 때는 강요하지 말고 부드럽게 하며, 질문에 대한 대답 또한 그렇게 하라. 나아가 질문의 양에서 억제를 보여주고, 능동적 경청을 질문 및 논박 과정에 통합할 것을 기억하라.

선호적 기술 진술하기

헬피의 요구적 규칙을 논박하도록 돕는다면 그 규칙이 헬피에게 미치는 효과는 완화되기 마련이다. 요구적 규칙의 보유를 줄이는 추가적인 방법은, 그 규칙을 선호적 규칙으로 간결하게 다시 진술하도록 돕는 것이다. 헬피의 도전은 너무 많고 다양해서 기억하기 쉽지 않다. 그러므로 당신은 헬피가 기억하고 회상하기 쉬운 진술로 대체하도록 도울 수 있다. 시간이 매우 제한적일 때는 질문과 도전에 소요되는 시간을 없애고, 요구적 규칙을 선호적 규칙으로서 재진술하도록 돕는 활동으로 바로 이동할 수도 있다.

당신과 헬피는 요구적 규칙의 특징을 선호적 규칙의 특징이 되도록 바꿀 수 있다. 이를테면 '나는 아주 잘하는 것을 선호하지만, 반드시 그럴 필요는 없다'와 같이 바꾸는 것이다. 헬피는 통달과 완벽에 대한 규칙을 '상황에 맞춰 대처하고 최선을 다한다'와 같은 유능성과 통합하는 규칙으로 바꿀 수 있다. 나아가 헬피의 특정 의사소통과 행위가 어떻게 유용한지 평가하도록 도와야 하며, 몇 가지 부족한 의사소통과 행위에 비추어 헬피 자신의 총체적 자아(whole self)가 재단되지 않도록 유의해야 한다.

덧붙여, 당신은 헬피가 세상을 절대적으로 끔찍한 것으로 파악하지 않도록 도울 수 있다. 이는 세계는 불완전하다는 것을 수용하게 함으로써 그리고 부정적 요인이나 가능성을 과장하는 것을 억제시킴으로써 가능하다. 당신은 또한 '난-그걸-견딜-수-없다'는 헬피의 태도를 제거하도록 도울 수 있다. 이는 '내 자신, 타인, 환경으로부터 발생하는 불안과 불편을 선호하지는 않지만 견딜 수 있다'고 스스로 말하도록 격려함으로써 가능하다. 참으로, 엄청난 역경 속에서도 헬피들은 의지할 수 있는 자신의 많은 강점들과 바라볼 수 있는 많은 지지자들을 가지고 있을 것이다.

규칙 재진술에 대해 작업할 때 헬피들의 아이디어를 공유하게 함으로써 그 과정에 참여하도록 격려하라. 아이디어 공유를 위해 어떤 헬퍼들은 화이트보드를 사용한다. 그리고 거기에 쓴 내용을 헬피들과 함께 즉시 워드 작업을 해 미래에 상기해서 사용할 수 있게 한다. 다음은 흔한 요구적 규칙을 선호 규칙으로 재진술하는 방법의 예이다.

요구적 규칙 : 누구나 나를 좋아해야 한다.

선호적 규칙 : 대부분의 사람들이 나를 좋아하도록 하는 것을 선호하지만, 정말 중요한 것은 내가 존경하는 중요한 사람들이 나를 좋아하고, 내가 내 자신을 인정하는 것이다.

요구적 규칙 : 나는 완벽하게 유능해야 한다.

선호적 규칙 : 나는 높은 기준을 향해 노력하는 것을 선호하지만, 내가 할 수 있는 모든 것은 최선을 다하는 것이다.

요구적 규칙 : 다른 사람들은 내가 바라는 것을 해야 한다.

선호적 규칙 : 나는 다른 사람들이 내가 바라는 것을 고려해주길 선호하지만, 그들이 바라는 것에 대해서도 민감할 필요가 있다.

요구적 규칙 : 삶은 공평해야 한다.

선호적 규칙 : 공평한 삶을 선호하지만, 세계는 불완전하며 내가 변화시킬 수 없는 세계의 어떤 양상들도 있을 수 있다는 것을 수용한다.

헬피가 자신의 선호적 규칙을 유지하기 위해 열심히 작업하고 연습하도록 격려하라. 이를 위한 한 가지 접근은 헬피의 초기의 요구적 규칙, 도전, 재진술을 기록하도록 하는 것이다. 또한 눈에 잘 띄는 곳에 선호적 규칙을 진술한 상기 카드를 붙이게 할 수 있다. 덧붙여, 헬피는 자신의 요구적 규칙으로부터 파생되는 부정적 결과를 경험하는 특정 상황에 처한 자신을 상상하는 시각적 예행연습을 할 수 있다. 그리고 나서 자신이 선호적 규칙으로 전환되는 것을 상상하고 그렇게 하는 것의 긍정적 결과를 시각화할 수 있다. 마지막으로 중요한 것은 헬피의 의사소통 방식을 변화시켜 향상된 규칙에 따라 행위하도록 조력하고 격려하는 것이다. 글상자 19.3은 시험불안이 있는 제이콥이 향상된 선호적 규칙[T(2)]을 성공적으로 고수한 대가로 개선된 결과 [C(2)]를 보여준다.

글상자 19.3 선호 규칙과 그 결과의 예

S 공부중독 학생인 제이콥은 임박한 최종 시험들 때문에 불안감이 커지고 있다.

T(1) 요구적 규칙 : 난 아주 좋은 학점을 받아야만 한다.

T(2) 선호적 규칙 : 나는 아주 좋은 학점을 받는 것을 선호하지만, 내가 할 수 있는 모든 것은 모범답안을 잘 수정 보완하고, 컨디션 조절을 잘하고, 신중하게 시험문제에 답하는 것이다.

C(2) 긍정적 느낌 결과 : 불안 감소, 더 큰 행복

    긍정적 신체 반응 결과 : 더 잘 자고, 정신적 긴장 및 소진이 덜함

    긍정적 행위 결과 : 생산적으로 모범답안을 수정 보완하면서 시간 절약, 사교생활과 레크리에이션도 약간 즐김

활동 19.1 헬피의 규칙 개선 조력하기

파트너와 작업하라. 작업 목표는 문제 상황을 보다 잘 관리할 수 있는 하나 혹은 그 이상의 선호적 규칙을 창출하는 것이다. 좋은 동맹 관계의 맥락 속에서 그리고 가능한 화이트보드를 사용해 헬퍼는 다음의 과정을 밟아라.

- 말하기 기술을 사용해 요구적 규칙과 선호적 규칙의 차이를 기술하라.
- 시연 기술을 사용하라.
- 헬피와 협동하여 주요한 요구적 규칙들을 식별하고 그중 한 가지 주요 규칙을 STC 틀에 넣어라.
- 코칭 기술을 사용해 헬피가 식별된 요구적 규칙에 대해 질문하고 도전하도록 도와라.
- 코칭 기술을 사용해 헬피가 요구적 규칙과 대체할 수 있는 선호적 규칙을 창출하도록 도와라.
- 헬피와 함께 헬피의 선호적 규칙 사용을 유지한 결과를 예상하라.
- 과제협상 기술을 사용하라.

후에 논의하고 역할을 바꿔서 하라. 예행연습 및 실습 회기의 오디오 및 비디오 기록을 다시 보는 것은 배움을 조력할 것이다.

20

헬피의 지각 향상시키기

학습목표
이 장을 공부하고 활동을 해봄으로써 당신은
- 헬피의 자동적 지각을 이끌어내고 식별하도록 조력할 수 있고
- 헬피 지각의 정확성을 점검하도록 하며
- 헬피가 최적의 지각(들)을 선택하도록 할 수 있어야 한다.

중국 속담에 '우리가 보는 것의 2/3는 우리 눈 뒤에 있다'는 말이 있다. 헬피는 정보를 해석하는 방법에 있어 체계적 편견을 가질지 모른다. 종종 그 편견은 헬피의 행복과 직무 수행에 역효과를 낸다. 헬피가 자신이나 타인의 행동방식에 대한 주장을 지지하기 위해 얼마만큼의 증거를 제시하는지 면밀히 관찰하라.

지각하기와 해석하기

헬피의 지각 창출 기술을 향상시키려고 훈련할 때, 헬퍼는 헬피에게 생각하고, 느끼고, 행동하는 방식 간의 연계성을 검토하는 것의 중요성을 가르치는 것으로 시작할 수 있다. 헬퍼로서 당신은 자동적 사고나 지각의 개념을 소개하고, 기저의 지각이 느낌에 영향을 주는 방식의 예를 제공할 수 있다. 이런 예로 미국 정신과 의사 Aaron

Beck은 한 남성 헬피에게 '어떤 사람이 어느 날 밤 집에 있었고, 다른 방에서 뭔가 시끄럽게 부딪치는 꽝음을 듣고 있다'고 상상하도록 지시한다. '그 방에 강도가 있다'는 첫 번째 해석에 그 사람이 어떻게 반응했을까 하는 질문에 남성 헬피는 '매우 불안하고 끔찍하게' 느꼈을 것이며, 숨거나 경찰에 전화했을 것이라고 대답했다. 반면, '창문이 열려 있었고 바람 때문에 무언가 떨어졌다'는 두 번째 해석에 대해서는, 그 사람은 두렵지 않았을 것이고, 귀중한 무언가가 떨어졌다면 슬펐을 것이며, 문제가 무엇인지 알아보러 가는 반응을 보였을 것이라고 남성 헬피는 대답했다. "이 예는 상황에 대한 사람들의 해석 방식은 다양할 수 있으며, 그러한 방식은 느끼고 행동하는 방식에 영향을 미친다는 것을 예증한다."고 Beck은 그 남성 헬피에게 설명했다.

　느낌과 행동에 대한 지각의 영향을 보여주는 것과 관련해, 당신은 또한 사실과 추론 간의 차이를 헬피가 이해하도록 훈련할 수 있다. 헬피는 자신, 타인, 세상에 대한 자신의 지각이 주관적 '사실'이라는 것을 배울 수 있다. 그런데 종종 이런 지각이 사실이라기보다는 추론에 기초하고 있다는 것을 깨닫는 데 실패하는 헬퍼들이 있다. 이 점에 대해 필자가 아는 스탠퍼드대학의 한 교수는 '모든 인디언은 일렬종대로 걷는다… 적어도 내가 본 인디언들은 그랬다'는 예를 자주 들었다. 내가 본 인디언들이 그렇게 하는 것은 사실이다. 하지만 모든 인디언이 일렬종대로 걷는 것은 추론이다.

　헬피는 자신, 타인, 세상에 대해 여러 가지 추론을 할 수 있다. 그 추론은 맞을 수도 있고 틀릴 수도 있다. 그것이 기초하고 있는 사실적 데이터와 관련한 정확도는 매우 다양하다. 글상자 20.1은 사실과 추론 간의 차이에 대한 두 가지 예를 제공한다.

　필자는 사실과 추론 간의 구분을 강조하는데, 이는 부정확한 지각을 창출하고 지속하는 헬피 방식의 기저를 이루는 주제이기 때문이다. 헬피는 성급한 결론을 내렸을 뿐만 아니라 비약했다는 것도 자각하지 못할 수 있다. 이렇게 되면 착각은 헬피의 전체나 일부의 실재가 된다.

글상자 20.1 사실과 추론 간 차이의 예

예 1

사실 : 회사에서 전체 20%의 직원을 감원해야만 한다면 그리고 특히 내 부서에서 그렇다면 나는 실직한다.

추론 : 나는 일을 잘하지 못하고 있었다.

예 2

사실 : 내 파트너가 평소와 달리 내게 짜증나 있다.

추론 : 그녀/그는 내게 흥미를 잃는 중이다.

참고 : 위의 각 예에서 사실과 증거는 추론을 정당화하지 않았다.

자동적 지각 끌어내고 식별하기

헬피가 자신의 사고를 변화시키려면 우선 자신의 자동적 지각을 인식할 필요가 있다. 다음은 자동적 지각의 몇 가지 두드러진 특징이다.

- 자동적 지각은 인간의 내적 독백(자신에게 말하는 것과 말하는 방식)의 일부다.
- 단어, 이미지, 혹은 이 둘의 형태를 취할 수 있다.
- 아주 빨리 그리고 대개 인식의 변두리에서 일어난다.
- 느낌과 억제 등과 같은 정서에 앞서거나 동행할 수 있다(예 : 상대방 행위에 대한 정서 반응은 행위 자체라기보다는 그것에 대한 해석으로부터 일어남).
- 일반적으로 그것이 정확하다고 가정하는 사람에게 설득력이 있다.
- 그것을 차단하려고 애씀에도 불구하고 되풀이되는 속성을 지니고 있다.

당신은 부정확할 가능성이 있는 자동적 지각을 식별하도록 헬피를 훈련시킬 수 있다. 이를 위해 예컨대 울화통이 터지는 상황에서 발생하는 자동적 지각에 대해 헬피에게 질문할 수 있을 것이다. 헬피가 생각해내는 데 어려움을 경험할 때 이미지나 역할놀이를 활용할 수도 있다. 질문할 때는 추후 질문을 위한 단서들을 제공할 수도 있는 정서적 신호에 주목하라. 화이트보드 사용이 도움이 될 수 있다. 헬피가 칠판

에 쓰인 자신의 처음 생각을 보았을 때, 이는 덜 분명하고 더 위협적인 생각을 드러
내도록 하는 방아쇠 역할을 할 수도 있다.

헬피의 생각과 지각을 기록하는 과제를 하게 할 수도 있다. 예컨대 다음 각각에
해당하는 내용을 세로 열에 적는 활동지를 매일 완성하게 하는 것이다.

- 부정적 정서(들)로 이끄는 상황(들)
- 느낌들과 신체적 반응(들) 그리고 이것들의 0~100점 척도상의 정도
- 자동적 지각들과 이미지(들) 그리고 이것들의 0~100점 척도상의 정도. 이에 더해
  헬피는 특히 뜨거운 어떤 지각들을 식별할 수도 있다.

당신은 또한 헬피에게 회기와 회기 사이에 조우하는 특정 상황에 대한 느낌, 신체
반응, 지각, 이미지를 식별하고 평정하는 작업지를 채우라고 요구할 수 있다(글상자
12.1 참조). 이에 더해 뜨거운 지각을 식별하도록 요구할 수도 있다.

지각의 정확성 점검하기

문제 상황에 직면했을 때, 헬피는 '난 그것에 소질 없어'와 같이 자신에 대한 잠정
적 오류의 진술을 할지 모른다. 또한 '그녀/그는 항상 …을 한다.' 혹은 '그녀/그는
…을 결코 하지 않는다.'와 같이 타인에 대한 잠정적 오류 진술을 할 수도 있을 것
이다. 그런 진술이나 지각은 헬피가 느끼고 의사소통하고 행위하는 방식에 영향을
미친다. 당신은 그 지각이 정확한지 헬피가 점검하도록 조력할 필요가 있다. 다시
말해 사실과 추론을 구분하도록 하고 가능한 그 추론을 사실과 밀착되도록 요구하
라는 것이다.

헬피의 지각을 명제(proposition)로 생각하도록 격려하라. 그러면 헬피는 당신과
함께 자신의 지각이 증거에 의해 얼마나 지지되는지를 조사하고 이해할 수 있을 것
이다. Aaron Beck은 '나는 훌륭한 의사가 아니다'라고 주장했던 한 거주민 의사의
예를 제시한다. 치료사와 의사는 좋은 의사가 되기 위한 준거 목록을 만들었다. 그
런 다음 의사는 자신의 행동에 대한 모니터 및 슈퍼바이저와 동료들로부터 피드백을

구했다. 마침내 그 의사가 내린 결론은 '나는 결국 좋은 의사다' 였다.

글상자 20.2가 보여주듯이, 당신은 다음 세 가지 질문을 통해 헬피의 문제 상황에서의 지각이 정확한지 점검하도록 조력할 수 있다.

글상자 20.2 지각의 정확성을 점검하는 예

문제 상황

6개월 전 알로카(26세)는 내륙 대도시에 있는 한 중등학교에서 교직을 시작했다. 1년 전 학교장으로 부임해 학교의 질을 높이기로 작정하고 있는 로저(44세)가 그녀를 고용했다. 로저는 교직원들과의 지속적인 접촉을 좋아하고 그들의 진행 상황을 자신에게 알려 달라고 격려한다. 알로카는 로저에게 가서 그 일이 매우 어렵다고 말하며 성공할 수 있는 기술과 체력이 자신에게 있는지 의아해한다. 로저는 처음에는 가만히 듣다가 대화 도중 알로카에게 다음 세 가지 질문을 한다.

알로카의 잠정적 오류 지각

나는 이 학교에서 교사로서 성공적이지 못하다.

질문 1 : 선생님의 지각에 대한 증거가 어디 있습니까?

이 질문을 받자 알로카는 수업 질서를 유지하는 것이 어째서 어려운지 알았다고 말한다. 즉 그녀가 현재 재직하고 있는 학교의 학생들은 그녀가 훈련받았던 학교의 학생들보다 훨씬 말이 많다는 것이다. 알로카는 질서를 더 잘 유지하고 싶다고 말한다. 그러나 그녀는 학생들의 수업 태도는 전반적으로 향상되고 있으며 학생들이 그녀에게 아주 친절하다는 것을 인정한다.

질문 2 : 그 상황을 달리 지각하는 방법들이 있습니까?

"선생님이 한 분 더 있다면 학생들은 더 나아질 것이다."
"학생들이 적절한 도움을 받기에는 너무 나쁘다."
"이전 교사가 너무 수용적이어서 학생들은 좋아하는 것을 너무 많이 했다."
"나의 수업 통제 기술에 대해 작업할 필요가 있다."
"학생들은 덜 떠들고 공부에 더 초점을 두기 시작할 것이다."
"나의 수업 기술을 향상시키는 방법에 대한 지지와 조언을 구할 필요가 있다."
"난 걱정하면서 너무 많은 시간을 소비하고 있고 내 자신을 충분히 즐기고 있지 못하다."

질문 3 : 어떤 방식(들)으로 그 상황을 지각하는 것이 가용한 사실들에 가장 적합할까요?

잠시 생각한 후, 알로카는 가장 정확한 지각은 다음과 같다고 결론짓는다.
"학생들은 덜 떠들고 공부에 더 초점을 두기 시작할 것이다."
"나의 수업 통제 기술에 대해 작업할 필요가 있다."
"나의 수업 기술을 향상시키는 방법에 대한 지지와 조언을 구할 필요가 있다."

- 당신 지각에 대한 증거가 어디 있습니까?
- 그 상황을 달리 지각하는 어떤 방법들이 있습니까?
- 어떤 방식(들)으로 그 상황을 지각하는 것이 가용한 사실(들)에 가장 적합할까요?

불충분한 자신감은 어려운 일을 떠맡을 때 큰 문제일 수 있다. 글상자 20.2의 예에서, 알로카는 교장 로저가 있어 운 좋은 교사이다. 좋은 동맹 관계의 맥락에서 로저는 그녀가 잠재적으로 위험한 자동적 지각에 대한 통찰을 얻도록 돕고 있다. 알로카가 자동적 사고를 지속했더라면, 그래서 그것이 그녀에게 실패감을 주고 무엇을 해야 할지 모르게 했다면 그녀는 아마 교직을 그만두었을 것이다. 자신의 자동적 지각을 보다 깊게 들여다본 결과 그녀는 차분해졌을 뿐만 아니라 개선 여지가 있는 것을 포함해 거시적 관점에서 자신의 과업을 조망할 수 있었던 것이다.

　당신은 헬피의 부정확한 자동적 지각을 변화하도록 조력하는 것을 넘어, 정보를 편향된 방식으로 처리하는 경향을 가질 수 있다는 것을 더욱 인식하도록 할 수 있다. 예를 들어 향후 알로카가 위와 비슷한 느낌의 자신감 결여에 직면했을 때, 그녀는 자기 지각의 실재를 검증하기 위해 스스로 질문하는 기술을 사용할 수 있을 것이다. 당신은 또한 헬피가 하나 이상의 정신 기술 영역에서의 생각을 바꾸는 것을 조력할 수 있을 것이다. 예컨대 당신은 알로카가 '난 완벽한 교사여야 한다'와 같은 요구적 규칙에 도전하고 수정하도록 격려할 수 있을 것이다. 나아가 당신은 알로카가 차분한 자기대화와 코칭적 자기대화를 이용하는 법을 배워 자신을 학생들과의 복종적이 아닌 주장적인 의사소통으로 이끌도록 격려할 수 있을 것이다.

활동 20.1 헬피 지각의 실재를 검증하도록 조력하기

파트너와 작업하라. 작업 목표는 헬피의 문제 상황을 보다 잘 관리할 수 있는 하나 혹은 그 이상의 현실적 지각을 창출하도록 하는 것이다. 좋은 동맹 관계의 맥락 속에서 그리고 가능한 화이트보드를 사용해 헬퍼는 다음의 과정을 밟는다.

- 말하기 기술을 사용해. 결론으로 성급히 뛰어들기보다는 현실 검증에 기반한 지각의 중요성을 설명한다.

(계속)

- 시연 기술을 사용한다.
- 헬피와 협동해 상황과 관련해 있을 수 있는 부정확한 자동적 지각을 식별하도록 한다.
- 다음 질문들을 통해 헬피의 자동적 지각의 실재를 검증하도록 조력한다.

  ▸ 당신의 지각에 대한 증거가 어디 있습니까?
  ▸ 그 상황을 달리 지각하는 방법들이 있습니까?
  ▸ 어떤 방식(들)으로 그 상황을 지각하는 것이 가용한 사실들에 가장 적합할까요?

- 과제협상 기술을 사용한다.

그런 뒤 논의하고 역할을 바꿔서 하라. 예행연습 및 실습 회기의 오디오 및 비디오 기록을 다시 보는 것은 배움을 조력할 것이다.

21

과제 협상하기

학습목표
이 장을 공부하고 활동을 해봄으로써 당신은
● 과제의 상이한 형식에 관해 알고
● 헬피의 과제 순응을 높일 수 있으며
● 헬피가 활용할 지지자 및 자원을 식별하는 것을 시작할 수 있어야 한다.

이 장의 주제는 도움 동안 헬피가 헬퍼와 직접 접촉하지 않는 시간을 어떻게 하면 가장 효과적으로 쓸 수 있는가이다. 많은 경우 헬피가 당신을 다시 만나기 전에 착수할 수도 있는 과제 활동에 대해 함께 논의하는 것이 유용하다는 것을 당신은 발견할 것이다. 형식적 상담에서 이 활동은 회기 간 활동(between-session activity)으로 종종 불린다. 여기서 필자는 과제 협상(homework negotiation)이라는 용어를 사용하는데, 그 이유는 도움이 발생하는 장면과 방식이 매우 다양하기 때문이다. 장면에 따라 '과제'라는 단어는 그것의 교육적 내포(connotation) 때문에 숨이 막히거나 부적절한 것으로 간주될 수도 있다. 당신에게 그렇다면 당신에게 가장 잘 작동하는 용어를 사용하라. 편의상 과제 협상에 대한 다음 논의의 상당 부분은 형식적 도움 회기를 가정한다. 따라서 이 가정이 부적절하다면 당신의 특수 상황에 맞도록 각색하라.

과제 협상하기

사고, 의사소통/행위를 향상시키는 방식을 헬피에게 제시하고, 시연하고, 코칭한 후, 당신은 동맹 관계의 맥락에서 관련 과제물을 협상할 수 있다. 과제물에 포함되는 것으로 다음과 같은 것을 들 수 있다.

- 실제 삶에서 변화된 행동 시도하기
- 느낌, 의사소통, 행위에 영향을 주는 정신 기술 개발을 위한 자기모니터링 활동지나 작업지 채우기
- 자조서 읽기
- 오디오나 비디오 기록물 시청하기
- 좋은 의사소통 기술을 가진 사람 관찰하기

과제물을 제시하는 이유는 많다. 학습 과정의 속도를 높이고, 헬피의 변화된 의사소통 및 행위를 모니터하고, 예행연습하고, 실습하도록 격려할 수 있기 때문이다. 나아가 과제 활동은 도움에서 작업된 행동이 실제 삶으로 전이되는 데 도움이 된다. 헬피는 자신의 향상된 행동을 실제 삶의 사태에 적용하는 데 어려움을 종종 경험한다. 이 어려움은 당신이 다음에 헬피를 만났을 때 심도 있게 다루어질 수 있을 것이다. 나아가, 과제물은 헬피가 사고하고, 의사소통하고, 행위하는 방식을 향상시키기 위한 개인적 책무감과 자기통제감을 높일 수 있다.

과제 활동을 부과함에 있어 한 가지 중심적 문제는 헬피가 그것을 실제로 하도록 하는 것이다. 상담사훈련가로서 필자는 훈련생들이 회기가 끝날 무렵 서둘러 과제물을 협상함으로써 헬피의 비순응을 십중팔구 야기할 것 같은 방식을 종종 목도해 왔다. 과제 활동 부여 시 범하기 쉬운 실수에는 다음과 같은 것이 포함된다.

- 과제를 할 수 있는 충분한 시간 남겨두지 않음
- 충분한 헬피 참여를 초대하지 못함
- 애매한 구두 지시
- 헬피가 마땅히 해야 할 것을 명료하게 이해하는지 점검하지 않음

글상자 21.1 과제물에 대한 순응을 높이기 위한 지침

1. 과제물을 줄여라.
2. 헬피 기술 수준에 맞는 작업을 부과하라.
3. 과제물을 관련되고 흥미롭게 만들어라.
4. 헬피와 협력해 학습 과제물을 개발하라.
5. 과제물에 대한 명료한 준거와 요약 안내문을 제공하라.
6. 회기 동안 과제 할당을 시작하라.
7. 과제물의 장벽을 식별하고 문제를 해결하라.
8. 바라는 성과가 아니라, 배움을 강조하라.
9. 관심을 보이고, 다음 약속에서 추적하라.

글상자 21.1에 저명한 미국 인지치료사 Christine Padesky와 Dennis Greenberger 가 추천하는 헬피의 순응을 높이기 위한 지침 목록이 있다.

당신은 자신만의 과제물 형식을 설계할 수 있고, 상황에 따른 맞춤형 안내문을 써 놓을 수 있다. 이렇게 하는 것은 비형식적 도움 맥락을 위한 최선의 혹은 유일한 옵션 일 수도 있다. 글상자 21.2는 과제 서식(form)을 위한 4개의 형식을 제시하는데, 이 는 형식적 도움 회기의 가정에 기초한 것이다. 당신이나 헬피는 과제 안내문을 과제 형식 위 적당한 곳에 써 놓아야 한다. 종이쪽지에 쓰는 것은 일반적으로 만족스럽지 못하다. 헬피가 쓰는 것을 항상 점검해야 하는데, 이는 헬피가 안내문을 제대로 수 령했는지 확인하기 위함이다. 만일 헬피가 모니터링 로그와 같은 형식의 과제를 하 고 싶어 한다면, 당신이 직접 그것을 제공하라. 이 실제는 명료한 안내문을 담보하 고, 로그를 채우기에 앞서 형식을 써야 하는 헬피의 추가적 노력을 아끼게 한다.

때때로 헬피의 의사소통이나 행위 방식을 변화시키는 것은 오랫동안 고착된 헬피 의 습관을 포기할 것을 요구한다. 이 경우 헬피로 하여금 너무 어려운 활동에 너무 빨리 동의하지 않도록 하는 것이 특히 중요할 수 있다. 가능한 곳에서 헬피로 하여금 몇 가지의 초기 성공을 구축해서 기술 습득 작업을 지속하도록 격려하려고 애써라.

어떤 헬피는 노골적으로 적대적이지는 않을지라도 비지지적인 환경으로 회귀한 다. 이 경우, 당신은 향상된 의사소통과 행위를 도움 밖에서 수행하라고 권고하기에

글상자 21.2 과제 서식을 위한 형식

형식 1

과제 서식

도움 회기(들)로부터 최선의 것을 얻기 위해, 다음과 같은 회기 간 활동들에 당신이 참여하시길 권고합니다.

형식 2

따라잡기 위해

도움 회기(들)로부터 최선의 것을 얻기 위해, 당신은 다음과 같은 과업들을 수행하시길 권고합니다.

형식 3

휴대용 용지(take-away sheet)

이 용지를 이용해 (1) 도움으로부터의 당신의 주된 배움들과 (2) 회기 간 활동들을 위한 안내문을 써 놓으세요.

형식 4

학습 계약

차기 도움 회기에 앞서 다음 활동들을 수행하기로 자신과 학습 계약을 맺습니다.

참조 : 필요에 따라 이 글상자 속의 '도움'을 '상담'이라는 단어로 대체하라.

앞서 헬피를 더욱 철저하게 준비시킬 필요가 있을 것이다. 그 준비는 부정적 피드백에 대처하기 위한 전략들을 고안하는 것을 포함할 것이다.

마지막으로, 다음에 만났을 때 과제가 어떻게 되었는지 물을 것이라고 헬피에게 알림으로써 헬피의 진전을 함께 검토한다는 신호를 보내라. 당신이 비통제적이며 비판단적으로 헬피의 과제물 완수 시도에 대해 관심과 지지를 보일 경우 헬피의 동기는 더욱 강화될 것이다.

지지자 및 자원 식별하기

도움 밖 지지자와 자원을 식별할 필요성은 과제 협상의 필요성과 중첩된다. 이 둘 모두 헬피가 도움 밖에서 시간을 잘 사용하는 것을 돕는 데 그 초점이 있다. 당신은 지지자를 식별하고 활용하는 것의 중요성과 비지지적인 사람들과의 접촉을 줄이는 것의 중요성에 대한 헬피의 인식을 고양할 필요가 있을 것이다. 당신은 생각하고, 의사소통하고, 행위하는 방식을 향상시키려는 헬피의 노력을 지지할 수 있는 사람들을 가족적인 분위기의 환경에서 찾도록 도울 수 있다. 예를 들어 음주문제를 가진 헬피는 익명의 알코올중독자모임에 가입하도록 격려할 수 있다. 다른 예로, 빈약한 학습 기술을 가진 대학생은 보다 세련된 에세이를 쓰거나 시험 모범답안 작성과 같은 것을 도와줄 동정적인 강사나 튜터를 찾는 데 도움을 받을 수 있을 것이다. 고용되지 못한 사람은 자신에게 정서적 지지를 해줄 뿐만 아니라 구직 길잡이 역할을 할 수도 있는 친구나 친척에게 접근할 수 있다. 보다 주장적인 의사소통을 위한 구두, 음성, 신체 메시지에 대해 작업하는 여성은 자신과 비슷한 목적을 가진 여성들을 발견할 수도 있는 여성 집단을 찾을 수 있다.

지지에 접근하는 한 가지 역발상적 방법은 비동정적이거나 역효과를 낳는 사람들을 헬피가 식별할 수 있도록 조력하는 것이다. 이때 헬피는 다음과 같은 다양한 선택을 할 수 있다.

- 역효과적인 사람들로 하여금 자신의 변화 노력을 지지는 아닐지라도 수용하도록 하기
- 가능한 그런 사람들을 만나지 않기
- 그런 사람들을 보는 것을 완전히 멈추기

역효과적인 사람들이 헬피의 가족이라면 전적으로 회피하기란 힘들 것이다. 재정적 의존 관계에 있다면 더욱 그럴 것이다. 이 경우, 당신은 손실 통제 전략을 헬피와 함께 논의할 수도 있다. 그러나 헬피는 대체로 자신의 우정과 맴버십 집단인 가족을 선택할 것이며, 이 경우 당신은 헬피가 가족으로 하여금 자신과의 동료 의식을 갖도록 변화시키는 데 조력할 수도 있을 것이다.

당신은 배우자, 교사, 부모, 사회복지사, 감독, 친구와 같은 다양한 측근 목록을 만들 수 있다. 헬퍼의 측근으로서 제삼자를 활용하기 위한 몇 가지 지침에 포함되는

것들에는 헬피의 허가 받기, 적절한 사람 식별하기, 필요한 곳에서 측근이 제 역할을 하도록 훈련시키기가 있다. 제삼자 활용의 예로, 교사에게 수줍어하고 외로운 아동이 수업에 더 참여하는 것을 돕도록 요청할 수 있다.

또한 당신은 헬피의 향상된 사고, 의사소통, 행위의 방식을 습득하고 유지하는 것을 도울 수 있는 자원을 식별하고 활용하도록 조력할 수 있다. 그런 자원에 포함되는 것들로는 워크숍, 단기코스, 자조서 및 자조매뉴얼, 수업용 오디오나 비디오 기록물, 적절한 자원봉사기관, 동료지지 집단과 그 지지망, 핫라인 전화, 위기 정보 아울렛을 들 수 있다.

당신이 함께 작업할 사람들과 가장 관련성이 높은 교육정보자원에 익숙해져라. 그리고 가능한 그런 지지자들과 친분을 쌓아라. 적절한 지지자와 자원에 대한 접근은, 문제 영역에서 사고하고, 의사소통하고, 행위하는 방식을 긍정적으로 변화시키기 위해 한 걸음 한 걸음 내딛어 가는 헬피에게는 큰 힘이 될 것이다.

활동 21.1　과제 협상하기

파트너와 작업하라. 파트너는 보다 잘 의사소통하고 싶은 한 가지 문제 상황을 선택한다. 파트너와 협력해서 개선 여지가 있는 주요 구두, 음성, 신체 메시지를 식별하라. 코칭, 시연, 예행연습 기술의 활용은 당신 파트너의 기술 향상에 도움이 된다. 그리고 나서 파트너가 당신을 다음에 만나기 전까지의 시간(일주일 정도)을 효과적으로 사용할 수 있도록 하나 혹은 그 이상의 과제 활동을 협상하는 방법을 예행연습하고 실습하도록 하라. 파트너의 순응을 높이기 위해 다음 지침들을 따르라.

- 과제 협상을 위한 적절한 시간을 허락하라.
- 회기 간 실습이 중요하다는 생각을 안내하라.
- 과제 활동을 부과하기보다는 협상하라.
- 과제 활동이 현실적인지 확인하라.
- 무엇을 해야 할지 정확히 알고 있는지 확인하라.
- 안내문을 정확히 쓰게 하라.
- 함께 협상해 동의한 과제 활동을 파트너가 수행함에 있어서의 잠재적 어려움을 논의하라.
- 파트너의 진전을 당신과 함께 검토한다는 신호를 보내라.

(계속)

나중에, 당신의 과제협상 기술 활용에 초점을 둔 나누기 및 논의 회기를 가져라. 필요하다면, 당신이 과제협상 유능성을 적당히 확보했다고 생각할 때까지 그 기술을 더 실습하라. 그리고 나서 가능할 경우 역할을 바꿔서 하라.

활동 21.2 지지자와 자원 식별하기

당신이 현재 작업하고 있거나 미래에 함께 작업할 헬피를 위해 다음 질문에 답하라.

1. 어떤 부류의 사람이 헬피의 변화 시도를 지지할 수 있을까?
2. 어떤 부류의 비인간적 자원(예 : 오디오나 비디오 기록물, 자조서)이 헬피의 변화 시도를 지지할 수 있을까?

22

중간 회기 실시하기

학습목표
이 장을 공부하고 활동을 해봄으로써 당신은

● 중간 회기의 네 가지 국면에 대해 알고
● 중간 회기 수행을 시작할 수 있어야 한다.

이 장은 일련의 형식적 도움 회기 수행이 가능한 장면에서 상담 기술을 사용하고 있거나 사용할 것 같은 헬퍼들과 관련된다. 그럼에도 불구하고, 비형식적 상담 접촉이나 다른 주요 역할의 일부로 상담 기술을 사용하는 헬퍼들 또한 이 장에서 가치 있는 어떤 것을 발견할 수 있을 것이다. 이 장의 초점은 초기 회기와 최종 회기 사이에 수행되는 중간 회기에 있다. 다시 말해 다음 검토는 RUC 도움 모형에서 변화를 위한 문제해결 촉진 접근이라기보다는 의사소통/행위/사고 향상 접근과 관련한 중간 회기들을 수행하는 것에 초점을 두고 있다. 그러나 많은 점에서 이 두 접근은 서로 관련되어 있다.

도움 회기는 준비, 출발, 중간, 마무리라는 네 가지 국면을 갖는다. 글상자 22.1은 적어도 한 회기 이상 도움이 지속될 것이라는 가정에 기초해 각 국면을 위한 몇 가지 관련 기술을 목록으로 제시하고 있다.

글상자 22.1 도움 회기의 네 가지 국면과 그 기술의 예

1. **준비 국면(preparing phase)**
   이전 및 차기 회기(들) 성찰
   훈련가, 슈퍼바이저, 동료의 자문 구하기
   표적 의사소통/행위/사고 향상시키는 방법 이해하기
   제때에 도착하기
   공간 마련하기
   헬퍼 자신을 이완시키기

2. **출발 국면(starting phase)**
   만나기, 인사하기, 자리에 앉기
   동맹 관계 재구축하기
   과제 검토하기
   회기 의제 설정하기

3. **중간 국면(middle phase)**
   헬피를 변화 과정에 적극적으로 개입시키기
   코칭, 시연, 예행연습
   헬피의 이해 점검하기
   회기 의제 다듬기
   회기 진전시키기

4. **마무리 국면(ending phase)**
   마무리 시간을 허용하도록 구조화하기
   회기들 검토하기
   과제 협상하기
   후속 접촉 마련하기

준비 국면

도움 회기를 적절히 준비하는 것은 매우 중요하다. 당신은 회기 시간에 일찍 혹은 적어도 정각에 도착하고, 공간이 정리되어 있는지 확인하고, 쓰일지 모르는 기록 장비들을 점검해야 한다. 그리고 필요하다면, 당신 자신을 이완시켜라. 부득이한 경우가 아니면 당신이 충분한 주의를 헬피에게 집중할 준비가 되기 전에 헬피가 면담실로 들어오는 것을 허용하지 말라.

적절한 곳에서 슈퍼바이저, 훈련가, 동료는 당신이 이전 회기를 검토하는 것을 도와 당신이 다음 회기에 어떻게 접근할 것인지에 대한 통찰을 줄 수 있다. 덧붙여, 당신은 자신이 사용할 작정인 어떤 전략들의 내용을 숙지하기 위해 그것들을 수정할 수 있다. 그리고 필요하다면 그것들을 전달하는 연습을 하라. 나아가 당신은 회기 간(between-sessions) 시간에 짬을 내어 유인물이나 과제 등의 문서 자료들을 즉시 쓸 수 있도록 준비되었는지 확인해야 한다. 그러나 회기를 진행하는 동안에는 너무 엄격하지 않아야 한다. 왜냐하면 헬피와의 상의는 좋은 동맹 관계 수립의 일부이기 때문이다.

출발 국면

출발 국면의 세 가지 주요 작업은 동맹 관계 재구축, 과제 검토, 회기 의제 설정이다. 일단 헬피가 편하게 자리 하면 자발적으로 이야기를 시작하는 경우도 가끔 있다. 그러나 대부분의 경우 당신이 오프닝 진술을 할 필요가 있을 것이다. 오프닝 진술의 예들이 글상자 22.2에 제시되어 있다. 필자는 헬피의 행동을 즉각 개선하려 하기보다는 '헬피의 현재 위치'를 점검하면서 시작하는 '부드럽게, 부드럽게 접근(softly, softly approach)'을 옹호한다. 헬피에게 심리적 안정과 공간을 허용해 헬피의 내적 참조틀로부터 중요하다고 선택한 최신 정보들을 당신에게 가져오도록 하라.

헬피와의 동맹 관계를 재구축한 후, 당신은 이전 회기에서 협상한 과제에서 헬피가 어떤 진전이 있었는지 사정하는 데 도움이 되는 추가 정보를 요구할 수 있을 것이다. 만일 당신이 진전을 아직 검토하지 않았다면, 글상자 22.2의 과제 검토 항목에 있는 것과 같은 몇 가지 질문이나 진술을 할 수 있을 것이다. 적절할 때 추가적인 질문들을 통해 헬피의 과제 진행 방식에 대한 당신 자신과 헬피의 이해를 명료화하고 확장하라. 나아가 과제 수행에 의식적으로 몰입할 때 긍정적 변화를 도모할 수 있다는 헬피의 개인적 동인(personal agency)을 인정하도록 격려하라. 이와 관련해 무스타파(32세)의 예를 들어 보려고 한다. 그는 배우자 야스민(31세)에게 보다 공개적으로 애정을 표현하는 기술을 향상시키기 위해 어떤 헬퍼와 작업 중이다. 야스민은 최근 둘 사이가 나아지고 있다고 생각한다고 무스타파에게 말했다. 헬퍼는 무스타파가 자신의 행동을 변화시킴으로써(과거와는 달리 그녀를 사랑한다고 말하고 따뜻하게 키스할 때 뒤로 물러서지 않음) 그녀와의 관계 개선에 기여했다는 것을 인정하도록 격려한다. 무스타파는 이제 자신에게 '나의 자기노출 기술들을 활용해 보다 공개적으로 그녀에 대한 나의 사랑을 말하고 보여줄 때, 나는 그녀와의 관계를 향상시킬 수 있다'고 말할지 모른다.

변화 단계의 각 회기가 시작될 무렵 헬피와 상의해 회기 의제를 설정하라. 그 의제는 모든 회기를 위한 것일 수도 있고 일부 회기를 위한 것일 수도 있다. 예컨대 당신은 헬피와 함께 우선 무엇을 작업할 것인지 결정하고 그런 다음 향후 어떤 작업을 할 것인지와 관련한 또 다른 결정을 할 수 있다. 초기 의제 설정에 대한 논의의 일환으로서 한 영역을 출발 목표로 삼고 그러고 나서 다른 영역으로 이동하는 것에 동의하는 것도 한 가지 대안일 수 있다. 일단 회기 의제가 설정되면 당신은 유연할 필요가 있다. 그래야 회기 도중에 발생하는 여러 사태에 적절히 대응할 수 있다.

회기 의제 설정 시 필자는 헬피들의 바람에 주목하는 것을 특히 좋아한다. 이는 그들의 동기와 몰입을 격려하고 싶기 때문이다. 헬피들의 특정 의사소통이나 사고의 향상이라는 목표로 시작해야 할 어떤 중요한 이유가 있다고 생각되면 필자는 그 이유를 헬피들과 공유한다. 그러나 이와 관련한 의제 결정에서의 최종 발언은 헬피들의 몫으로 남긴다. 글상자 22.2에 중간 회기들이 시작될 무렵 당신이 할 수도 있는 의제 설정 진술의 한 예가 제시되어 있다. 이전 회기에서 이루어진 작업과 협상 과제는 향후 회기(들)를 위한 회기 의제(들)에 큰 영향을 주는 경향이 있다.

글상자 22.2 출발 국면 진술의 몇 가지 예

오프닝 진술

이번 주는 어땠어요?

요새 어떻게 지내고 있습니까?

오늘 어디서부터 시작하고 싶으신가요?

과제 검토하기

과제가 잘 진행되었습니까?

당신의 사고/의사소통의 변화를 시도했을 때 무슨 일이 있었나요?

그런 일들이 그냥 일어난 게 아니죠. 당신이 …를 바꿨으니까(구체화할 것) 그렇게 된 것이지요.

회기 의제 설정하기-헬퍼와 아버지

첫 회기에서 우리는 닉(12살 아들)과 더 잘 지내기 위해 필요한 두 가지 정신 기술 목표를 진술했습니다. 즉 '닉은 엄마에게 절대 무례해선 안 된다'는 당신의 요구적 규칙에 도전해 변화시키고, '닉은 집 주변에서 어떤 것도 하지 않는다'는 당신의 지각을 사정하고 가능하다면 변화시키는 것이었습니다. 우리는 또한 식사 시간에 당신이 닉과 보다 잘 의사소통하는 방식을 위한 구두, 음성, 신체 메시지의 구성 요소를 향상시킬 목표 몇 가지를 말했습니다. 이 중 어떤 것을 우선 다루었으면 하나요?

중간 국면

일단 회기 의제가 설정되면, 헬퍼는 헬피의 하나 혹은 그 이상의 목표 성취를 돕기 위한 전략들을 사용할 수 있다. 중간 국면을 바라보는 한 가지 방식은 그것을 회기의 작업 국면(working phase)으로 보는 것이다. 그러나 필자는 이 작업 국면이라는 용어를 사용해 오지 않았다. 왜냐하면 이 용어는 준비, 출발, 마무리 국면에서 수행한 귀중한 작업을 손상시킬 수도 있기 때문이다.

이미 필자는 헬피의 기술 향상을 도울 때 헬피 중심 코칭의 중요성을 강조했다. 중간 국면에서 특정 기술들을 작업할 때 이루어지는 선택들에 헬피를 참여시켜라. 예컨대 목표로 삼는 구두, 음성, 신체 메시지 개발을 위해 헬피는 얼마나 많은 예행연습을 필요로 하는가에 대해 선택하도록 하는 것이다. 나아가 회기 의제의 상이한 항목으로 이동하고 의제를 적절하게 수정하는 것과 관련해 선택하도록 하라. 회기 소

요 시간과 관련해서도 헬피와 거래하고 타협할 수 있다. 예컨대 하나의 정신 기술이
나 의사소통 기술 영역에서 소비되는 시간을 다른 기술에 가용한 시간을 갖도록 줄
이는 것과 관련해 거래나 타협을 하는 것이다.

너무 빠르지도 너무 늦지도 않은 적절한 속도로 도움회기를 진행하라. 회기를 진
행하다 보면 다음 두 가지 방식에서 실수를 저지를 수 있다. 그 하나는, 당신이 여러
가지 도움 전략을 서둘러 배달함으로써 헬피를 혼란케 하고 회기가 끝난 후 가져갈
것을 헬피에게 거의 남기지 않는 방식이다. 나아가 당신은 헬피에게 자기노출을 요
구하면서 그리고 마음 내키지 않는 속도로 작업하게 하면서 헬피를 과도하게 압박할
지도 모른다.

다른 하나는, 당신이 가시적인 성과를 거의 내지 못한 채 목적 없이 떠도는 '회기
표류(session drift)'를 허용하는 방식이다. 때때로 회기 표류는 관계와 과제 고려사항
간의 균형에서 후자에 치중한 나머지 그 균형이 깨질 때 발생한다. 당신은 지리하고
도 비생산적인 대화를 줄이기 위해 주장 기술을 개발할 필요가 있을지 모른다. 나아
가 당신에게는 점검 후 진행 진술(checking-out and moving-on statement)의 레퍼토
리가 요구된다. 글상자 22.3은 이러한 진술의 예를 제공한다.

책임은 헬피와 공유되어야 하지만 회기 시간이 생산적으로 할당되었는지 여부는
궁극적으로 헬퍼의 책임이다. 향후의 의제 항목을 충분히 다룰 수 있는 시간을 허용
하지 않는 진행 진술을 하지 않도록 유의하라. 일반적으로, 회기가 끝날 무렵 허겁
지겁 서둘러 새로운 영역에 대한 작업을 시작하기보다는 그 영역에 아예 발을 들이
지 않는 것이 최선이다.

글상자 22.3 중간 및 마무리 국면을 위한 진술의 예

중간 국면 진술

지금 작업하고 있는 이 영역에서 더 시간을 쓰고 싶습니까? 아니면 다음으로 나아갈 준비가 되셨습니까?

당신의 _____ (구체화하라)를 변화시키기 위한 작업을 할 만큼 했다고 느껴지는데, 당신 생각은 어때요?

그 상황에서 보다 의사소통을 잘하기 위한 예행연습을 더 하고 싶습니까? 아니면 이젠 잘할 수 있다고 생각하십니까?

마무리 국면 진술

약 10분 이내에 작업을 마쳐야 합니다. 당신이 여기에 다시 오고 싶어 한다고 가정할 때, 다음 만남 전에 당신이 무엇을 할 것인지 잠시 함께 살펴보아야 합니다.

마치기 전에, 우리가 오늘 한 것을 검토하고 다시 만나기 전에 당신이 그것을 어떻게 구축할 수 있는지 함께 살펴보면 좋을 것 같습니다.

마치기 전에, 당신이 가져오고 싶은 어떤 것이 있는지 말씀해주시겠습니까?

마무리 국면

RUC 도움 모형의 변화 단계에는 능숙하게 회기를 마무리하는 것과 관련한 다양한 작업이 있다. 헬퍼는 중간 국면에서 진행 중인 어떤 표적 기술에 대한 작업을 끝낼 필요가 있다. 당신은 자신이나 헬피가 회기를 검토하길 바랄 것이다. 만일 헬피가 이미 회기를 검토하지 않았다면, 이는 헬피의 주요 배움을 글로 쓰는 기회로 활용될 수도 있다. 덧붙이자면, 헬피가 착수할 어떤 과제를 협상하고 명료화할 수 있는 충분한 시간을 남겨두어라. 나아가 차기 회기 배열(arrangement)에 관해서 논의하고 명료화하라.

　마무리 국면의 작업을 적절히 수행할 수 있는 시간을 허용하기 위해 조기 구조화 진술(early structuring statement)을 하는 것이 좋은 생각인 경우가 종종 있다. 이 진술을 통해 회기의 중간 국면에서 마무리 국면으로 매끄럽게 전환할 수 있을 것이다. 당신은 45분의 한 회기를 마치기 전 약 5~10분 정도 이 진술을 할 수 있다. 글상자 22.3에 있는 처음 두 가지 마무리 진술은 이와 관련해 당신이 할 수 있는 진술의 예다.

때때로 회기 검토는 헬피가 회기에서 배운 바를 명료화하고 견고히 하는 것을 돕는다. 그러나 회기 검토가 항상 필요한 것은 아니며, 특히 당신이 회기 동안 철저하게 작업했다면 더욱 그렇다. 나아가 과제를 협상할 때 당신은 어떤 식으로든 회기 검토와 동일한 맥락의 작업을 헬피에게 요구할 수도 있을 것이다.

앞 장에서 필자는 과제 활동 수행에 대한 헬피의 순응을 높이는 몇 가지 방법을 언급했다. 사족이 될지 모르나 강조의 의미로 그 방법에 포함되는 것들을 제시하면 다음과 같다.

- 과제 활동을 부과하기보다는 협상하기
- 변화된 생각과 의사소통을 실행하는 방법을 헬피가 명료하게 알고 있는지 점검하기
- 활동 안내서와 요점 쓰도록 하기
- 활동 수행에 있어 예견되는 헬피의 어려움 논의하기

회기를 마무리하면서 당신은 또한 헬피가 어떤 미완의 일, 의문, 특히 언급하고 싶은 어떤 것이 있는지 점검할지 모른다. 어떤 헬퍼들은 헬피들이 회기를 어떻게 경험했는지 그리고 나누고 싶은 어떤 피드백을 가지고 있는지 점검하길 좋아한다. 마지막으로, 당신은 헬피와 다음에 만날지 여부와 언제 만날지에 대한 약속을 분명히 하라. 또한 취약한 '위기의' 헬피에게 어떤 상황하에서 그리고 회기 간 시간에 당신과 어떻게 접촉할 것인지에 대해 말해주는 것이 바람직할 것이다.

활동 22.1 중간 회기 수행 실습

파트너와 작업하라. 당신은 헬퍼. 파트너는 헬피 역을 한다. 헬피는 자신과 관련된 문제 상황 하나를 고른다. 당신은 초기 한 회기를 수행했고 RUC 도움 모형의 처음 두 단계(관계 및 이해 단계)를 완수했다고 가정하라. 나아가 당신은 변화 단계 동안 헬피가 향상시킬 여지가 있는(향후 한 회기 이상 동안 지속될 것 같은) 최소 한 가지의 의사소통/행위나 생각을 함께 식별했다고 가정

(계속)

하라. 이것은 실제 중간 회기가 아니기 때문에 당신과 헬피 각각은 어떻게 하면 최선을 다해 자기 역할을 할 수 있는지 논의할 필요가 있을 것이다.

그러고 나서 다음 네 가지 국면으로 구성된 중간 도움회기를 수행하라.

- 준비 국면(이 국면에는 당신과 파트너 각각의 역할과 관련된 이슈를 심도 있게 다루는 것이 포함될 수도 있다)
- 출발 국면
- 중간 국면
- 마무리 국면

나중에 나누기 및 피드백 논의를 가져라. 그러고 나서 적절하다면 역할을 바꿔 위 활동들을 하라. 오디오나 비디오 기록을 활용하고 다시 보는 것은 이 활동들에 가치를 더할 것이다.

23

도움 종결하기

학습목표
이 장을 공부하고 활동을 해봄으로써 당신은

• 도움 종결 시점과 관련한 고려사항들에 대해 알고

• 도움 종결을 위한 몇 가지 상이한 형식을 가지며

• 헬피의 변화 유지를 돕는 방법 몇 가지를 배워야 한다.

이 장은 도움 종결 및 최종회기(들)을 수행하는 것과 관련한 이슈들을 다룬다. 앞의 22장과 마찬가지로 이 장은 헬퍼가 3개 이상의 일련의 회기에 걸쳐 헬피와 작업할 기회를 갖는다는 가정에 주로 기초하고 있다. 다시 말하지만, 만일 이 가정이 당신의 접촉 속성과 다를지라도 다음 논의로부터 귀중한 어떤 것을 당신이 얻을 수 있기를 희망한다.

언제 종결할 것인가

RUC 도움 모형에서 헬퍼는 도움 과정을 언제 끝내는가? 때때로 헬피는 헬퍼의 생각으론 종결할 준비가 되지 않았는데도 스스로 끝내버린다. 이는 헬퍼-헬피가 서로 맞지 않거나 헬퍼가 보여줬던 기술이 헬피를 다시 도움에 오도록 하기에는 부족했기 때문일 수 있다. 그러나 다른 이유들도 있을 수 있다. 비록 헬피가 헬퍼와의 회기가 가치 있다는 것을 발견했지만, 헬피 혼자서도 계속할 수 있다고 생각하기도 한다. 직업 변화나 질병과 같은 외적 환경 때문에 중단될 때도 있다. 어떤 헬피는 단지 변해야 한다는 생각에 그리고 자신이 도움 속에 있다는 생각에 저항할 수도 있다.

문제 상황은 그 자체의 시간 틀(time frame)을 가지고 있어 어떤 사건이 마무리되었을 때 비로소 그 상황도 종료된다. 비형식적 도움 접촉은 헬피가 병원이나 범죄청소년 거주시설과 같은 장면을 떠날 때 끝날 것이다. 이와 달리 문제해결 촉진 접근이나 의사소통/행위 및 사고 향상 접근에서의 도움은 헬피가 RUC 도움 모형의 세 번째 단계까지 충분히 진전했을 때 끝날 것이다. 지속 회기 수를 규정한 계약대로 도움이 끝나는 경우도 있다.

다음은 당신과 헬피가 회기 종결 시기를 검토할 때 활용할 수 있는 네 가지 주요 정보원이다.

- 헬피 자신의 느낌과 진전에 대한 보고 : 이와 관련한 질문으로 "당신은 진전에 기뻐하고 더 잘 대처할 수 있다고 느끼나요?"라고 물을 수 있다.
- 헬피의 진전에 대한 당신의 관찰
- 헬피의 삶에서 중요한 타자인 배우자, 상사, 동료로부터의 피드백 : 때때로 이 피드백은 헬피에게 직접 간 다음 당신에게 전달된다.
- 측정 가능한 목표를 헬피가 성취한 증거 : 예컨대 이전에 갈등을 경험했던 엄마와 아들의 경우이다. 이 둘의 보고에 따르면, 아들은 약속대로 잔디를 깎고, 엄마는 매일 적어도 한 번 이상 사랑과 감사를 표현하면서 일주일 동안 매일 10분의 '행복한 대화'를 가진다.

도움 종결 형식

헬퍼와 헬피가 언제 끝낼 것인가를 놓고 제한적인 선택을 가질 때가 있다. 이런 경우에 포함되는 예들을 들자면 마을을 떠날 때, 도움 기한이 끝날 때, 중요한 시험이나 이혼 공판과 같은 임박한 특정 상황에서 보다 심도 있는 도움을 구해야 할 때가 있다. 이러한 경우들을 제외하고 종결 시점에 대한 선택의 폭은 대체로 넓다. 다음은 회기 종결을 위한 몇 개의 가능한 형식이다.

- 고정 종결(fixed-ending) : 당신과 헬피는 이를테면 하나 혹은 그 이상의 문제나 문제의 기술 영역에서 8회기의 작업을 한다는 계약을 맺을 수 있다. 고정 종결의 장점은 헬피의 의존 기회를 줄이고 동기를 부여할 수 있다는 것이다. 잠재적 단점은 문제의 포괄 범위를 제한하고 특정 기술 향상을 위한 훈련이 철저하게 이루어지지 않을 수도 있다는 것이다.

- 목표 성취 시의 개방 종결(open ending when goals are attained) : 이 형식은 헬피가 자신의 주요 목표 성취에 충분한 진보를 이루어냈다는 것을 당신과 함께 동의할 때 도움을 끝내는 것이다. 목표에 포함되는 것들로는 특정 문제를 보다 잘 관리하고, 현재와 미래의 문제를 심도 있게 다루기 위한 향상된 기술 개발을 들 수 있다.

- 용암 종결(faded ending) : 영화나 TV 화면이 점차 흐릿해지듯 도움 조력의 철수가 점진적으로 이루어지는 형식이다. 예컨대 매주 만나는 대신 격주나 격월로 최종회기(들)을 수행할 수 있다.

- 부스터[11] 회기 종결(ending with booster session) : 예컨대 석 달 후에 이루어지는 부스터 회기는 헬피에게 새로운 기술을 가르치기 위한 것이 아니라 진전을 점검하기 위한 것이다. 다시 말해 헬피로 하여금 자신의 기술을 견고히 하고 스스로 동기를 부여하고 있는지 점검하는 것이다. 이 종결 방식은 또한 헬피가 훈련받은 기술을 가정환경으로 가져가 활용하는 데 있어 어려움을 극복하도록 돕는다.

- 추후 접촉 계획 종결(scheduling follow-up contact after ending) : 당신은 도움 종결 후 전화, 우편, 이메일 서신 교환을 계획할 수 있다. 이런 교환은 부분적으로 부스터 회기의 기능을 한다.

---

11 역주 : (전기) 수신된 텔레비전 방송을 증폭하기 위하여 안테나와 텔레비전 수상기 사이에 설치하는 무선 주파수 증폭기. (항공) 로켓, 인공위성 따위가 궤도나 비행 선상에 도달하는 데 필요한 속도와 방향을 줄 때 쓰는 보조 추진 장치

변화 유지 조력하기

문제 상황에서의 변화를 유지하는 것을 둘러싼 이슈는 최종회기(들)에만 맡겨선 안 된다. 당신은 도움 동안에도 헬피의 변화 유지를 조력할 수 있다. 즉 헬피가 개발할 필요가 있는 주요 정신 및 의사소통/행위 기술을 식별하기, 철저하게 훈련시키기, 회기에서 배운 것을 도움 밖 문제 상황으로 전이하도록 돕는 관련 숙제 협상하기를 통해 변화 유지를 조력할 수 있다.

　도움 동안 당신은 도움의 유한성을 시사하는 진술을 할지 모른다. 예를 들면 도움 종결 시 사용할 목적의 기술 향상을 위한 숙제의 유용성과 관련한 코멘트 같은 것이다. 이런 코멘트는 헬피가 실제 회기 시간은 물론 회기 간 시간을 최대로 활용하는 데 도움이 될 수 있다. 당신은 또한 도움이 끝에 이르렀다는 것을 명확히 신호하는 한 가지 이상의 전환 진술(transition statement)과 함께 어떤 종결 주제를 소개할 수 있다. 글상자 23.1은 전환 진술의 예들을 제공한다.

　도움 종결에 있어서의 주요 작업은 내담자가 배운 것을 굳혀서 차후에 스스로 지속적으로 돕는 것을 조력하는 것이다. 굳히기를 강화하는 한 가지 방법은 미래의 문제 상황들과 대처하기 위해 배운 핵심적인 것들을 당신이나 헬피가 요약하는 것이다. 덧붙여, 어려움과 후퇴를 예상하는 데 시간을 들이고 그것들에 대처하기 위한

글상자 23.1　도움 종결을 위한 전환 진술의 예

몇 회기 남지 않았습니다. 우리는 함께 이번 회기를 위한 한 가지 의제에 대해 논의해야 하지만, 남은 시간을 가장 잘 보내는 방법에 대해서도 생각해야 합니다.

다음 회기는 최종회기입니다. 당신의 문제를 관리하기 위한 향상된 기술들을 보유하고 축적하도록 돕는 방법에 대해 우리가 논의하면서 잠시 시간을 써도 되겠습니까?

이 최종회기의 주요 의제는 당신이 여기서 배운 기술들을 차후에 사용하도록 돕는 방법이 되어야 할 것입니다. 예를 들어 당신이 얼마나 변했고, 개선의 여지가 여전히 있는지, 그것에 대해 당신이 어떻게 할 것인지를 함께 검토할 수 있습니다. 그리고 당신이 예상하는 어떤 어려운 상황들과 대처하는 방법들을 계획할 수 있습니다.

전략들을 함께 개발할 수 있다. 이런 전략들 중 일부는 의사소통에 초점이 맞춰질 수도 있다. 예컨대 어떤 힘든 문제 상황을 보다 잘 다루려는 시도를 여러 차례 하는 동안 지지를 구하는 방법과 같은 것이다.

당신은 헬피의 실수가 회수될 수 있으며 그런 실수에는 항상 배움이 있다는 것을 이해하는 것이 중요하다고 강조할 수 있다. 헬피와 함께 당신은 작은 실수를 회수하고 그것을 상기 카드에 써놓기 위한 적절한 자기대화 진술을 개발할 수 있다. 나아가 당신은 과정적 성공(process success)과 성과적 성공(output success)의 차이를 식별하도록 함으로써 헬피의 좌절을 예방할 수 있다. 헬피가 비록 어떤 상황에서 좋은 기술을 사용했지만(과정적 성공) 바라는 바를 얻지 못할 수도 있다(성과적 성공)는 것을 식별케 하는 것이다. 바라는 바를 얻지 못함이 헬피가 지금까지 유능하게 수행했고 미래에도 그렇게 할 수 있다는 사실을 부정하지 않는다.

또한 당신은 적절한 곳에서 '변화는 쉬워야 한다', '변화 유지를 위해 노력할 필요가 없다'는 헬피의 요구적 규칙에 도전할 수 있다. 변화하기와 변화 유지하기는 노력, 연습, 장애물 극복이 수반된다는 것을 강조하면서 헬피의 요구적 규칙을 선호적 규칙으로 대체하도록 격려하라. 또한 당신은 능력이 닿는 한 최선을 다해 문제 상황과 지속적으로 대처한다는 헬피의 개인적 책무성을 강조할 수 있다.

때때로 당신은 헬피와 함께 지속적인 지지를 위한 도움회기 배치를 탐색하는 것이 바람직하다. 그러한 지지 형식의 예들로, 지지하는 사람들을 식별하고 활용하기, 다른 헬퍼에게 의뢰하기, 도움 집단이나 훈련 과정에 참여하기, 자조 독서, 자조 오디오나 비디오 기록물 시청을 들 수 있다. 덧붙여, 앞에서 언급한 바와 같이 당신은 회기 검토 및 부스터 회기를 제공할 수 있다.

추가적인 도움 종결 작업과 기술

향상된 행동 굳히기라는 주요 작업에 덧붙여, 도움 종결 시 해야 할 여타의 작업들이 있다. 헬퍼의 작업 방식은 도움의 길이, 헬피의 문제나 문제가 되는 기술의 속성,

헬퍼-헬피 관계에 따라 다양하다.

느낌 다루기

도움 회기 종결에 대한 헬피의 느낌은 두 범주로 대별된다. 즉 헬퍼 없이 어떻게 해 나갈 것인지에 대한 느낌과 헬퍼와 도움 과정을 향한 느낌이다. 종종 헬피들은 도움 후 어떻게 대처할 것인가에 대해 양가감정을 갖는다. 한편으로는, 보다 유능해졌다고 느끼면서도 다른 한편으로는 기술 실행 능력에 대한 의구심을 여전히 갖는다. 당신은 헬피의 미래에 대한 느낌을 공개적으로 논의하도록 촉진할 수 있다. 어떻게 하면 배운 기술을 가장 잘 유지할 것인가를 검토하는 것 또한 그러한 의구심을 심도 있게 다루는 데 도움이 된다. 이런 의구심을 갖지 않는 헬피들은 스스로 대처할 수 있다는 자신감을 가질 것이며, 이는 작업이 잘 되었다는 희망적인 신호이다.

당신과의 접촉에 대한 헬피의 느낌을 공유하는 기회를 허용하라. 당신이 어땠는지에 대한 귀중한 피드백을 얻을 수 있을 뿐만 아니라 도움 과정의 상이한 측면에 대한 헬피의 반응을 확인할 수 있을 것이다. 당신은 자신의 느낌 일부를 헬피와 공유함으로써 도움 종결을 인간화할 수 있을 것이다. 예를 들면 "당신과의 작업이 즐거웠습니다.", "상황에 직면하는 당신의 용기에 감탄합니다.", "당신의 진전에 기쁩니다."와 같이 말하는 것이다.

윤리적으로 도움 종결하기

도움을 종결하면서 유념해야 할 점은 비즈니스처럼 그러나 여전히 친절한 방식으로, 그리고 개인적 관계라기보다는 전문적 관계에 걸맞게 안녕이라고 말하는 것을 목표로 하라는 것이다. 어물어물 도움을 종결하는 것은 헬피의 기술 유지 조력에 끼친 당신의 영향력이 헛수고가 될 수도 있다.

회기 종결을 둘러싼 중요한 윤리적 이슈가 많다. 예를 들어 당신은 도움 후의 헬피에 대한 자신의 책무성을 끝까지 생각할 필요가 있다. 과도한 지지는 의존성을 불러일으키고, 과소한 지지는 '전문적' 임무 수행에 실패한 것일지 모른다. 모든 도움은 그 공과(功過)에 비추어 판단되어야 한다. 또 하나의 윤리적 이슈는, 도움이 종결되었지만 추가적으로 작업할 필요가 있다고 생각되는 문제를 헬피가 가지고 있을 때 당신은 무엇을 해야만 하는가이다. 필자의 경우 요령껏 헬피 스스로 그런 문제를 인식하도록 자극한다.

추가적으로, 개인적 관계와 전문적 관계 간 경계를 둘러싼 많은 윤리적 이슈가 있다. 전문학회 대부분은 상담 및 도움 서비스 제공에 대한 윤리 강령을 가지고 있다. 동움 종결 시 자신의 개인적·전문적 전선을 헬피에게 드리우는 헬퍼는 비윤리적으로 행동하고 있을 뿐만 아니라, 향후 발생한 헬피의 요구를 조력하는 것을 더욱 어렵게 할 수 있다.

상담 기술 평가하기

도움을 종결할 때, 당신은 자신의 상담 기술을 평가하기 위한 많은 정보원을 가지고 있다. 이런 정보원에는 다음과 같은 것들이 있다.

- 헬피의 회기 참석률
- 헬피의 의도적이거나 비의도적인 피드백
- 진전에 대한 헬피의 지각
- 회기 노트, 도움회기에 대한 오디오나 비디오 기록물
- 과제 수행에 대한 헬피의 순응과 성공
- 슈퍼바이저와 같은 제삼자로부터의 피드백

당신은 헬피와 함께 정규 접촉 직후에 자신의 작업에 대해 최종 평가를 할 수 있다. 이를 위해 "어느 정도까지 도움은 헬피 문제를 더 잘 관리했고 그 기술을 향상시켰는가?", "RUC 모형의 각 단계를 위한 기술들을 나는 얼마나 잘 사용했는가?"와 같이 질문할 수 있을 것이다. 너무 오랫동안 당신 자신에 대한 평가를 미루는 것은 자신에 대한 귀중한 정보를 망각할 위험이 있다. 당신의 상담 기술을 평가할 때, 당신 성격 특성상의 어떤 지각 오류들을 인식하라. 예컨대 당신은 자신에 대해 너무 엄격하거나 너무 관대할지 모른다. 당신이 추구할 것은 당신의 미래 작업을 안내할

당신의 좋은 기술들과 빈약한 기술들에 대한 균형 잡힌 평가이다.

활동 23.1 도움 종결 시 고려사항

1. 도움을 끝내야만 할 때 고려해야 할 다음 각 사항의 중요성과 타당성을 비판적으로 논의하라.
   - 헬피의 자기보고
   - 헬퍼 관찰
   - 제삼자 피드백
   - 측정 가능한 목표 성취
   - 위에 언급되지 않은 다른 요인들

2. 도움 종결을 위한 다음 각 형식의 장단점을 비판적으로 논의하라.
   - 초기 회기에서 결정된 고정 종결
   - 헬피와 헬퍼 간에 협상된 개방 종결

3. 헬피의 향상된 행동 유지를 돕기 위한 다음 각 방식의 가치를 비판적으로 논의하라.
   - 주요 배움 요약하기
   - 어려움과 후퇴 예상하기와 이를 다루기 위한 전략 개발하기
   - 도움 후 헬피가 효과적으로 생각할 수 있는 방식에 초점 맞추기
   - 지속적인 지지를 위한 배치 탐색하기
   - 위에 언급되지 않은 다른 방식들

활동 23.2 일련의 도움회기 종결하기

앞 장의 활동 22.1에서 당신과 함께 활동했던 파트너와 작업하라. 다시 파트너 A는 헬퍼 역할, 파트너 B는 헬피 역할을 한다. 활동 22.1에서 작업했던 문제 상황을 위해, 당신은 이제 RUC 모형의 마지막 변화 단계에서의 최종회기를 수행한다고 가정하라. 다음에 초점을 두고 최종 도움회기의 전부 혹은 일부를 수행하라.

- 헬피의 변화 유지 조력하기
- 도움을 매끄럽게 종결하기
- 작별인사하기

나중에 나누기 및 피드백 회기를 가져라. 그러고 나서 적절하다면 역할을 바꾸어 위 활동을 다시 하라.

오디오나 비디오 기록을 사용하고 되돌려보는 것은 활동에 가치를 더할 것이다.

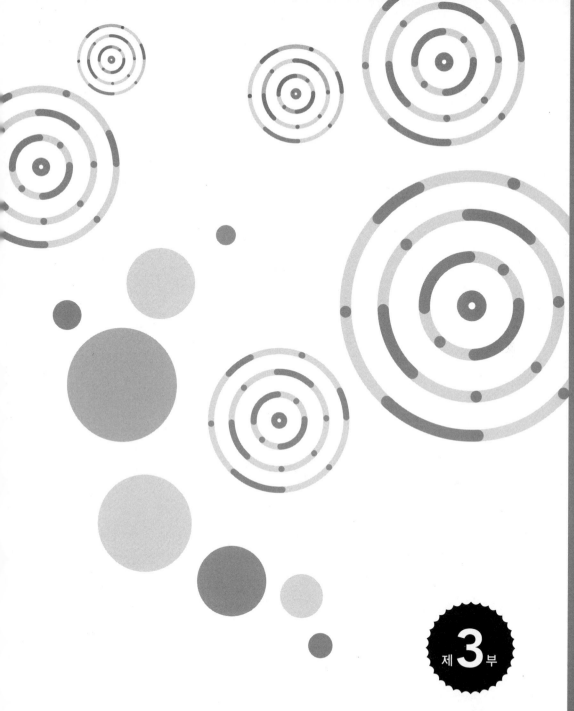

제 **3** 부

추가적인 고려사항

FURTHER CONSIDERATIONS

제3부 추가적인 고려사항

이완 안내

이 장은 헬피의 근육 및 정신 이완 기술 훈련에 대한 안내이다. 당신이 헬피와 함께 이 기술들을 사용하지 않는다면 다음 장으로 건너뛰어도 좋다. 헬피는 분노, 불안과 같은 느낌을 관리하기 위해 그리고 긴장성 두통, 고혈압, 불편함과 같은 문제를 다루기 위해 이완 기술을 사용할 수 있을 것이다. 이완 기술은 단독으로 혹은 보다 복잡한 절차의 일부로 사용될 수 있다.

점진적 근육이완

헬피를 훈련시키는 물리적 장면은 이완에 도움이 되어야 한다. 분규적 소음이 없고, 쉬기에 편한 실내 장식, 약간 흐릿한 조명이면 좋다. 헬피는 안락의자나 매트리스 위에서 혹은 최소한 머리받침이 있는 편안한 등받이 의자에서 긴장을 풀 수 있다.

처음부터 당신은 일상생활에 유용한 기술로서 헬피에게 이완을 가르칠 수 있다. 나아가 헬피는 이완 학습의 성공은 다른 어떤 기술 학습과 마찬가지로 연습을 필요로 하며 이완 과제는 필수적이라는 것을 이해해야 한다. 이완을 시작하기 전, 당신은 면담을 하는 동안이나 이완 과제를 할 때 느슨하면서도 몸에 맞는 편안한 옷을 입고 안경, 신발과 같은 물건은 벗는 것이 도움이 된다고 헬피에게 말하는 것이 좋다.

근육이완 훈련에는 각각의 근군(muscle group)을 위한 일련의 안내문이 있다. 당신은 각 근군을 위한 5단계의 긴장 이완 사이클을 밟는다. 그 단계는 다음과 같다.

1. 특정 근군에 주의를 집중시켜라.

2. 근군을 긴장시켜라.

3. 그대로 있어라(5~7초 동안 긴장 유지).

4. 근군의 긴장을 방출하라.

5. 이완하라(긴장을 늦추고 여러 근군을 이완시키면서 20~30초 소비).

헬피는 이와 같은 집중-긴장-유지-방출-이완(focus-tense-hold-release-relax) 사이클을 배워 자신의 과제에 적용할 수도 있다. 당신은 기본적인 긴장-이완 사이클에 대해 설명한 후, 당신의 오른손과 오른 팔뚝과 관련해 그 사이클을 밟아 나가면서 헬피도 똑같이 따라 하도록 함으로써 긴장-이완 사이클을 시연할 수 있다. 예컨대 다음과 같이 하는 것이다.

① 저와 똑같이 하시기 바랍니다… 제가 제 오른손과 오른 팔뚝에 모든 주의를 집중시키는 중입니다.

② 제 오른 주먹을 꽉 움켜쥐는 중입니다. 그리고 제 오른팔 아래 근육들을 긴장시키는 중입니다.

③ 주먹을 계속해서 꽉 쥐고 있으며 팔 아래 근육들도 계속 긴장시키고 있습니다.

④ 이제 주먹을 펴고 팔 아래 근육들의 긴장을 가능한 빨리 풉니다.

⑤ 제 오른손과 오른팔을 이완시키고 있습니다. 긴장을 더 멀리, 더 멀리 보내면서 근육들을 더욱 이완시킵니다.

마지막 이완 국면 ⑤는 대개 30~60초 지속되면서 '긴장이 후두둑 떨어지는 소리'

가 빈번히 수반된다. 다시 말해 긴장을 놓아주면서 점점 더 깊은 느낌을 인식하고 경험하게 되는 것이다. 이와 같은 오른손과 앞팔과 관련한 긴장-이완 사이클을 처음 경험해 익숙지 않은 헬피도 있을 것이다. 그럴 경우 이 사이클을 다시 경험하도록 안내할 수 있다.

그리고 나서 당신은 필요에 따라 시연을 통해 헬피를 다양한 근군으로 데려가 이러한 경험을 하도록 할 수 있다. 글상자 24.1에 16개의 근군과 이와 관련한 긴장 안내문이 제시되어 있다. 대개 양팔부터 시작하는 경향이 있는데, 이는 양팔 시연이 비교적 쉽기 때문에 그렇다. 대부분의 헬피에게 있어 얼굴 부위를 이완하는 것이 특히 중요한데, 그 이유는 가장 두드러진 불안 억제 효과는 대개 거기에서 얻어지기 때문이다.

헬피가 다양한 근군을 긴장시키는 법을 일단 배우면, 당신은 헬피가 이완 훈련 및 연습을 하는 동안 두 눈을 계속 감고 있으라고 안내한다. 이완 회기가 끝날 무렵, 당신은 "자, 오늘 당신의 이완은 어땠나요?"라고 물으면서 헬피의 이완에 대해 요약하도록 하고, 어떤 이슈가 발생할 경우 그것에 대해 논의할 수 있다. 이완 회기는 5에서 1까지 카운트다운 해서 끝날 수 있으며, 1에 이를 때 헬피에게 마치 평화로운 잠에서 깨어나듯 유쾌하게 이완되어 깨어나라고 주문한다.

나아가 당신은 초기 이완 회기가 끝날 무렵 연습의 중요성을 강조하며 헬피에게 매일 1~2분 동안 근육이완 연습이라는 과제를 줄 수도 있다. 당신은 헬피가 조용한 장소를 찾는 것과 같이 연습할 때 예상되는 장벽에 대해 묻고 양질의 과제 수행을 담보하기 위한 전략들을 개발하도록 도와야 한다. 또한 헬피가 과제를 위해 가지고 갈 수 있도록 이완 안내문을 기록하게 하거나 기존의 이완 훈련 기록물을 추천할 수도 있다. 자신의 이완 훈련을 상세히 기록하는 사람이 그것을 지속할 가능성이 더 높다는 증거도 있다. 따라서 헬피에게 이완과제 모니터를 위한 로그(log)를 제공하는 것이 도움이 될 것이다.

글상자 24.1 이완 훈련 근군과 긴장 안내문

근군	긴장 안내문*
오른손과 팔	오른쪽 주먹을 꽉 쥐고 팔 아랫부분의 근육들을 긴장시키세요.
오른팔 이두박근	오른쪽 팔꿈치를 구부리고, 오른팔 윗부분의 근육들을 긴장시켜 이두박근을 수축시키세요.
왼손과 팔	왼쪽 주먹을 꽉 쥐고 팔 아랫부분의 근육들을 긴장시키세요.
왼팔 이두박근	왼쪽 팔꿈치를 구부리고, 왼팔 윗부분의 근육들을 긴장시켜 이두박근을 수축시키세요.
이마	가능한 높이 두 눈썹을 치켜올리세요.
눈, 코, 위쪽 뺨	두 눈을 쥐어짜듯 감고 코에 주름이 생기게 하세요.
턱, 아래쪽 뺨	이빨을 꽉 물고 양쪽 입가를 뒤로 세게 당기세요.
목, 목구멍	턱을 가슴 쪽으로 단단히 당기되 가슴에는 닿지 않게 하세요.
가슴, 어깨	양쪽 어깨뼈를 가슴 쪽으로 당기고 깊게 호흡하세요.
복부	누군가 당신 복근을 금방이라도 칠 것 같은 상상을 하며 복근을 단단히 하세요.
오른쪽 허벅지	오른쪽 허벅지 윗부분의 근육은 아래로, 아랫부분의 근육은 위로 밀착시키면서 허벅지를 긴장시키세요.
오른쪽 골반	오른쪽 다리를 벌리고 발가락들을 머리 쪽으로 당기세요.
오른발	오른쪽 발가락들을 안쪽으로 향하게 구부리고 당기세요.
왼쪽 허벅지	왼쪽 허벅지 윗부분의 근육은 아래로, 아랫부분의 근육은 위로 밀착시키면서 허벅지를 긴장시키세요.
왼쪽 골반	왼쪽 다리를 벌리고 발가락들을 머리 쪽으로 당기세요.
왼발	왼쪽 발가락들을 안쪽으로 향하게 구부리고 당기세요.

* 왼손잡이 사람인 경우, 신체 왼쪽 부위를 위한 긴장 안내문들은 오른손잡이 사람의 긴장 안내문들보다 앞에 와야 한다.

단기 근육이완

단기 근육이완 기술은 앞의 16개 근군 이완 절차보다 적은 시간과 노력으로 깊은 이완을 유도하는 것을 목표로 한다. 헬피가 점진적 근육이완에 충분히 능숙해질 때 당신은 단기 근육이완 기술들을 소개할 수 있다. 이 기술들은 도움회기는 물론 일상생활에서도 유용하게 쓸 수 있다. 단기 근육이완 기술의 예로 순차적 단기 이완과 동시적 단기 이완을 들 수 있다.

순차적 단기 이완

여기서 당신은 우선 헬피에게 이완 기술을 가르친 후, 헬피 스스로 다음과 같은 안내문에 따라 수행하도록 할 수 있다. 이 수행은 4개의 복합 근군을 차례로 긴장시키고 이완하는 데 초점이 있다.

> 제가 둘을 한 단위로 열까지 셀 것입니다. 그리고 단위마다 한 가지 근군을 긴장시키고 이완하도록 안내할 것입니다.
>
> 하나, 둘… 양다리와 양발에 집중하고 그 근육들을 느끼세요… 5초 동안 그것들을 긴장시키고 그대로 유지하세요… 방출하세요… 양다리와 양발로부터 흐르는 긴장의 감각들을 이완시키고 즐기세요.
>
> 셋, 넷… 깊게 호흡하시고, 복부, 가슴, 어깨의 근육들에 집중하세요… 5초 동안 그것들을 긴장시키고 그대로 유지하세요.
>
> 다섯, 여섯… 목, 얼굴, 머리의 근육들에 집중하세요… 5초 동안 그것들을 긴장시키고 그대로 유지하세요… 방출하세요… 목, 얼굴, 머리로부터 흐르는 긴장의 감각들을 이완시키고 즐기세요.
>
> 일곱, 여덟… 양팔과 양손 근육들에 집중하세요… 5초 동안 그것들을 긴장시키고 그대로 유지하세요… 방출하세요… 양팔, 양손으로부터 흐르는 긴장의 감각들을 이완시키고 즐기세요.
>
> 아홉, 열… 당신 몸의 모든 근육들에 집중하세요… 5초 동안 그것들을 동시에 긴장시키고 5초 동안 그대로 유지하세요… 방출하세요… 당신의 이완이 점점 더 깊이… 더 깊이… 더 깊이 이루어지면서 당신의 온몸을 떠나는 긴장의 감각들을 이완시키고 즐기세요.

동시적 단기 이완

바로 앞 안내문의 끝 부분처럼, 헬피가 모든 근육 집단을 동시에 긴장하도록 다음과 같이 안내할 수 있다.

> 제가 신호하면, 두 눈을 아주 단단히 감고, 깊게 호흡하고, 동시에 양팔 근육, 얼굴
> 과 목과 목구멍의 근육들, 어깨와 가슴과 복부의 근육들, 양다리와 양발의 근육들
> 을 동시에 긴장시키세요. 이제 깊게 호흡하시고, 온몸의 근육들을 긴장시키세요…
> 5초 동안 그대로 유지하세요… 이제 방출하시고 가능한 깊이 이완하세요.

정신 이완

당신은 헬피의 이완된 느낌에 전도성(傳導性, conductivity)이 있는 한 가지나 그 이
상의 기분 좋은 장면을 식별하도록 도울 수 있다. 종종 헬피는 점진적 근육이완 끝
에서 평온한 장면을 시각화한다. 다음은 헬피에게 정신적으로 이완되도록 안내하는
한 헬퍼의 예이다.

> 당신은 쾌적하고 맑은 날, 당신 몸에 따뜻한 감각들을 즐기면서 아무도 없는 어느
> 해안에 누워 있습니다. 부드러운 바람이 붑니다. 해안을 향해 꾸준히 찰랑거리는
> 바다의 평화로운 소리를 듣습니다. 세상 근심 걱정 하나 없습니다. 평화와 고요함,
> 평화와 고요함, 평화와 고요함의 느낌들과 이완과 안녕의 느낌들을 즐깁니다.

헬피는 근육이완과는 독립적인 정신적 이완 장면을 시각화할 수 있다. 또한 앞의 둘
을 한 단위로 열까지 세면서 하는 근육이완 절차를 헬피의 정신 이완에도 활용할 수
있다. 예를 들어 "하나, 둘… 양다리와 양발 근육에 집중하세요… 이완시키고 양다
리와 양발에서 흐르는 긴장의 감각들을 즐기세요."와 같이 하는 것이다. 헬피는 '긴
장하세요, 유지하세요, 방출하세요'라는 안내문을 정신 이완 절차에 맞게 적절히 편
집한다.

당신은 코칭, 시연, 예행연습 기술을 활용해 헬피로 하여금 정신 이완 절차를 자조
기술로 개발하도록 훈련시킬 수 있다. 자신만의 안내문을 만들어 도움회기 밖에서
활용하고 싶은 헬피가 있을 것이다.

마음챙김 호흡

어떤 헬퍼들은 마음챙김 호흡(Mindfulness of Breathing) 훈련을 헬피들에게 시키고 싶을지 모른다. 호흡에 주의를 집중하는 것은 아마도 세상에서 가장 보편적인 명상의 실제이자 불교 정신 수련의 출발점이기도 할 것이다. 동양의 여러 국가에서 완전히 두 다리를 꼰 채 앉은 연꽃 자세는 호흡명상을 위해 가장 흔히 채택되는 방식이다. 이 자세를 원치 않는 서양인이라면, 마루에 양발을 살짝 벌리고 두 발을 단단히 놓고 비교적 편한 의자에 꼿꼿이 앉아도 좋다. 명상을 할 때 두 손은 일반적으로 두 무릎 위에 컵 모양을 한다. 이때 왼쪽 손바닥은 오른쪽 손바닥 아래에 놓고 위쪽을 향하며, 오른쪽 손바닥도 위쪽을 향하도록 하는 게 보통이다. 대안적으로, 두 손을 아래쪽을 향하고 두 무릎 위에 각각 놓을 수도 있다. 헬피는 자신의 호흡에 주목할 때 보이는 것에 의해 정신이 흐려지지 않도록 두 눈을 감을 수 있다. 그러나 장기간 호흡에 초점을 두는 사람들은 졸림을 피하기 위해 두 눈을 계속 뜨는 것을 좋아하기도 한다. 만일 당신이 두 눈을 계속 뜨는 방식을 취할 경우 당신 코끝에 집중해 다른 모든 것을 의식하지 않도록 하는 것도 하나의 옵션이다.

마음챙김 호흡의 주요 작업은 집중된 인식을 확립하기 위해 호흡의 자연스러운 흐름에 집중하는 것이라고 헬피에게 가르쳐라. 여기서 호흡이란 들숨, 날숨, 들숨, 날숨을 반복하는 것이다. 코는 들숨의 시작이고, 가슴은 중간, 복부는 끝이다. 숨을 내쉴 때는 이와 정반대이다. 마음챙김 호흡에 참여하는 헬피는 이 들숨과 날숨의 단계를 통해 자신의 호흡 과정을 추적할 수 있다. 이렇게 한 후나 아니면 이렇게 하는 대신 헬피는 체크 포인트(코끝이 대부분 추천됨)를 설정하고 숨이 확실히 들고 나는 곳에 주의를 집중할 수 있다. 마음챙김 호흡의 한 가지 변형은 자신에게 '차분하라!'고 부드럽고 낮은 목소리로 말하면서 날숨과 동행하는 것이다. 또 다른 변형은 하나부터 아홉까지, 다시 아홉부터 하나까지, 다시 하나부터 아홉까지 조용하고 낮은 목소리로 반복해 세면서 들숨과 지속적으로 동행하는 것이다.

마음챙김 호흡을 배우기 시작할 때나 그것에 보다 능숙해질 때조차도, 사람의 정신은 비본질적(extraneous) 사고나 환상 속으로 정처 없이 떠돌 수 있다. 그 사고나 환상은 과거일 수도 있고 현재일 수도 있으며 미래일 수도 있다. 이런 상황에 빠진 헬피인 경우 자신의 정신을 다음 호흡에 초점을 맞추는 것으로 되돌리라고 부드럽게 가르침을 받을 수 있다. 헬피는 자신의 호흡을 인식하는 것으로 자신을 반복적으로 되돌려야만 하는지에 대해 걱정해선 안 된다. 마음챙김 호흡 훈련은 때때로 강아지나 송아지가 태어날 때의 호흡에 비유된다. 마음챙김 호흡 회기가 끝날 무렵 두 눈을 감았던 헬피는 부드럽게 두 눈을 떠야 한다.

이완 훈련 시 고려사항

헬퍼에 따라 이완훈련을 위해 사용하는 회기 수는 다를 수 있다. 나아가, 헬피의 이완능력 습득 속도도 다를 수 있다. 행동치료의 유명한 선구자였던 Joseph Wolpe 박사는 그의 환자들에게 점진적 근육이완을 대략 6회기로 가르쳤고, 매일 두 차례 15분 동안 집에서 근육이완 연습을 하도록 했다. 이완 훈련의 목적은 근육 통제 그 자체가 아니라 정서적 고요임을 내담자가 깨닫는 것이 매우 중요하다고 Wolpe는 생각했다. 헬피의 요구와 당신의 업무량에 따라 이완 훈련 시간표를 변경할 수 있다. 그럼에도 불구하고 중요한 것은 헬피가 이완을 충분히 배울 수 있는 만큼 회기를 진행하는 것이다. 나아가 헬피는 이완 연습에 충실할 필요가 있으며 당신과 함께 그 진전을 검토할 필요가 있다. 덧붙이자면, 이완 기술을 헬피의 일상으로 통합한다면 헬피는 많은 혜택을 얻게 된다는 것이다.

활동 24.1 헬피의 이완 훈련

도움회기를 파트너와 실시하라. 파트너 A의 작업은 파트너 B를 훈련시키는 것이다. B는 점진적 근육이완 기술의 헬피로서 행동한다. A는 다음과 같이 회기를 진행한다.

- 점진적 근육이완을 사용하는 이유들을 제시한다.
- 글상자 24.1의 첫 번째 근군을 긴장시키고 이완시키는 라이브 시연을 한다.
- B를 이완시키면서 5단계 긴장 이완 사이클을 활용해 점진적 근육이완 기록물을 만든다.
- 근육이완 끝에서 정신 이완 장면을 제시한다.

(계속)

- B의 이완 정도를 점검하고, B가 긴장을 느끼는 어떤 근군을 위한 이완 안내문을 추가적으로 제공한다.
- 점진적 근육이완 실습 과제물을 B와 협상한다.

그런 뒤 나누기 및 논의 회기를 가져라. 그리고 가능하다면, 역할을 바꿔서 하라.

25

위기 관리하기

학습목표
이 장을 공부하고 활동을 해봄으로써 당신은

- 헬피가 언제 위기에 처했는지 알고
- 위기의 헬피를 관리하기 위한 기술을 소유해야 한다.

도움 훈련생들은 훈련 초기에 위기에 처한 헬피들과 직면하지 않는 것이 바람직하다. 그러나 불가피한 경우도 있다. 헬피들이 위기에 처해 있다는 사실은 초반부 회기들을 진행하다 보면 분명하게 드러난다. 그러나 그렇지 않을 때도 있는데 이 경우당신은 형식적 장면 밖에서 위기의 헬피를 다루어야만 할지 모른다. 위기 도움에서당신은 헬피의 압박감을 극복하도록 돕기 위한 즉각적인 선택을 하는 것과 직면한다. 이 선택들 중 어떤 것들은 헬피의 위기에 공헌하는 어떤 기저의 문제를 헬피가보다 잘 관리하는 데 도움이 될 것이다.

위기의 정의

위기는 과도한 스트레스 상황으로 정의될 수 있을 것이다. 스트레스는 우리 문화에서 어떤 부정적인 내연(connotation)을 지니는 것으로 인식되는 경향이 있다. 그러나 스트레스를 삶의 도전이라는 측면에서 생각한다면 이러한 인식은 정당화될 수 없다. 각기의 사람들은 편하게 느끼는 최적의 스트레스 수준이나 특정 수준의 자극을 가지고 있다. 이 수준에서 그들은 '고통 없는 스트레스(stress without distress)'라고 명명할 수 있는 것을 경험할지 모른다. 이 수준을 넘어서면 생리적, 심리적 고통을 경험할 것이다. 만일 고조된 스트레스가 지연되거나 과도하게 지각된다면, 헬피들은 자신의 대처 자원이 자신에게 가해지는 요구들을 충족시키기에는 부적절하다고 느낄 것이다. 이럴 경우 과도한 스트레스 상황이나 위기 상태에 빠지게 된다.

위기를 다루는 것에 대해 다루는 이 장은 상당히 심각한 고통 상태에 있는 헬피들과 주로 관련된다. 바로 이 접점에서 그들은 서로 연관된 많은 상이한 영역에서 고조되거나 부적응적인 반응들을 경험하고 있을 것이다.

신체 반응

신체 반응은 고혈압, 심장마비, 위궤양과 유사한 증세로 나타난다. 개인차가 있을 수 있으나 헬피들의 신체에서 가장 약한 부분이 스트레스에 의해 가장 부정적으로 영향을 받는 경향이 있다.

느낌

과도한 스트레스와 관련한 느낌은 쇼크, 우울, 좌절, 분노, 불안, 방향감각 상실, 신경쇠약이나 정신이상에 대한 두려움으로 나타난다.

생각

과도한 스트레스와 관련해 드는 헬피들의 몇 가지 주요한 생각은 자신이 상황에 긍정적인 영향을 미칠 어떤 힘도 없으며, 사태를 통제할 수도 없다는 것이다. 그리고 이러한 생각은 좌절과 미래에 대한 희망의 결여와 연합된다. 과도한 스트레스라는 생각은 헬피들의 사고 과정이 다소 비합리적이게 되었다는 것을 함축할 수 있다. 이럴 경우 비효과적으로 생각한다. 예컨대 어떤 상황에서 단지 몇 가지 요인에만 초점을 두는 것과 관련된 터널 시야(tunnel vision) 같은 것이다.

의사소통/행위

회피행동과 과잉행동은 헬퍼들이 과도한 스트레스를 다루는 두 가지 주요 방식이다. 그 행동 범위는 포기하기, 노력하지 않기에서부터 융통성 없이 반복적으로 미친 듯 자신의 문제를 다루려는 시도까지 걸쳐 있을 것이다. 폭력은 그것이 자신을 향하든 외부를 향하든 스트레스 수준이 낮을 때보다는 과도한 스트레스 상황에서 발생할 가능성이 더 높다.

외부자적 참조틀로부터 출현하는 것으로 보이는 위기는 그것이 크든 작든 내부자적 참조틀에서 보면 압도적인 것처럼 보이는 경향이 있다는 것을 당신이 깨닫는 것은 매우 중요하다. 어떤 위기는 장기간 배경 속에서 부글부글 끓다가 갑자기 분출한다. 반면에 어떤 위기는 사망이나 실직과 같은 즉각적인 촉발 사건에 대한 보다 뚜렷한 반응이다. 아마도 많은 스트레스 상황은 자신의 적응과 대처 노력이 전적으로 불충분했다고 느끼는 바로 그 순간에 실제적인 심리적 위기로 전환될 것이다. 헬퍼로 하여금 자신의 대처 자원에 한계에 있다고 느끼도록 하는 많은 상황이 있다. 사람에 따라 스트레스 원인을 견디는 능력은 큰 차이를 보일 것이다. 스트레스에 직면했을 때 회복탄력성(resilience)은 개인적 자원과 기술에 부분적으로 의존한다. 그러나 그것은 또한 가용한 가족, 사회, 지역사회의 지지 정도에 의해 크게 영향을 받을 것이다.

위기 상담 및 도움을 위한 지침

헬퍼의 위기는 동시에 헬퍼의 위기일 수 있다. 헬피가 자신의 강한 정서에 의해 위협받는 순간 헬퍼로서의 당신 또한 헬피의 고통을 완화하려는 압박감을 크게 느낄 수 있다. 다음은 위기 도움을 위한 몇 가지 지침이다.

준비하고 있어라

헬피의 사태가 헬퍼 자신의 삶의 일부일 수도 있기 때문에 그것에 늘 준비하고 있는 것이 최선이라는 것을 깨닫는 책임감 있는 헬퍼는 헬피의 스트레스를 크게 완화할 수 있다. 당신이 그것을 준비하는 한 가지 방법은 양질의 지지 시스템을 즉시 가동할 수 있다는 것을 담보하는 것이다. 예컨대 유능한 의료진이나 정신병원의 침대와 같은 것이다. 당신은 또한 내담자에 대한 당신 책임의 한계를 분명히 함으로써 위기에 대비할 수 있다.

조용히 행동하라

당신이 조용하게 행동하는 것이 중요하다. 물론 진짜 이렇게 하는 데는 한계가 있을 것이다. 그럼에도 불구하고, 내담자의 번민과 고통에 당신의 불안을 보태서는 안 된다. 따뜻하지만 확고하며 신중한 방식으로 반응하는 것은 헬피에게 어떤 강인한 사람에 의해 조력되고 있다는 안정감을 줄 뿐만 아니라 헬피의 고조된 정서를 진정시킬 수 있을 것이다.

경청하고 관찰하라

많은 헬피들에게 스트레스 상황이 위기가 되는 주된 이유는, 그들이 자신의 어려움을 듣고 이해하며 지지할 수 있는 어떤 누구도 없다고 느끼는 것이다. 당신과 문제를 공유하고 관련 정서를 환기할 수 있는 것만으로도 당신 헬피는 더욱 차분해지고 고립감과 절망감을 덜 느끼게 될 것이다. 정화(catharsis)라는 단어는 억눌린 느낌의 방출이라고 하는 바로 이 과정을 일컫는 말이다. 경청하기, 관찰하기, 동정적으로 반응하기는 경청되고 수용되는 것에 대한 헬피의 느낌에 공헌할 뿐만 아니라, 헬피의 세계에 대한 당신의 이해를 도울 수 있다.

헬피 자신과 타인에 대한 손실의 심각성과 위험성을 사정하라

심각성 사정의 한 영역은 헬피가 실재와 접촉하는 정도와 관련된다. 위험성 사정은 헬피가 타인에게 끼칠 수 있는 손실을 사정하는 것을 의미할 것이다. 그러나 그 위험성은 자살을 포함해 헬피 자신에게 끼칠지 모르는 손실을 사정하는 것과 더 관련될 것 같다. 자살하고 싶은 충동에 사로잡혀 있는 사람들 중에는 자살 시도에 앞서 그 가능성에 대해 이야기하는 경우가 아주 많다. 당신은 도움을 구하는 외침을 민감하게 포착해야 하며, 불안이 당신의 경청 기술을 방해하지 않도록 해야 한다. 자살 충동적인 사람들은 종종 자살에 대해 양가감정을 갖는다. 그들이 자살을 고려하는지 여부에 대해 돌보듯 하는 질문이 아주 중요할 것이다. 자살이라는 주제를 회피하거나 간접적으로 다루는 것은 위험을 줄이기보다는 키울 때가 가끔 있다.

헬피의 강점과 대처 기술을 사정하라

당신은 헬피가 자신의 강점과 대처 기술을 탐색하고 사정하는 것을 사정도 하고 조력도 할 수 있다. 위기에 처한 헬피는 종종 부정적 사고에 의해 너무 압도되어 스스로 자신의 강점을 망각한다. 추상적 안심의 말을 옹호하는 것은 아니지만, 다음과 같은 언급은 특정 상황의 헬피에게는 도움이 될 것이다.

- 자, 우리는 당신의 문제를 어느 정도 자세하게 탐색했습니다. 이제 저는 당신이 그것을 다루기 위한 어떤 강점이나 자원을 가지고 있다고 느끼는지 궁금합니다.
- 당신은 제게 당신 삶의 부정적 측면을 많이 말했습니다. 거기에 어떤 긍정적 측면이 있는지 말해줄 수 있습니까?
- 당신 말대로 당신은 자신의 문제와 스스로 아주 많이 직면하는 듯합니다. 당신에게 어떤 지지를 제공할 수 있는 친구나 친인척 혹은 다른 사람이 있는지 궁금하군요.

문제 탐색 및 명료화를 지원하라

위기에 처한 헬피는 종종 자기 자신과 자신의 문제에 대한 관점을 상실한다. 이렇게 되는 한 가지 이유는 위기에 수반되는 느낌이 매우 강력하기 때문이다. 느낌의 강도를 완화하는 것을 다루는 데 어느 정도 진전이 이루어질 때까지는 헬피는 그 강력한 정서를 야기하는 요인에 대해 이성적일 수 있는 능력이 부족할 수 있다. 문제를 탐색하고 명료화하는 작업을 하는 동안 당신이 사용할 수 있는 기술에는 공감적 반응, 질문하기, 요약하기, 헬피의 삶을 무망하게 만드는 사고 속의 어떤 왜곡에 도전하기가 포함된다.

문제 관리 및 계획하기를 지원하라

위기 도움의 주요 강조점은 헬피가 자신의 삶에 대해 어느 정도 통제할 수 있다는 느낌을 회복하도록 조력하는 것이다. 이해심 많은 사람과 이야기할 기회를 갖는 헬피는 삶의 대처 능력에서 충분한 자신감을 갖고 위험 지역에서 벗어날 수 있을 것이다. 타인과 더불어, 당신의 역할에는 헬피로 하여금 즉각적인 고통에 스스로 대처할 수 있는 전략, 그리고 적절한 곳에서 자신의 보다 장기적인 문제를 다루는 방법과 기술을 개시할 수 있는 전략을 개발하는 것을 돕는 것이 포함될 것이다. 만일 헬피가 임박한 어떤 위험 상황에 처할 경우 그것에 대처하기 위한 계획은 가능한 구체적으로 고안되어야 한다. 예컨대 다음과 같이 묻는 것이다. "오늘 밤 당신은 누나 집에 머물 것이며, 내일 오전 11시에 저와 다시 만날 것이라고 동의했습니다. 혹시 이렇게 하지 못할 이유가 있다면 말씀해주세요."

  문제 관리 및 계획하기를 지원하는 것은, 의사나 성직자와 같은 전문적인 헬퍼 혹은 친구나 친척과 같은 부가적인 자원을 가동하는 것과 관련될지 모른다. 헬피가 접촉을 만들 책임을 스스로 지는 것이 최선이지만, 항상 그런 것은 아니다. 당신은 항상 헬피의 최고 관심사가 무엇인지, 헬피의 삶에서 매우 상처받기 쉬운 시절에 어떻게 대응했는지 사정할 필요가 있다.

당신의 가용성에 대해 구체적이어야 한다

특정 헬피와 관련한 위기 관리 계획의 일환으로 당신은 헬피에게 '곧 만난다'는 안심의 말을 할 수 있다. 덧붙여, 필요할 경우 회기 간 접촉이라는 문제에 주목할 필요가 있다. 이런 접촉이 적절해 보일 경우, 당신은 다음과 같은 말을 할 수 있다. "비

상 시 제가 필요하다고 느끼시면 주저하지 마시고 저를 이곳으로 오게 하거나 전화
하세요. 제 핸드폰 번호는 ＿＿＿＿＿＿＿＿입니다." 대부분의 경우 연락하지 않을
것이다. 그러나 헬피와 접촉하겠다는 당신의 의지는 고통 받는 헬피를 안심시킬 수
있다.

듣자 하니 중국인들은 위기의 개념을 '위기는 위험이기도 하지만 기회이기도 하
다'는 두 가지 상징으로 사용한다. 특정 헬피에게 있어 위기는 과거부터 서서히 끓
어 왔으나 근자에 적절히 직면하지 못한 문제를 알아채고 그것을 열심히 작업하도록
하는 동력일 수 있다. 헬피의 위기는 최소한 당신과 헬피 간의 효과적인 관계 형성
의 기회를 제공할 수 있다. 이 관계는 헬피가 미래의 위기를 방지하거나 그것에 보
다 잘 대처하기 위한 자신감과 기술을 개발할 수 있는 기초를 제공할 수 있다.

활동 25.1 위기 상담 및 도움 기술

1. 당신의 현재나 미래의 상담 혹은 도움과 관련해, 위기에 처한 헬피가 당신에게 가져오는 혹은
   미래에 가져올 수 있는 스트레스 요인들을 종류별로 식별하라.
2. 파트너와 상담하거나 도와라. 파트너는 위기에 처한 헬피 역할을 한다. 헬퍼로서 당신은 최대
   한 다음 지침들을 명심하라.
   - 조용히 행동하라.
   - 경청하고 관찰하라.
   - 헬피 자신과 타인에 대한 손실의 심각성과 위험성을 사정하라.
   - 헬피의 강점과 대처 기술을 사정하라.
   - 문제를 탐색하고 명료화하는 것을 지원하라.
   - 문제 관리 및 계획하기를 지원하라.
   - 당신의 가용성을 구체화하라.

   나중에, 논의하고 역할을 바꿔서 하라.

26

윤리적 이슈와 딜레마

학습목표
이 장을 공부하고 활동을 해봄으로써 당신은

- 도움에서의 몇 가지 주요 윤리적 이슈와 딜레마에 대해 알고
- 윤리적 결정을 시작할 수 있어야 한다.

모든 헬퍼는 헬피와의 작업 방식을 위한 개인 윤리 체계를 개발한다. 상담이나 도움을 위한 윤리 강령이나 지침은 수용 가능한 표준 실제를 제시하려고 한다. 내담자와 성적 관계에 연루되는 것과 같은 윤리적 타락의 기준은 대체로 분명하다. 그러나 복잡한 도움 실제에서 윤리적 이슈가 불명료할 때가 종종 있다. 그 결과 당신은 어떻게 행동하는 것이 최선인지에 대한 선택과 관련한 윤리적 딜레마에 직면한다.

도움 실제에서의 윤리적 이슈와 딜레마

도움 실제에는 많은 윤리적 이슈와 딜레마가 스며들어 있다. 법적 용어로 당신에게는 항상 헬피에 대한 돌봄의 의무(duty of care)가 있다. 사실상 헬퍼로서 당신이 하는 모든 것은 윤리적 혹은 비윤리적으로 행해질 수 있다. 여기서 필자는 이 돌봄의 의무를 수행하는 것과 관련한 윤리적 이슈와 딜레마를 중첩적이긴 하나 다음 4개의

주요 영역으로 묶는다.

- 헬퍼 유능성
- 헬피 자율성
- 기밀 유지
- 헬피 보호

헬퍼 유능성

도움에 대한 그렇게도 많은 접근과 더불어 유능성(competence)이란 무엇인가라는 이슈가 발생한다. 유용한 한 가지 구분은 관계 유능성(relationship competence : 좋은 도움 관계 제공하기)과 기술 유능성(technical competence : 헬피를 사정하고 개입할 수 있는 능력) 사이에 존재한다. 상이한 도움 접근일지라도 관계 유능성의 필수요건에 대해서는 기술 유능성의 그것에 비해 동의하는 바가 크다. 관계 유능성의 필수요건의 예들을 들자면, 헬피를 인간으로서 존중하고 지지하기, 헬피의 세계관을 정확하게 경청하고 이해하기와 같은 것이다. 여기서 기술 유능성의 개념은 특정 접근을 선도하는 실천가들이 그 접근의 기술적 측면들을 유능하게 수행하는 것에 동의하는 정도라고만 언급한다.

또 하나의 유용한 구분은 실제 준비성(readiness to practise)과 실제 적합성(fitness to practise) 간에 존재한다. 실제 준비성은 당신이 헬피를 보기 전 그리고 당신의 상담 기술을 유능하게 사용할 준비가 되기 전 적절한 훈련과 실습이 당신에게 요구된다는 것을 의미한다. 실제 적합성은 당신의 레퍼토리에 만족스러운 상담 기술들이 있다는 것을 가정하며, 당신이 이것들을 유능하게 사용하는 것이 어떤 방식으로 방해될 때 비로소 윤리적 문제가 된다. 실제 준비성의 윤리적 문제의 한 예를 들자면, 당신에게 의뢰된 이를테면 식욕부진의 헬피 사례를 당신이 떠맡는 것과 같은 것이다. 이는 당신의 훈련과 능력 수준을 넘어서는 것이다. 실제 적합성의 윤리적 문제의 예로는 당신이 작업 도중 술을 마셔서 유능성을 유지하는 데 실패하는 것을 들 수 있다.

만일 당신이 헬피를 보다 잘 도와줄 자격이 있는 타인에게 의뢰할 준비가 되어 있다면, 당신은 실제 준비성과 관련한 윤리적 이슈를 피할 수 있다. 나아가 당신이 어떤 범주의 헬피를 돕는 데 요구되는 유능성을 소유하고 있지 않을 경우, 당신 동료가 그 헬피를 당신에게 의뢰하려 해도 좌절시켜야 한다.

당신은 또한 현재와 미래의 헬피 수행에 대한 지속적인 모니터링 및 상담 기술 개발이라는 자신의 책무성을 지니고 있다. 항상 당신이 하는 것을 평가하고 성찰하는 것에 유념하라. 덧붙이자면, 가능한 곳에서 슈퍼비전이나 자문적 지지를 받아 좋은 기술에 대한 통찰을 얻어 향상시킬 여지가 있는 당신의 기술을 정확히 찾아내는 것이 바람직하다.

헬피 자율성

헬피에 대한 존중, 즉 헬피 삶에 최선으로 작동하는 선택을 하도록 하는 권리는 헬피 자기결정의 기저를 이루는 원칙이다. 헬피의 통제력을 지원하고 헬피의 삶에 대해 개인적 책무성을 지닐 수 있도록 조력하라. 만일 당신이 예컨대 부정확한 사전 도움 정보를 제공하거나 당신의 전문적 자질과 유능성에 대한 거짓된 진술을 한다면, 당신은 잠재적이거나 실제적인 당신의 헬피가 당신과의 도움을 시작하거나 지속할 것인지에 대한 식견 있는 선택을 방해할 수 있다.

일반적으로 당신이 하려는 것을 장황하게 설명하는 것은 불필요할 뿐만 아니라 비현실적이다. 그럼에도 불구하고, 도움 이전과 도움 동안, 도움 과정과 관련해 그리고 당신과 헬피 각각의 역할과 관련해 정확히 진술하라. 나아가 도움에 관한 헬피의 질의에 정직하게 그리고 존경심을 가지고 답하라.

또한 도움 결과에 대해 현실적인 진술을 하며, 법정 안팎에서 논란 소지가 있는 주문을 하지 말라. 도움 전반에 걸쳐, 당신이 여러 전략을 제시하는 이유와 그것들을 실행함에 있어서 무엇이 수반되는지에 대한 설명을 들을 권리를 갖는 지적인 참여자로서 헬피를 대하라.

헬피 자율성과 관련한 한 가지 이슈는, 헬피가 지닌 가치와 배경이 헬퍼의 그것들과 어디에서 다를 수 있는지다. 예를 들어 문화적 혹은 종교적 영향의 결과로서의 차이와 같은 이슈이다. 당신은 자신의 가치를 헬피에게 강요해선 안 된다. 그리고 헬피의 근심을 보다 기꺼이 이해할 것 같은 다른 적절한 곳의 헬퍼에게 의뢰할 준비가 항상 되어 있어야 한다. 특히 문화, 인종, 성별, 성적 지향과 같은 특성에 기초해 헬피를 병적인 것으로 사정하고 취급하는 것은 대단히 비윤리적이다.

기밀 유지

모든 사람은 세 가지 삶을 가지고 있다고 간혹 회자된다. 즉 공적인 삶, 개인적인 삶, 비밀스러운 삶이다. 도움은 헬피의 비밀스러운 삶에서 나온 재료를 자주 다루기 때문에, 비밀이 유지될 것이라는 헬피의 신뢰는 절대적으로 중요하다. 그러나 기관 정책상 그리고 법적으로 기밀 유지를 보장할 수 없는 이유가 있을 수 있다. 예를 들면 미성년자와 작업할 때, 그 작업이 교육적 혹은 의료적 장면의 개인적 실제일지라도, 많은 윤리적이며 법적인 이슈가 기밀 유지와 부모, 교사, 중요한 타자에 대한 책무성의 경계를 둘러쌀 수 있다.

　기밀 유지의 적절한 한계에 대해 사전에 헬피와 의사소통하라. 나아가 예외적인 경우를 제외하고, 제삼자와 의사소통해야만 한다면 반드시 헬피의 허락을 구하라. 이렇게 말해 놓고 보니, 제삼자에게 노출시킬 것인가 그렇지 않을 것인가라는 이슈는 헬피를 위한 윤리적 딜레마의 전면으로 부상한다. 노출이 아동을 위험에 빠뜨릴 수도 있는 상황이라면 특히 그렇다. 영국 심리학자인 Geoff Lindsay와 고(古) Petrūska Clarkson에 의해 1999년에 출판된 한 연구보고서에 따르면, 기밀 유지와 관련해 심리치료사가 윤리적 문제를 야기할 수 있는 사건들은 다음 네 영역으로 대별할 수 있다.

- 제삼자들에 대한 위험 — 성적 학대
- 헬퍼들에 대한 위험 — 위협받은 자살
- 타인들에게 정보 노출 — 특히 의료 요원, 헬퍼의 동료나 친구, 친척들에게 헬피의 정보 노출

- 부주의한/부적절한 노출 — 심리치료사나 타인들에 의한 헬피에 대한 의도적 혹은 비의도적 노출

기밀 유지는 헬피가 자신의 개인정보 노출을 통제할 수 있는 권리를 가지고 있음을 가정한다. 당신이 슈퍼비전을 받을 목적으로 헬피의 기록물을 요구할 경우, 헬피에게 억지로 기록할 것을 삼가라. 대부분의 헬피는 당신의 재치 있는 기록 요구에 응할 것이며, 기록물 매체의 안정성을 확신한다면 분명 허락할 것이다. 주저할 경우, 원할 때 언제든지 기록을 멈출 수 있다는 말에 안심하는 경우가 많다.

헬피에 관한 기록은 그것이 사례 노트이든 오디오나 비디오 기록물이든 항상 안전하게 보관될 필요가 있다. 기밀 유지와 관련해 마지막으로 하고 싶은 말은, 당신이 동료, 친척, 친구와 사교상 이야기를 나눌 때, 헬피의 문제와 삶의 세세한 것들에 대해 침묵하라는 것이다. 불행하게도 좋은 이야깃거리로 삼기 위해 기밀 유지를 깨고 싶은 유혹에 빠지는 일부 헬퍼들도 있다.

헬피 보호

헬피 보호의 범주는 헬피를 인간으로서 돌보는 것을 포괄한다. 당신이 헬피의 최대 이익을 위해 행동하려면 적절한 거리 두기가 필요하다. 이중적 관계란 당신이 도움 관계가 아닌 모종의 관계에 이미 있거나 혹은 들어가려고 생각하거나 혹은 다른 종류의 관계로 들어가는 것을 말한다. 예컨대 친구, 연인, 동료, 훈련가, 슈퍼바이저로서 관계를 맺는 것이다. 1장에서 언급했듯이, 이중 관계는 헬퍼가 다른 주요 역할을 수행하는 도움 관계 구조의 일부인 경우가 종종 있다. 예컨대 간호사-환자와 같은 관계이다. 그러므로 이중의 헬퍼-헬피 관계가 윤리적이냐 비윤리적이냐, 혹은 윤리적 딜레마를 제공하느냐 마느냐의 여부는 관계 상황에 달려 있다.

헬피와의 성적 접촉은 항상 비윤리적이다. 또한 헬피는 성적 착취뿐만 아니라 성적 착취 대신 정서적·재정적 착취를 당하기 쉬울지 모른다. 정서적 착취 형태는 다양할 수 있지만, 그 기저에 깔린 주제는 당신 자신의 개인적 의제를 위해 어떤 방식으로 헬피를 이용하는 것이다. 예컨대 자율성을 촉진하기보다는 의존적이고 찬미적

인 헬피가 되도록 조장하는 것이다. 재정적 착취 형태 역시 다양할 수 있다. 당신이 제공할 자격이 없는 서비스에 요금을 부과하거나, 도움에 과도한 요금을 물게 하거나, 불필요하게 도움을 지연하는 것과 같은 것이다. 당신은 또한 헬피의 신체적 안전을 담보하기 위한 모든 합당한 사전 경고 조치를 확실히 취할 필요가 있다.

만일 당신이 다른 헬퍼들의 유해한 행동을 심도 있게 다루기 위한 조치를 취한다면, 당신 헬피를 보호함은 물론 당신의 전문성에 대한 공적 이미지를 보존할 수 있다. 다른 헬퍼들의 비행이 의심될 경우, 당신은 자신의 전문학회의 윤리 규범과 실제에 따라 안내될 수 있다. 예컨대 만일 어떤 헬퍼의 비행이 의심되면, 우선 당신은 그 당사자 헬퍼와의 논의를 통해 문제를 해결하거나 교정하려는 시도를 할 수 있을 것이다. 그래도 불만족스럽다면, 당신이 속한 전문학회가 제공하는 진정(陳情) 절차를 밟을 수 있다. 이렇게 하면 당신의 진정을 조사하기 위해 필요한 것 이외의 기밀은 유지될 수 있다.

윤리적 이슈와 딜레마에 대한 결정

당신의 도움 실제를 위한 개인 윤리 체계를 개발하려 할 때 전문적 윤리 강령과 지침은 중요한 자료원이다. 전문적 윤리 강령의 자료원으로 다음과 같은 것들을 들 수 있다.

- 영국상담심리치료학회의 상담 및 심리치료의 훌륭한 실제를 위한 윤리적 틀(*Ethical Framework for Good Practice in Counselling and Psychotherapy*)
- 호주심리치료상담연맹의 심리치료 및 상담의 정의, 윤리 지침(*Introduction to PACFA, A Definition of Psychotherapy and Counselling, Ethical Guidelines*), 전문 훈련 기준 (*Professional Training Standards*)
- 미국상담학회의 윤리 강령(*ACA Code of Ethics*)

이러한 수행 규범들은 윤리적 결정 과정을 위한 하나의 출발점을 제공할 수 있다. 일반적으로 이 규범들은 특정 집단을 위한 훌륭한 실제로 간주되는 것들을 담고 있기 때문이다.

당신은 윤리적 인식은 물론 윤리적 의사결정 기술을 필요로 한다. 힘든 윤리적 딜레마를 향해 한 단계, 한 단계 체계적으로 접근하는 방법을 소유하는 것은 당신이 건강한 윤리적 결정을 할 가능성을 높일 것이다. 글상자 26.1은 유명한 영국 상담 작가 Tim Bond의 윤리적 문제해결 모형을 보여준다.

좋은/빈약한 정신 기술에 대한 이 책의 강조점에 비추어볼 때, Bond의 모형은 윤리적 의사결정이 합리적 과정이라는 것을 함의하기에는 다소 낙관적이다. 헬퍼들에 따라 상이한 의사결정 스타일로 윤리적 의사결정을 한다. 예컨대 어떤 사람들은 가능한 오랫동안 그것들을 만드는 것을 회피하고, 또 어떤 사람들은 그것들을 만드는 데 성급히 뛰어들고, 또 어떤 사람들은 모든 세부사항들을 놓고 고민한다. 덧붙여 실제 의사결정을 한 후에도 그것에 대한 헌신과 그것을 능숙하게 실행하는 능력은 헬퍼에 따라 다르다. 당신 자신의 욕구와 불안 때문에 외견상 합리적인 의사결정 과정이 결코 합리적이지 못한 의사결정 과정이 될 수도 있는 당신의 방식을 항상 경계하라. 나아가 당신이 한 인간이자 헬퍼로서 보다 성공적으로 자신의 정신 발달에 대해 작업할수록 그만큼 더 당신은 도움에서 불가피하게 발생하는 윤리적 딜레마를 극복하고 당신의 방식을 합리적으로 작업할 가능성이 높아진다.

글상자 26.1 Bond의 윤리적 문제해결 모형

- 문제나 딜레마에 대해 간략히 기술하라.
- 문제나 딜레마가 누구의 것인지 명료화하라.
- 가용한 모든 윤리적 원칙과 지침을 고려하라.
- 가능한 모든 행동 코스를 식별하라.
- 최선의 가능한 행동 코스를 선택하라.
- 그 코스의 성과를 평가하라.

활동 26.1 도움 실제의 윤리적 이슈와 딜레마

헬퍼로서 당신을 위해 다음 각 영역에서 다루고 있는 중요한 윤리적 이슈와 딜레마를 비판적으로 논의하라. 그리고 나서 이어지는 두 가지 질문에 답하라.

헬퍼 유능성
- 관계 유능성
- 기술 유능성
- 실제 준비성
- 실제 적합성
- 한계 인식하기 및 의뢰하기

헬피 자율성
- 헬피 자기결정에 대한 존중
- 헬퍼의 사전 도움 정보의 정확성
- 헬퍼의 전문적 유능성에 관한 진술의 정확성
- 도움 과정 및 성과에 대한 헬퍼의 정직한 진술
- 헬피의 가치에 대한 존중

기밀 유지
- 사전에 이야기된 어떤 한계들
- 제삼자와의 의사소통에 대한 헬피의 동의
- 미성년자의 허락 및 부모 참여의 이슈
- 회기 기록에 대한 헬피의 허가
- 헬피에 대한 모든 기록의 안전성

헬피 보호
- 관계에 있어 적절한 경계 유지
- 정서적·성적 착취의 회피
- 헬피의 신체적 안전 보장
- 다른 헬퍼들의 유해한 행동 심도 있게 다루기

1. 헬피를 도울 때 당신은 어떤 영역에서 가장 비윤리적으로 행동할 위험이 있다고 생각하는가?
2. 당신이 선택한 영역에서 비윤리적으로 행동할 수 있는 당신의 잠재 가능성으로부터 헬피는 물론 당신 자신을 보호하기 위해 당신은 무엇을 할 수 있는가?

활동 26.2 윤리적 이슈와 딜레마에 대한 의사결정

1. 앞에서 살펴본 Bond의 문제해결 모형의 장단점을 비판적으로 논의하라.

2. 미래에 윤리적 이슈와 딜레마에 직면했을 때 현명하게 의사결정을 내릴 수 있는 당신의 능력을 향상시키기 위해 당신은 무엇을 할 수 있는가?

27

다문화적 도움과 성 인지 도움

학습목표

이 장을 공부하고 활동을 해봄으로써 당신은

- 다문화적 목표 및 유능성에 입문하고
- 몇 가지 성 인지 목표 및 접근에 대해 이해해야 한다.

이 장에서는 다양성에 민감한 도움을 간략히 소개한다. 다양한 인간으로서 헬퍼와 헬피를 다룬 3장에서 제시한 차이점이라는 주제는 그 범위가 방대해서 하나의 장으로 다루기엔 버겁다. 이 책이 상담 기술 입문서라는 점에서 더욱 그렇다. 따라서 여기서 필자는 다문화적이며 성 인지(gender aware) 도움과 관련해 많은 헬퍼들에게 특히 중요하며 유관적합성(relevance)이 있다고 판단되는 이슈들을 검토한다.

다문화적 도움

다문화적 도움 목표

3장에서 영국, 호주, 미국이 점증적으로 다문화되는 방식에 대한 정보를 제공했다. 그러나 영국은 비교적 작은 땅덩어리에 비해 이미 방대한 기존 인구를 가지고 있어 어느 정도까지는 항상 단일문화를 유지할 것으로 보인다. 문화적으로 고려해야 할 집단이 많다. 대표적 집단은 1세대 이주민, 주류문화에 다양한 수준으로 동화된 그 후손, 주류문화의 구성원이다. 덧붙여, 토속 원주민과 토러스 해협 섬주민도 대표적이다.

때때로 다문화적 도움 목표는 '적대적인 주류문화와 직면했을 때 소수집단 구성원을 최선을 다해 돕는다'는 것으로 단순화된다. 그러나 현실에서 다문화적 도움은 이보다 훨씬 복잡하고 다양한 노력을 필요로 한다. 일부 다문화적 도움 목표는 모국 문화로부터 영국과 호주와 같은 적대적인 새로운 문화로의 전환기에 집중되어 있다. 모든 이주민은 새로운 주류문화에 적응하고 동화될 수 있는 문화적으로 민감한 지지를 필요로 한다. 끔찍했던 모국과 피난 경험에 의한 외상 후 스트레스장애를 겪는 이주민들에게는 특화된 도움이 제공되어야 한다.

이주민들과 그 자녀들을 위한 하나의 이슈로 세대 간 관계와 비교문화적 관계를 다루는 문제를 들 수 있다. 예를 들어 이주 부모와 새로운 나라의 가치를 더 채택한 자녀 간의 가치 갈등과 같은 것이다. 또한 이주민 문화와 주류문화의 구성원들은 비교문화적으로 친밀한 관계를 협상함에 있어 도움을 필요로 할 수 있다. 또한 일부 소수집단 헬퍼들이 자신의 상황을 변화시키는 데 긍정적인 어떤 것을 거의 하지 않음과 동시에 부당하게 주류 문화를 '악마화'함으로써 스스로를 더욱 주변화시키지 않도록 도울 필요가 있다.

다문화적 도움을 위한 또 한 세트의 목표는 공정성, 자기존중, 차별에 대한 대처라는 이슈들과 관련된다. 당신은 당신 헬퍼가 자기 문화와 인종에 대한 자긍심을 갖도록 해 내면화된 부정적 고정관념으로부터 해방되도록 도울 수 있다. 어떤 헬퍼들은 내적 상처와 인종주의적 외적 상황을 다룰 수 있는 지지와 기술을 필요로 한다. 나아가 일부 주류 문화 출신의 헬퍼들은 잘못된 문화인종적 우월감과 같은 그들 양육의 부정적 측면을 버림에 있어 조력을 필요로 한다.

다문화적 상담 유능성

점차 헬퍼들은 다문화적 상담 유능성을 개발하도록 도전받고 있다. 미국심리학회의 상담심리분과위원회는 다문화적 상담 유능성을 다음 세 가지의 주요 차원을 갖는 것으로 식별하였다.

- 자신의 가정, 가치, 편견에 대한 자각
- 문화적으로 상이한 내담자의 세계관 이해
- 적절한 전략과 기술[주석이 달린 참고문헌에 있는 Sue et al.(1998) *Multicultural Counseling Competencies* 참조]

위 차원은 각각 신념 및 태도, 지식, 기술로 나뉘어 있다. 만일 당신이 이렇게 제시된 다문화적 유능성을 읽는다면 압도되는 느낌을 가질지 모르겠다. 왜냐하면 이렇게 하는 것은 완벽한 상담이기 때문이다. 그래서 필자는 상담사와 내담자를 헬퍼와 헬피라는 단어로 바꾸고 그 유능성을 요약해 제시하려고 한다. 다시 말해 당신이 상이한 문화 출신의 헬피들과 관련해 기본 상담 기술들을 사용할 때 심도 있게 다룰 필요가 있을 것 같은 몇 개의 영역에 초점을 두려고 한다.

자신의 가정, 가치, 편견에 대한 자각

문화적으로 능숙한 헬퍼가 보유한 신념에 포함되는 것에는 다음과 같은 것이 있다.

- 자신의 문화유산에 민감해지기
- 타 문화 및 종교 출신 헬피의 차이점에 편안해지기
- 자신의 유능성 및 전문성의 한계 인식하기

헬퍼들은 자신의 문화인종적 유산에 대해 그리고 그것이 자신의 상담 기술에 영향을 미치는 방식에 대해 알아야 한다. 그리고 억압, 인종주의, 차별이 자기 자신과 자신의 작업에 어떻게 영향을 미치는지 이해해야 하며, 자신의 의사소통 방식이 문화적으로 상이한 헬피들에게 끼치는 영향에 대해 알아야 한다. 이를 위한 기술들에는 관련 교육 및 훈련 경험하기, 문화·종교적 존재로서 자신을 긍정적으로 이해하기,

인종 초월적 정체성 추구하기가 포함된다.

문화적으로 상이한 헬피의 세계관 이해하기

문화적으로 능숙한 헬퍼들을 위한 신념 및 태도에 포함되는 것으로 다음과 같은 것들을 들 수 있다.

- 자신의 부정적인 정서적 반응 인식하기
- 문화적·인종적으로 상이한 집단에 대해 보유하고 있을지 모르는 자신의 고정관념 및 사고 인식하기

헬퍼들은 자신이 작업하는 어떤 특정 집단의 문화적 경험, 문화적 유산, 문화적 배경에 대해 알아야 한다. 문화와 인종이 도움 추구 행동에 어떻게 영향을 미칠 수 있는지 인식해야 한다. 문화와 인종이 사정과 상담 개입 선택 및 시행에 어떻게 영향을 미칠 수 있는지도 알아야 한다. 민족적·인종적 소수민의 삶에 가해지는 억압적인 정치적·환경적 영향에 대해 알아야 한다. 이를 위한 기술의 예로, 다양한 민족적·인종적 집단의 심리적 안녕과 관련한 최신 연구 결과물 따라잡기를 들 수 있다. 소수민들의 관점에 대한 보다 깊은 통찰을 얻기 위해 작업 장면 밖에서 적극적으로 그들과의 관계에 몰입하는 기술도 물론 요구된다.

적절한 개입 전략과 기술 개발하기

문화적으로 능숙한 헬퍼들의 태도와 신념은 다음과 같은 것을 포함하고 있다.

- 신체적·정신적 기능에 대한 헬피의 종교적, 영적 신념 존중하기
- 헬피의 토속적인 도움 실제 존중하기
- 헬피의 2개 국어 상용 중시하기

헬퍼들의 지식 기반에 포함되는 것에는 다음과 같은 것들이 있다.

- 문화에 묶이고 계급에 묶인 단일어적 특징을 지닌 상담이 다양한 소수집단의 문화적 가치와 어떻게 충돌하는지 이해하기

- 도움 서비스를 이용하는 소수집단에 대한 제도적 장벽 인식하기
- 사정 도구의 편파 잠재성에 대해 알기
- 소수집단의 가족 구조 및 위계질서, 지역사회 특성 및 자원 이해하기

이를 위한 기술은 다음과 같은 것을 포함한다.

- 구두적·비구두적 의사소통을 정확히 주고받는 능력
- 헬피가 요구하는 언어로 상호작용하거나 적절히 의뢰하기
- 상담 관계 및 개입을 헬피의 문화적·인종적 정체성 발달 단계에 맞추기
- 상담사에 대해 인습적으로 지각되는 도움 역할을 넘어 다양한 도움 역할에 참여하기. 여기서 인습적 도움 역할을 넘어선다 함은 조언자, 옹호자, 변화 촉진자, 토속적인 힐링 및 지지 체계 촉진자 역할을 한다는 의미이다.

당신이 초보 헬퍼라면 당신 기술들을 기초부터 고급까지 누적적으로 구축할 필요가 있다. 초보인 당신에게 문화적으로 방대한 차이를 보이는 헬피를 다룰 수 있는 전문성을 기대하기란 어려울 것이다. 노련한 헬퍼들조차 이런 전문성을 소유하기란 쉽지 않을 것이다. 문화적 고려사항들이 능동적 경청과 질문하기와 같은 기본 상담 기술에 미치는 영향을 우선적으로 인식하는 것은 문화적으로 진짜 민감한 헬퍼로 발전하는 노정에서 훌륭한 출발점이다.

성 인지 도움

성 인지 도움 목표

젠더 역할이라는 이슈가 개입될 경우, 양성(both sexes)과 단성(each sex)을 위한 도움 목표를 진술할 수 있다. 양성을 위한 성 인지 도움에 포함되는 것으로는 다음과 같은 것이 있다.

- 헬피 개개인이 자신의 강점과 잠재력을 사용한다.
- 적절한·선택을 한다.

- 빈약한 기술을 교정한다.
- 긍정적이면서도 유연한 자기개념을 개발한다.

덧붙여 젠더 역할과 관련한 도움 목표에는 종종 남성 및 여성 파트너가 포함될 수 있다. 예컨대 결혼 갈등에서 요구/철회 상호작용 배우기, 급속한 기술적·경제적 변화의 시기에 맞벌이 커플이 직면하는 여러 가지 이슈 다루기와 같은 것이다.

소수민인 경우, 양성을 위한 성 인지 목표에 포함되는 것으로 동성애나 다양한 수준의 양성애를 수용하려는 노력을 들 수 있다. 이는 부분적으로 동성애나 양성애에 대한 개인적인 생각과 느낌의 문제이지만, 외적 행동의 문제이자 보다 편안한 느낌을 배우는 문제이기도 하다.

페미니스트 상담과 도움을 위한 본질적 목표는 자신만의 용어로 자신을 가치 있게 여기는 여성이며, 성 역할(sex-role) 고정관념으로부터 자유롭게 되는 여성이다. 여성의 성-젠더 이슈(sex-gender issue)를 고려하는 목표 진술은 여성의 수명이나 남성에 비해 훨씬 더 많이 직면하는 여성의 문제에 초점을 둘 수 있다. 후자의 예로, 성 인지나 페미니스트 헬퍼들은 중년 여성의 폐경기를 건설적으로 다룰 수 있도록 상담할 수 있다. 덧붙여 적절한 훈련과 자질을 갖춘 헬퍼들은 여성의 불충분한 주장, 섭식장애, 가정 폭력, 성적 학대와 같은 이슈들을 심도 있게 다루는 것을 조력할 수 있다.

남성을 위한 도움 목표에 포함될 수 있는 것으로는 다음과 같은 것이 있다.

- 성공, 권력, 경쟁에 대한 과도한 욕구
- 제한적인 감수성(emotionality)
- 남성들 간의 제한적인 친밀한 행동을 심도 있게 다루기
- 가정 안팎에서의 물리적 폭력 멈추기
- 직무 관련 스트레스 다루기
- 여성을 성적 대상으로 다루는 경향 극복하기
- 보다 나은 건강 관리 기술 개발하기

여성들은 남성들보다 자신의 성 역할을 더 빨리 재정의하고 있으며, 그렇기 때문

에 많은 남성들은 자신의 성 역할을 탐색하고 이해하고 수정해야 할 위치에 놓여 있다. 부드러움과 거침을 겸비하고 여성을 동등한 존재로 존중하는 긍정적 남성성 (positive maleness)은 이 변화 과정의 바람직한 결과이다.

성 인지 도움 접근

의심할 여지없이 페미니즘의 발흥과 남성 운동의 시작은, 젠더 역할 사회화와 성차별주의에서 파생되는 여러 가지 제한들과 심리적 고통들을 치유하는 데 보다 큰 초점을 두는 상담과 도움에 양성 헬퍼들이 착수하도록 이미 많은 영향을 끼쳐 왔다.

일찍이 이 장에서 필자는 다문화적 상담 유능성에 대해 진술하였다. 그것은 성 인지 상담 유능성에도 적용할 수 있다. 성 인지 상담 유능성은 다음 세 가지의 주요 차원으로 구성되어 있다.

- 자신의 가정, 가치, 편견에 대한 자각
- 성이 다른 헬피의 세계관 이해
- 적절한 전략 및 기술 개발

이 유능성 진술의 기본 가정은 모든 헬퍼들이 젠더-민감적 서비스를 제공할 수 있도록 자신의 성 인지 및 능력 수준을 심도 있게 다룰 필요가 있다는 것이다.

페미니스트 상담과 도움은 젠더 이슈를 심도 있게 다룰 수 있는 탁월한 접근이다. 페미니스트 헬퍼들은 많은 상이한 이론적 지향들에 등록되어 있다. 페미니스트 도움은 아마도 상담과 페미니즘의 결합으로부터 출현해 온 가치나 원칙에 의해 가장 잘 기술될 것이다. 글상자 27.1에 페미니스트 도움의 기저에 깔린 다섯 가지의 중심 원칙이 기술되어 있다.

> ### 글상자 27.1 페미니스트 도움의 다섯 가지 중심 원칙
>
> 1. **평등주의적 관계** 페미니스트 헬퍼들은 권력과 그 배분이라는 이슈에 매우 민감하다. 헬피들과의 권력 공유를 강조하며, 권력 배분의 위계적 형태들은 부적절하다고 믿는다. 한 여성으로서의 자신의 경험에 대한 자기노출은 이런 상담 과정의 중요한 일부이다.
>
> 2. **다원론** 페미니스트 이론은 차이를 인정하고 높이 평가하며, 복합성과 중다적 수준의 다양성을 포함한다. 타인의 차이점을 포함해 타인에 대한 존경은 페미니스트 도움의 기본 원리이다.
>
> 3. **억압에 맞서 작업하기** 페미니스트 헬퍼들은 모든 형태의 억압에 맞서 작업한다. 예컨대 성별, 성적/애정적 지향, 인종, 문화, 종교적 신념, 라이프스타일 선택, 신체장애에 기초한 모든 억압 형태에 맞선다.
>
> 4. **외적 강조** 사회적/정치적/경제적 구조와 같은 외적 요인은 여성에 대한 관점, 여성이 자신을 보는 방식, 타인이 여성을 보는 방식을 형성하는 데 매우 중요하다. 개인으로서 여성은 정치적·경제적·제도적·문화적 요인에 의해 형성되고 그러한 요인들과 상호작용한다.
>
> 5. **여성의 경험 존중하기** '실재'를 기술하기 위해 여성의 실제 경험에 의존하고, 여성에 대해 요구되는 지식은 여성의 실제 경험에 근거하며, 여성의 경험을 무시하거나 깎아내리기보다는 존중하며, 남성의 경험을 규범적인 것으로 가정한다.

여성 헬피들을 다룸에 있어 필요한 구체적 개입에는 어떤 것들이 있는가? 페미니스트 헬퍼들에 의해 흔히 인용되는 개입에 포함되는 것에는 다음과 같은 것들이 있다.

- 성 역할 고정관념에 도전하기
- 가부장적 규범에 도전하기
- 주장 훈련
- 권능감 격려 전략
- 자기노출

말할 필요도 없이 많은 여성 헬퍼들은 젠더 관련 전략들이 될 수 있는 특정 문제들을 도움에 가져온다. 물론 이 전략들과 무관한 문제들을 가져오는 경우도 없지 않다.

　페미니스트 상담 및 도움에서의 한 가지 이슈는, 헬피를 성차별주의라는 이슈에 직면시켜야 할 것인지 여부와 어떻게 직면시켜야 할 것인지다. 당신은 여성 헬피가 자신의 젠더 역할을 변화시킨 결과를 예상하고 다루는 것을 도울 필요가 있다. 성차

별주의 이슈를 너무 빨리 다룰 경우에 있을 수 있는 한 가지 위험은, 헬피가 그것에 대한 설명에 저항하고 그 관련성을 이해하려 하지 않는다는 것이다. 이와 상반되는 위험도 있을 수 있다. 즉 헬피가 자신의 상황에 대한 성차별적 억압 분석에 너무 단순하게 고착되어 파트너에 대해 극단적으로 화를 내며, 파트너와의 관계 문제를 끝까지 작업하려고 시도하기보다는 성급하게 파트너와 헤어질 수 있다는 것이다.

남성 운동이 실종될 때가 종종 있지만 그것은 여성 운동의 다른 절반이다. 남성 도움에 대한 보다 큰 발전이 있을 필요가 있다. 이는 책임 있는 페미니스트 도움을 보완하기 위함이지 결코 여성 운동과 경쟁하기 위함이 아니다. 여성과 소녀의 헬피 수는 남성과 소년의 헬피 수를 압도하고 있다. 따라서 많은 헬피 서비스는 남자가 보다 이용하기 쉽도록 만들어질 필요가 있을 것이다. 또한 헬퍼들은 남성과 소년이 직면하는 구체적인 이슈들을 작업하는 데 보다 능숙해질 필요가 있을 것이다. 예컨대 소년과 남성에게 영향을 주는 도움 추구 행동이 무엇인지에 대해 더 많은 관심이 주어질 필요가 있다. 앞에서 살펴본 페미니스트 도움의 다섯 가지 중심 원리인 평등주의적 관계, 다원론, 억압에 맞서 작업하기, 외적 강조, 여성의 경험 존중하기는 남성 상담 및 도움과도 관련성이 깊다.

다문화적 상담 유능성과 마찬가지로, 만일 당신이 초보 헬퍼라면 한꺼번에 모든 것을 배울 것이라고 기대하기 어렵다. 젠더 고려사항이 능동적 경청과 질문하기와 같은 기본 상담 기술들에 영향을 미치는 방식에 대해 우선 인식하는 것은 진정으로 젠더 인지적이고 민감한 헬퍼가 되기 위한 훌륭한 출발점이다.

활동 27.1 다문화적 도움

1. 나의 문화와 도움
- 당신은 어떤 조상문화(들) 출신인가?
- 당신은 그 조상문화(들)로부터 유래하는 어떤 차별적 가치와 사고방식을 소유하고 있는가?

2. 다문화적 도움 목표
이 장에서 다문화적 도움을 다룬 부분을 찾아보라. 다문화적 도움을 위해 어떤 목표가 당신의

(계속)

현재나 미래의 도움 작업을 위해 특히 관련된다고 생각하는가?

3. 다문화적 도움 유능성

당신은 상이한 문화 출신의 헬피를 조력함에 있어 자신을 더 훌륭하게 만들기 위해 어떤 유능성이나 기술을 개발할 필요가 있다고 생각하는가?

활동 27.2 성 인지 도움

1. 나의 젠더 역할 정체성

- '남성성'과 '여성성'의 차원에서 당신 자신을 어떻게 기술하겠는가?
- 당신의 젠더 역할 정체성을 간략하게 요약하라.

2. 성 인지 도움 목표

- 소녀와 여성이 도움에 가져오는 특별한 문제에는 어떤 것이 있는가?
- 소년과 남성이 도움에 가져오는 특별한 문제에는 어떤 것이 있는가?
- 성 인지 도움을 위한 목표에는 어떤 것들이 있는가?
  - 양성을 위한 목표
  - 소녀와 여성을 위한 목표
  - 소년과 남성을 위한 목표

3. 성 인지 도움 유능성

당신은 상이한 젠더 출신의 헬피를 조력함에 있어 당신을 더 훌륭하게 만들기 위해 어떤 유능성이나 기술을 개발할 필요가 있다고 생각하는가?

28

지지 얻기와 슈퍼비전 받기

학습목표
이 장을 공부하고 활동을 해봄으로써 당신은

● 지지를 얻는 몇 가지 방식에 대해 알고

● 슈퍼비전에 자료를 제출하고 슈퍼비전을 이용하는 몇 가지 기술을 개발해야 한다.

기본적인 상담 기술들을 사용하는 헬퍼들 중에는 형식적인 슈퍼비전 배열에 대한 접근을 가지지 않는 사람들도 적지 않을 것이기 때문에 필자는 이 장을 지지 얻기와 슈퍼비전으로 나눈다. 이 두 가지는 중첩되는 부분도 있다.

지지 얻기

당신이 상담 기술을 쌓기 위한 형식적인 슈퍼비전 배열에 대한 접근을 갖지 않는 이유는 많을 것이다. 당신은 가르치기, 간호하기, 재정적 조언 제공과 같은 다른 주된 역할의 일부로 상담 기술을 사용하고 있을지 모른다. 이런 상황에서 직원 지원이나 개발을 위한 자원은 당신의 상담 활동을 위한 것이라기보다는 직원의 주요 과업에 집중되어 있을 것이다. 직원의 상담 기술을 모니터하고 구축하기 위해 슈퍼비전을 제공하는 것은 시간-비용 효과가 클 수 있다. 고용주들은 고용인들을 위한 충분한 자금이 없거나 고용인들을 위한 슈퍼비전의 필요성을 인식하지 못할 수도 있다. 나아가, 어떤 조직이나 기관은 그 구성원에 의한 상담 기술의 활용을 달갑게 여기지 않아 조직이나 기관 차원에서 직접 그 기술을 제공하는 것을 선호하기도 한다.

당신은 자신의 직장이나 기관에서 형식적인 슈퍼비전이 아닌 다른 방식으로 상담 기술 구축을 위한 귀중한 지지와 원조를 받을 수 있다. 필요하다고 느낄 때 당신의 작업을 함께 정기적으로 검토하고 도움을 구할 수 있는 상사나 멘토가 당신에게 할당될지 모른다. 또한 당신은 헬피를 다루는 방법을 논의하기 위해 직원모임이나 사례회합에서 정기적으로 만나는 팀원일 수 있는데 이 경우 기본 상담 기술 향상법을 가르칠 뿐만 아니라 다른 팀원들의 경험에 의지해 풍부한 학습 환경을 제공할 수 있는 수 있는 노련한 팀장과 접촉할 기회를 가질 수 있을 것이다. 이외에 당신 직장이나 자발적 기관에서는 특별한 내담자를 다루기 위한 특정 기술을 개발하도록 조력하는 특별 워크숍이나 단기 코스를 운영할지 모른다. 나아가 당신이 상담 기술을 사용하는 장면에는 자체적으로 유능한 전문가 지원 시스템을 갖추고 있어 그런 전문가와 함께 당신 헬피에 대해 논의할 수도 있을 것이다.

당신의 조직이나 기관으로부터 적절한 지원을 받지 못할 경우, 당신은 비형식적인 멘토 역할을 해줄 수 있는 보다 노련한 동료들을 식별할 수 있다. 아니면 당신 스스로 동료 지지 집단을 구성하는 것도 고려할 수 있다. 때때로 당신은 적절한 전문적 조언을 구하기 위해 부득불 당신의 조직이나 기관 밖을 바라보아야 할지 모른다. 예컨대 신뢰받는 상담 전문가나 정신과 의사로부터의 조언과 같은 것이다. 이 경우 헬피 이익이 최우선되어야 하며, 헬피의 기밀 유지 권리를 보호하는 것에 매우 민감해야 한다. 덧붙여, 15장에서 논의한 바와 같이 당신과 멘토가 벅차다고 느낄 경우 당신은 당신 헬피를 보다 적절한 자격을 갖춘 사람에게 의뢰하는 옵션을 종종 갖는다. 그러나 상황에 따라 헬피가 아닌 헬피 문제만 의뢰할 수 있다는 것도 이미 논의한 바 있다.

슈퍼비전 받기

당신의 상담 기술을 잘 개발하기 위해서는 유능한 슈퍼비전을 필요로 한다. 슈퍼비전은 글자 그대로 감독한다는 의미이다. 당신의 효과성을 개발하는 것을 도울 수 있는 노련한 실천가와 함께 당신의 상담 기술 활용에 대해 논의할 수 있다. '훈련 슈퍼비전(training supervision)'과 '자문 슈퍼비전(consultative supervision)' 간에는 차이가 있다. 훈련 슈퍼비전은 훈련 코스는 물론 실습 기간 동안 지속되는 훈련의 일부이다. 자문 슈퍼비전은 한 명이나 그 이상의 유자격 헬퍼들 간의 평등한 배치이다. 이 배치에 참여하는 헬퍼들의 만남 목적은 그들 중 최소 한 명 이상의 실제를 향상시키는 데 있다. 이 장 나머지에서의 주된 강조는 정기적이며 체계적인 훈련 슈퍼비전으로부터 혜택을 받는 방법에 관한 것이다.

슈퍼비전의 목표와 형식

무엇보다 중요한 슈퍼비전의 목표는 슈퍼비전을 받는 사람, 즉 슈퍼바이지(supervisee)를 효과적인 헬퍼로서 사고하고 의사소통하도록 조력함으로써 스스로 내적 슈퍼바이저(internal supervisor)가 되도록 돕는 것이다. 슈퍼바이저는 초기부터 지속적으로 슈퍼바이지와 모종의 '손잡기'를 해야만 할지 모른다. 이는 슈퍼바이지가 자신이 돌보는 헬피와의 서먹한 분위기를 깨도록 슈퍼바이저가 돕는다는 점에서 그렇다. 덧붙여 슈퍼바이지는 자신의 수행 불안에 기여하는 빈약한 정신 기술을 검토하고 심도 있게 다루는 것을 조력하는 슈퍼바이저로부터 도움을 받을 수 있다. 슈퍼비전 전반에 걸쳐, 슈퍼바이지는 의존이나 슈퍼바이저 승인을 위한 어떤 욕구라기보다는 자기신뢰와 정직한 자기평가가 격려되는 방식으로 정서적 지지를 받아야 한다.

슈퍼비전은 일대일로 혹은 두 명이나 그 이상의 도움 훈련생들이나 헬퍼들과 함께 이루어질 수도 있다. 여건이 허락된다면 필자는 일대일 개인 슈퍼비전을 선호한다. 특히 당신이 헬피를 보기 시작하는 초기라면 개인 슈퍼비전을 권한다. 개인 슈퍼비전의 장점은 철저하게 슈퍼비전을 받을 수 있는 적절한 시간을 당신에게 제공하며, 당신 헬피는 물론 당신 자신과 관련한 민감한 이슈들을 논의할 기회가 여러 사람과 함께 하는 슈퍼비전보다 더 많다는 것이다.

소집단 슈퍼비전도 몇 가지 장점을 가지고 있다. 예컨대 당신은 보다 폭넓은 슈퍼바이지들에게 노출되어 슈퍼바이저는 물론 그들로부터 당신 작업에 대한 피드백을 받고 논의하는 기술들을 개발할 수 있다. 나아가 당신의 수행에 대한 슈퍼바이지들의 정직한 평가의 맥락에서 당신은 더욱 자기노출적일 수 있다.

개인 슈퍼비전은 물론 상담 기술 훈련집단에 참여하는 것도 매우 추천할 만하다. 훈련집단에서 여러 가지 사정 기술과 다양한 도움 전략을 배울 수 있다. 나아가 그런 집단 속에서 헬피 작업에 대한 자신의 경험을 관련된 모든 사람과 유익한 방식으로 공유할 수 있다.

슈퍼비전 과정은 도움 과정과 흡사하다. 이는 슈퍼바이저가 당신과 좋은 동맹 관계를 개발해 당신의 기술을 모니터하고 향상시킬 수 있는 비옥한 맥락을 제공한다는 점에서 그렇다. 그러나 슈퍼비전에서는 개인적 문제에 대한 관리보다는 효과적인 도움에 필요한 정신 및 의사소통 기술 향상에 강조점을 둔다.

슈퍼비전 문헌은 역전이에 대한 참고문헌으로 가득하다. 역전이를 통해 헬퍼들은 자신의 욕구 충족을 위해 헬피들에 대한 지각과 행동 방식을 왜곡한다. 예를 들어 다양한 인식 수준에서 슈퍼바이지들은 물론 노련한 헬퍼들조차 헬피 의존성, 성적 관심, 부적절한 거리 두기의 문제를 보일 수 있다. 당신의 작업에 조금이라도 영향을 주는 어떤 왜곡이 있다면 당신은 효과적인 슈퍼비전을 통해 그 왜곡을 식별하고, 탐색하고, 심도 있게 다루어야 한다. 슈퍼바이저들 또한 슈퍼바이지들을 향한 자신의 역전이 왜곡을 식별하고 심도 있게 다루어야 한다.

슈퍼비전에서 자료 제출하기

다음은 당신이 슈퍼비전 회기를 가질 때 당신이 수행했던 도움회기의 내용을 제출할 수 있는 몇 가지 방법이다. 이 중 몇 가지는 당신의 도움회기에서 실제 발생한 것에 대한 이해의 타당성을 높이기 위해 조합되어 사용될 수 있다.

- **구두 보고** : 구두로 직접 보고하는 것은 전적으로 기억에 의존한다. 그렇기 때문에 불완전하며, 선택적일 가능성이 아주 높다. 당신이 수행한 회기와 슈퍼비전을 받는 시간 간격이 크면 클수록 그만큼 더 기억의 타당성은 낮을 것이다. 더욱이, 만일 당신이 다른 헬피들을 돌보는 중이라면 발생한 사태가 어떤 헬피들과 관련된 것인지 헷갈릴 수 있다.

- **과정 노트** : 과정 노트는 도움 회기 직후나 구조화된 형식으로 쓰인다면 기억에 그렇게 심하게 의존하지 않는다. 그리고 슈퍼비전을 받는 동안 기억에 대한 하나의 보조물 역할을 할 수 있다. 과정 노트와 구두 보고의 조합은 여전히 타당성의 문제가 클 수 있지만, 구두 보고에 전적으로 의존하는 것보다는 타당할 것이다.

- **오디오 기록** : 오디오 기록은 회기의 구두적·음성적 내용 모두에 대한 타당한 기록이 있다는 것을 의미한다. 또한 오디오 기록은 초점을 두고 싶은 특정 내용 구역을 당신이 선택할 수 있을 뿐만 아니라 그것을 요구하는 슈퍼바이저의 욕구를 충족시킬 수도 있다는 장점을 갖는다. 오디오 기록 시 마이크가 너무 커서 눈에 거슬리지 않도록 하는 것이 바람직하다.

- **비디오 기록** : 비디오 기록은 구두적·음성적 회기 내용뿐만 아니라 신체적 회기 내용에 대한 타당한 기록이 있다는 점에서 오디오 기록에 비해 큰 장점을 갖는다. 회기에 대한 비디오 기록을 보는 것은 필자가 선호하는 슈퍼비전 방식이다. 그러나 비디오 기록을 위한 배치가 되어 있지 않을 수도 있는데, 이 경우 오디오 기록이 차선책이다. 비디오 기록의 단점 가능성은 그 기계가 오디오 기록에 필요한 기계보다 훨씬 더 눈에 거슬리는 경향이 있다는 것이다.

- **역할놀이** : 비디오 기록이 가용하지 않을 때, 역할놀이는 슈퍼바이지들의 실제 의사소통 방식을 알아낼 수 있는 한 가지 방법이다. 당신은 슈퍼바이저를 '헬피'로 삼고 당신의 실제 회기의 일부와 유사한 방식으로 상담할 수도 있다.

- **헬피 피드백** : 헬피는 도움회기에서 발생한 것에 대한 자신의 이해와 관련한 피드백을 여러 가지 방식으로 당신에게 제공할 수 있다. 슈퍼바이저와 함께 당신은

왜 한 회기만 수행할 수 있었는지 그리고 왜 더 이상 헬피가 당신 도움에 오지 않았는지에 주목하고 이해하려고 애써야 한다. 도움회기가 끝날 무렵, 당신은 당신 헬피에게 도움 관계 및 절차에 대해 피드백해 줄 것을 요청할 수 있다. 헬피 역시 이와 비슷한 피드백을 자신에게 요구하는 간략한 회기 후 설문지를 작성할 수 있다.

슈퍼비전 활용하기

슈퍼비전 회기는 준비, 슈퍼비전 회기 그 자체, 추수라는 세 단계로 나뉠 수 있다. 준비 단계에서 당신은 회기 노트를 쓰고, 그것에 대해 성찰하고, 오디오나 비디오 기록을 검토할 수 있다. 그리고 좋은/빈약한 상담 기술의 활용을 제시하기 위한 발췌들을 선택할 수 있다. 덧붙여, 당신은 가용한 도움 전략들에 대해 읽고, 당신 자신과 당신 헬피와의 차이점들과 관련한 이슈들을 고려하고, 윤리적 이슈들에 대해 숙고하고, 다른 각도로 당신의 슈퍼비전 시간을 최대로 활용할 수 있는 방법들에 대해 성찰할 수 있다.

회기 초에 당신과 슈퍼바이저는 함께 회기 의제를 설정할 수 있다. 당신은 5~8시간의 헬피 접촉들에 대해 한 번만 슈퍼비전을 받을 때가 있다. 당신의 도움 회기 기록이 활용될 경우 어떤 기록을 제시할 것이며, 선택한 기록을 위해 어떤 발췌들을 검토할 것인지에 대해 결정하는 것은 중요하다. 기록을 가지고 작업할 때 발생할 수 있는 하나의 위험은, 한 회기에 너무 많은 시간이 소비되어 나중 회기(들)에서의 작업(들)이 불충분한 관심을 받거나 혹은 전혀 관심을 받지 않게 된다는 것이다.

17장에서 헬피 중심 코칭 기술 활용의 중요성을 언급했다. 당신은 슈퍼비전을 받는 동안 당신의 슈퍼바이저가 사용한 기술들로부터 헬피 중심 코칭의 유용성과 유사한 이득을 얻을지 모른다. 때때로, 슈퍼바이저는 무언가 지적해내기 위해 기록을 멈추게 하고 싶어 할 것이다. 그러나 특별한 경우를 제외하고, 당신이 어떤 발췌를 제시할 것인지 그리고 논의를 위해 언제 멈출 것인지를 선택하는 사람이 되어야 한다. 슈퍼바이저는 "거기서 무슨 일이 일어나고 있었습니까?", "당신은 무엇을 하려고 애쓰고 있었습니까?", "당신은 무엇을 느끼고 있었습니까?", "당신은 어떤 기술들을 사용하고 있었으며 그것들을 얼마나 잘 사용하고 있었습니까?" 같은 질문을 함으로써 당신의 선택 과정을 촉진할 수 있다. 좋은 동맹 관계 맥락 속에서, 슈퍼바이저는 당신의 도움 작업에 대해 체계적으로 사고할 수 있는 능력을 개발시킴으로써 당신 스스로 내적 슈퍼바이저가 되도록 돕는다. 슈퍼비전 회기가 끝을 향해 갈 때, 당신과 슈퍼바이저는 함께 회기의 핵심 내용을 검토하고 특정 과제물에 대해 협상할 수 있다.

슈퍼비전 회기의 추수 단계의 주요 목표는 두 가지다. 그 하나는 슈퍼비전에서 논의하고 작업했던 향상된 당신의 기술을 당신의 차기 도움회기에서 당신 헬피를 위해 활용하는 것이다. 다른 하나는 특정 과제를 수행하는 것이다. 예컨대 슈퍼바이저와의 약속대로 당신이 어떤 특정한 도움 전략을 사용하기 전에 그것을 연습하는 과제이다. 또는 특정 헬피의 문제와 관련한 몇 가지 참고문헌을 읽는 과제를 할 수도 있다. 아니면 당신 헬피만이 아니라 당신 자신의 정신 기술도 향상시키는 데 초점을 두는 과제를 할 수도 있다. 예컨대 당신의 수행 불안에 공헌하는 어떤 요구적 규칙에 도전하고 그것을 재진술하는 데 시간을 들이는 것이다.

슈퍼비전을 최대로 활용할 수 있는 슈퍼바이지들의 능력은 다양하다. 유능성 성취를 위해 열심히 할 준비가 되어 있지 않은 사람이 있는가 하면, 개인적 문제가 너무도 중대해서 삶의 형태가 나아질 때까지는 어떤 경우에도 슈퍼비전을 받아서는 안 되는 사람도 있다. 슈퍼비전이 특히 힘든 사람을 꼽으라면 방어적인 훈련생, 빈약한 정신 및 의사소통 기술이 도움을 방해하는 방식에 대한 통찰을 거의 소유하지 않은 훈련생이다. 어떤 슈퍼바이지는 이미 너무도 많이 알고 있기 때문에 슈퍼비전을 어렵게 한다. 소수이긴 하나 자신의 헬피나 슈퍼바이저와 관련한 비윤리적 행동을 주도하거나 그런 행동에 참여하는 슈퍼바이지도 있다.

활동 28.1 지지 얻기와 슈퍼비전 받기

1. 형식적 슈퍼비전 이외에, 어떤 방식으로 당신의 상담 및 도움 기술 구축을 위한 지지를 얻을 수 있는가?
2. 슈퍼비전에서 자료를 제시하는 다음 각 방식의 장단점을 비판적으로 논의하라.
   - 구두 보고
   - 과정 노트
   - 오디오 기록
   - 비디오 기록
   - 역할놀이
   - 헬피 피드백
3. 만일 당신이 지금 슈퍼비전을 받는 상황이라면 그것에 만족하는가? 그렇지 않다면, 그 상황을 향상시키기 위한 어떤 것이 있다면 그것을 위해 당신을 무엇을 할 수 있는가?

29

보다 능숙해지기

학습목표
이 장을 공부하고 활동을 해봄으로써 당신은
- 자력으로 혹은 훈련 도움을 통해 당신의 기술을 구축하는 방법에 대해 배우고
- 몇 가지 서적과 저널에 입문하며
- 개인상담 및 자조에 대해 뭔가 알아야 한다.

몇 가지 기본 상담 기술을 일단 익힌 후 당신은 그것에 더욱 능숙해지도록 도전해야 한다. 사람에 따라 작업 맥락과 역할, 배경과 경험, 기술 향상 동기가 다를 수 있다. 그러므로 당신이 보다 능숙하도록 돕기 위한 다음의 제안들은 당신의 현행 상담 기술, 개인적 의제, 작업 요건, 경력 열망에 대한 평가 맥락 속에서 고려될 필요가 있다.

기술 구축

당신의 상담 기술을 유지하고 개발하기 위해 당신이 활용할 수 있는 방법에는 어떤 것들이 있겠는가? 당신은 능숙한 상담사나 헬퍼의 시연을 관찰하고 경청할 수 있다. 예컨대 선도적인 상담사나 심리치료사에 의해 수행된 오디오나 비디오 인터뷰 기록을 영국, 호주, 미국에서 구매하거나 빌려 볼 수 있다. 영국인 경우, 관련 영상이나

비디오 기록을 영국상담심리치료학회로부터 빌려 볼 수 있을 것이다(부록 2 참조). 또한 당신은 문서화된 상담 기술 시연을 통해 배울 수 있을 것이다. 다시 말해 선도적인 치료사가 수행한 인터뷰 필사본을 활용하는 것이다. 시연으로부터 당신이 배울 수 있는 또 다른 방법은 능숙한 헬퍼의 내담자가 되는 것이다. 물론 이것이 상담 도움을 추구하는 주요 동기가 되어서는 안 될 것이다. 스탠퍼드대학에서 상담전공 대학원생이었을 때 필자는 매우 능숙한 헬피 중심 상담사 한 분과 약 50시간의 개인 치료를 통해 동맹 관계를 수립하는 방법에 대해 많이 배웠다.

필사본을 관찰하고, 청취하고, 읽는 인터뷰 전체 접근이 가치 있는 반면, 이렇게 하는 것만이 그 자료에 접근하는 유일한 방법은 아니다. 한 가지 옵션은 인터뷰의 보다 작은 구역에 초점을 두고(예 : 5분 분량) 특정 상담 기술이 어떻게 사용되었는지 알아보는 것이다. 구두적 의사소통에 더해 음성 메시지에 초점을 두라. 그리고 기록물을 관찰한다면 신체 메시지에도 주목하라.

또 다른 옵션은 헬피 진술이 끝날 때마다 오디오나 비디오 기록물을 끄고 당신 자신의 반응을 먼저 형성해본 다음, 기록물 속의 헬퍼가 실제로 반응한 방식을 살펴보는 것이다. 만일 당신이 Carl Rogers의 한 회기 필사본을 가지고 작업한다면, Rogers의 반응을 다루고 있는 페이지 하단부에 당신 자신의 반응을 만들어본 후 그의 반응과 비교해볼 수 있다. 당신의 반응이 유명한 헬퍼들의 반응에 비해 반드시 열등하지 않을 수도 있다.

공동상담(co-counselling)은 동료 도움의 한 형태로서, 주어진 시간 동안(예 : 1시간) 서로 헬퍼와 헬피 역을 하면서 도움을 주고받는 것이다. 당신은 동료와 함께 이 공동상담에 기초해 상담 기술을 실습할 수 있으며, 적절한 곳에서 오디오나 비디오 피드백을 활용할 수 있다. 덧붙여, 당신은 동료자조집단을 구성하거나 그 일원이 되어 함께 작업하고 서로 코멘트하고 지지하면서 자신의 상담 기술을 개발할 수 있을 것이다.

만일 당신이 비형식적 도움 접촉이나 보다 형식적인 도움 회기에서 직무의 일환이나 자원봉사자 자격으로 상담 기술을 이미 사용하고 있다면, 특정 장면의 회기 기록을 혼자 혹은 슈퍼바이저나 동료와 함께 보면서 당신 자신을 모니터할 수 있을 것이다. 또한 당신은 헬피의 피드백에 민감해야 한다. 헬피의 구두, 음성, 신체 메시지를 피드백 삼아 자신이 사용하는 상담 기술에 대한 헬피의 반응 방식을 잘 인식할 수도 있다. 그리고 적절한 곳에서 헬피로 하여금 각 회기에 대한 경험 피드백은 물론 도움 접촉 전반에 관한 피드백도 부탁할 수 있다. 또한 피드백 생성을 위한 질문지를 그 길이에 상관없이 스스로 개발할 수도 있다.

훈련 경로

당신이 상담 기술 훈련을 더 받고 싶다면 다음에는 어디로 갈 것인가? 만일 당신이 사회복지나 간호 같은 전문직에 종사하고 있다면, 졸업한 대학교의 학부나 대학원 과정에 추가적인 훈련 기회는 없는지 확인해보라. 그것을 이미 경험했다면, 당신이 속한 전문학회나 그 회원이 운영하는 현직 훈련 과정이나 워크숍을 찾아보라. 만일 당신이 자발적 조직에서 근무하고 있다면, 그 조직원들에게 기어를 맞춘 중급이나 고급 상담 기술들을 활용할 수 있을 것이다.

당신이 전문상담사나 상담심리학자가 되고 싶다면, 승인된 그리고/혹은 공신력이 있는 코스를 찾아야 한다. 영국의 경우 영국상담심리치료학회에서 매년 **상담 및 심리 치료 훈련 안내** 책자(*The Training in Counselling and Psychotherapy Directory*)를 발간한다. 호주는 물론 영국에서 상담심리학자가 되는 지금의 주요 경로는 심리학 학부와 상담심리학 석사 과정을 밟는 것이다. 이렇게 할 의도가 있다면 관련 상담심리치료 및 심리학 전문학회와 접촉하라. 그러면 승인 과정에 대해 자세히 알 수 있을 것이다(부록 2 참조).

상담 코스, 다시 말해 심리치료나 상담심리학 과정을 졸업한 것 그 자체가 승인을 의미하진 않는다. 승인을 얻어내기 위해선, 졸업자들은 정해진 많은 시간 동안 슈퍼비전을 받는 도움 실제를 축적하는 것을 필요로 한다. 나중에 승인을 유지하기 위해서도 지속적인 슈퍼비전을 받거나 각종 컨퍼런스, 워크숍, 훈련 과정에 참석해서 정기적으로 지속적인 전문성 개발 점수를 축적하는 것이 요구될 것이다.

전문학회에 의한 승인과 국가/주 등록위원회에 의한 의무 등록 혹은 면허 간에는 차이가 있다. 호주의 경우 주 등록위원회에 등록해야 하며, 전문자격을 등록하지 못한 사람은 스스로 상담심리학자라 부를 수 없다. 영국은 물론 호주에서는 상담사, 심리치료사, 상담심리학자의 면허를 강화하는 추세다. 영국상담사등기소의 발전은 영국 전경에 중요한 이정표다.

컨퍼런스, 단기 코스, 워크숍에 참여하기는 당신의 지식과 기술을 향상시킬 수 있는 비형식적 훈련 경로를 제공할 수 있다. 영국에서는 단기 코스, 워크숍, 컨퍼런스에 대한 세부사항은 영국상담심리치료학회의 월간 학술지 *Therapy Today*와 영국심리협회의 월간 학술지 *The Psychologist*에서 찾을 수 있다. 호주의 심리학 및 상담 전문 학회(부록 2참조)에 의해 발간되는 학술지에서도 비슷한 정보를 제공하고 있다. 나아가, 두 국가의 단기 코스, 워크숍, 컨퍼런스에 관한 정보는 다른 상담 관련 전문 학회의 뉴스레터나 학술지에서 발견할 수 있다. 영국의 *Relate News*가 그 예이다.

만일 당신이 특정 도움 접근의 상담 기술 개발에 관심이 있다면, 인근 지역에 훈련 센터가 있는지 조사해보라. 주요 도움 접근 대부분은 훈련 및 실제를 위한 국제적인 네트워크를 가지고 있다. 예컨대 인간 중심 치료를 위한 특수 훈련 기관들이 영국에 있으며, 합리적 정서행동치료인 경우 영국과 호주 모두에 존재한다.

서적 및 학술지

서적

상담 기술 사용의 토대가 되는 이론적 문헌은 방대하다. 그 문헌은 선도적 이론가가 직접 쓴 일차 자료인 책과 논문, 주창자가 아닌 다른 사람이 상이한 이론적 접근들을 정리한 이차 자료인 책과 논문으로 나뉠 수 있다. 궁극적으로, 일차 자료를 읽는 것에 대체할 것은 없다. 그러나 초보 헬퍼가 어디서부터 시작하며 그 근거를 어떻게 다룰 것인지를 아는 것은 벅찬 작업일 수 있다. 상담이나 도움 문헌에 대한 당신의 접근을 돕기 위해 필자는 이 책의 부록 1로 주석이 달린 참고문헌을 제시하였다.

학술지

학술지는 상담 기술 문헌의 최근 동향을 따라잡는 데 탁월한 수단을 제공한다. 만일 당신이 간호, 사회복지, 인적자원개발과 같은 분야에 있다면, 이 분야의 전문 학술지에서도 상담 기술 사용에 대한 논문을 다루고 있어 참고가 될 것이다.

글상자 29.1은 몇 가지 주요 상담 및 상담심리학 학술지 목록을 제공한다.

글상자 29.1 몇 가지 선도적인 상담 및 상담심리학 학술지

상담

Australian Journal of Guidance and Counselling

British Journal of Guidance and Counselling

Therapy Today (영국상담심리치료학회)

Counselling and Psychotherapy Research (영국상담심리치료학회)

Journal of Counselling and Development (미국상담학회)

New Zealand Counselling and Guidance Association Journal

International Journal for the Advancement of Counselling

상담심리학

The Australian Counselling and Psychologist (호주심리학회)

Counselling Psychology Review (영국심리협회)

Journal of Counseling Psychology (미국심리학회)

The Counseling Psychologist (미국심리학회)

개인상담 및 자조

개인상담

당신은 기본 상담 기술 훈련에 착수하기 전에 내담자 경험을 할 의도가 있거나 아니면 그런 경험을 현재 하고 있을지 모르겠다. 내담자 경험을 고려하는 이유들로는 개인적 성장, 헬퍼 입장 이해하기, 다양한 유형의 치료 경험 확대를 들 수 있다.

개인상담은 보다 행복하고 충만하며 인간다운 인간이 되는 장벽을 뚫는 작업에 대단히 유익할 수 있다. 덧붙여, 당신은 개인상담을 통해 자신의 위치나 슈퍼비전과 관련한 재료를 심도 있게 다룰 수 있다. 예컨대 특정 부류의 헬퍼를 다루는 것에 대한 두려움, 과잉 혹은 과소 몰입 경향과 같은 것이다. 만일 당신이 개인상담에 더해 혹은 그 대신에 과거의 박탈과 현재의 문제를 다루고 싶다면, 부부상담이나 가족상담 아니면 집단상담 모드를 취하는 것도 고려할 수 있다. 나아가 주장 기술이나 스트레스 관리 기술과 같은 것에 초점을 두는 삶의 기술 훈련 집단에 참여하는 것은 더욱 강하고 능숙한 인간 존재가 되도록 도울 수 있다.

상담사와 헬퍼 훈련에서의 한 가지 이슈는, 개인상담 경험이 의무적이어야 하는지 여부이다. 앞에서 필자는 개인상담이 유익한 몇 가지 이유를 제시했다. 그러나 개인상담과 관련한 다른 측면의 이슈가 있다. 다시 말해 개인상담 경험을 상담사나 헬퍼 승인을 위한 하나의 준거로 삼는 것과 관련해 주저할 수도 있다는 것이다. 구체적으로, 개인상담 경험의 유관적합성(relevance), 강제성, 비용, 최소 이수 시간, 효과에 대한 연구 증거와 관련한 이슈이다. 유관적합성과 관련해, 상담 접근에 따라 개인상담을 경험하는 훈련생에 부착하는 가치는 다르다. 강제성과 관련해, 어떤 관료적 요구에 따르는 개인상담 경험은 형식적으로 이루어질 수 있으며 그 결과 그것이 효과적이지 않을 수도 있다. 비용과 관련해, 개인상담 경험 비용을 헬퍼 훈련 지출비용에 더하는 것은 엘리트주의로 이끌며 가난한 훈련생들을 차별한다. 필수적으로 요구되는 개인상담 경험의 길이와 관련해, 그것이 얼마나 길어야만 하는지는 접근에 따라 다르다. 마지막으로, 도움 실제를 강화함에 있어서의 개인상담 경험의 효과에 대한 연구 증거는 아직 충분치 않다.

자조

상담 기술 훈련은 당신의 기능 향상을 위한 몇 가지 유용한 도구를 당신에게 제공할 수 있다. 당신은 자신의 일상적 삶의 경험을 성찰하면서 자신을 헬피로서 대할 수 있다. 배우자나 부모와 같은 당신의 일상적 역할에서의 인간이나 당신의 도움 역할에서의 인간은 동일한 인간이다. 자조가 가장 체계적으로 이루어지려면 우선 당신 자신과 동맹 관계를 창출할 수 있는 충분한 시간적·물리적·심리적 공간을 명료화하라. 다음으로, 문제 상황에서 무엇이 진행되고 있는지에 대한 당신의 이해를 명료화하고 확장하라. 이 과정 동안 당신은 유해한 생각, 의사소통/행위를 식별하고 그것들을 개선하기 위해 특정한 정신 기술과 의사소통/행위 기술로 번역할 수 있다. 그런 다음 이 책에 기술된 몇 가지 도움 전략을 자신에게 적용하면서 당신의 효과성을 높이는 작업을 하라.

시간이 흐름에 따라 당신은 자신이 사용하는 특유의 빈약한 정신 및 의사소통/행위 기술에 현명해질 것이다. 예컨대 당신의 큰 분노를 만들고 있었던 어떤 요구적 규칙을 식별하고, 그것에 도전하고, 필요하다면 그것을 재진술함으로써 자기패배적인 분노를 일소하는 기술을 개발할 수 있을 것이다. 당신은 또한 사생활에서 저지른 실수를 회수하는 데 숙련될 수 있는데, 이는 실수를 인정하고 적절한 정신 및 의사소통 기술을 활용해 정상으로 되돌림으로써 가능하다.

당신 스스로 작업하는 것에 더해, 당신은 동료자조집단이나 지지망의 일원이 될 수 있다. 예컨대 여성집단, 남성집단, 게이 및 레즈비언 집단, 특정 소수민족집단의 구성원은 자신의 인간성을 더 개발하기 위해 그리고 개인적·제도적·정치적 억압을 다루기 위해 서로 도울 수 있다.

활동 29.1 보다 능숙해지기

아래에 당신이 더 능숙해지는 것을 돕기 위해 선택할 수 있는 몇 가지 방식이 있다. 어떤 것들이 당신에게 적합한가?

1. 기술 쌓기
- 비디오와 오디오 기록 관찰하고 듣기
- 인터뷰 필사본 읽기
- 공동상담
- 동료자조집단
- 슈퍼바이저, 동료, 헬피의 피드백
- 질문지

2. 훈련 경로
당신에게 가용한 추가적인 훈련 기회들은 무엇인가?

3. 서적과 학술지
- 당신이 스스로 더 능숙해지는 것을 돕기 위해 어떤 서적을 읽겠는가? 몇 가지 서적 목록이 부록 1에 있다.
- 당신이 스스로 더 능숙해지는 것을 돕기 위해 어떤 학술지를 살펴보겠는가? 몇 가지 아이디어를 얻기 위해 글상자 29.1을 보라.

4. 개인상담과 자조
- 당신이 스스로 더 능숙해지는 것을 돕기 위해 개인상담을 받을 생각이 있는가?
- 어떤 자조 방법이 당신이 더 능숙해지는 데 기여하겠는가?

BASIC COUNSELLING SKILLS

주석이 달린 참고문헌

Alberti, R. and Emmons, M. (2008) *Your Perfect Right: Assertiveness and Equality in Your Life and Relationships,* 9th edn. Atascadero, CA: Impact Publishers.

이 인기 있는 책은 3부, 즉 당신과 당신의 완벽한 권리, 주장 발견하기, 주장적으로 되기로 구성되어 있다.

Bond, T. (2015) *Standards and Ethics for Counselling in Action*, 4th edn. London: Sage.

이 책은 4부(배경, 내담자에 대한 책무성, 상담사와 다른 사람들, 전체 그림)로 되어 있다. 도움에서의 윤리적 이슈와 딜레마에 대한 입문서로 많이 추천된다.

Chaplin, J. (1999) *Feminist Counselling in Action*, 2nd edn. London: Sage.

이 책은 페미니스트 치료의 다단계 리듬 모형을 제시한다. 저자는 각 단계의 과정을 3개의 사례 연구로 예시한다.

D'Ardenne, P. and Mahtani, A. (1999) *Transcultural Counselling in Action*, 2nd edn. London: Sage.

두 명의 임상심리학자가 쓴 책이다. 범문화적 상담의 개념을 소개하고 헬피, 상담사, 상담 과정 시작, 공통의 언어 공유, 치료 관계, 변화와 성장, 종결상담과 관련한 실제적 이슈들을 검토한다. 방글라데시, 영국, 프랑스, 나이지리아의 문화적 배경을 가진 4명의 헬피 사례 연구를 다루고 있다.

Egan, G. (2013) *The Skilled Helper: A Problem-Management and Opportunity-Development Approach to Helping*, 10th edn. Belmont, CA: Thomson Brooks/Cole.

이 텍스트는 치료사–헬피 관계의 동맹적 본질을 강조한다. 초석 다지기, 치료적 대화 : 의사소통 및 관계 구축 기술, 능숙한 헬퍼의 문제 관리 및 도움에 대한 기회 개발 접근으로 구성되어 있다.

Feltham, C. and Horton, R. (eds.) (2012) *The Sage Handbook of Counselling and Psychotherapy*, 3rd edn. London: Sage.

이 책은 맥락적 상담 및 심리치료, 사회문화적 관점, 치료 기술 및 임상 실제, 전문적 이슈, 이론과 접근, 문제의 내담자, 전문주의와 그 양태의 7개 부로 구성되어 있다.

Mearns, D., Thorne, B. with McLeod, J. (2013) *Person-Centred Counselling in Action*, 4th edn. London: Sage.

몰입해 쓴 베스트셀러로서 인간 중심 이론 및 실제를 소개한다. 1장부터 9장까지는 Mearns와 Thorne가 썼는데 그 제목은 인간 중심 접근의 기본 이론, 인간 중심 이론의 최근 발전, 상담자의 자아 활용, 공감, 무조건적 적극적 존중, 일치감, '시작', '중간', '종결'이다. 마지막 10장은 McLeod가 썼으며 제목은 인간 중심 상담에 관한 연구이다.

Nelson-Jones, R. (2014) *Practical Counselling and Helping Skills: Text and Activities for the Lifeskills Counselling Model*, 6th edn. London: Sage.

이 책은 5부로 되어 있다. 1부는 상담 및 도움이란 무엇인가, 의사소통 기술이란 무엇인가, 느낌 및 정신 기술, 삶의 기술 상담 모형이라는 제목으로 되어 있다. 2부, 3부, 4부는 각 모형의 관계 맺기 단계와 관련한 기술들, 단계 이해하기, 변화 단계 이해하기를 기술한다. 헬퍼들의 의사소통/행위, 사고, 느낌, 신체 반응을 변화시키기 위한 많은 중재가 기술되어 있다. 5부는 다문화적 도움, 성 인지 및 공학 중재 상담 및 도움, 윤리적 이슈, 슈퍼비전 및 개인상담, 전문적 발달과 같은 실습 및 훈련 이슈에 초점을 두고 있다.

Nelson-Jones, R. (2015) *Nelson-Jones' Theory and Practice of Counselling and Therapy*, 6th edn. London: Sage.

이 종합서는 18장으로 되어 있다. 즉 상담 및 치료 접근 창출, 프로이트의 정신분석, 융의 분석치료, 인간 중심 치료, 게슈탈트 치료, 교류분석, 실존치료, 행동치료, 합리적 정서행동치료, 인지치료, 중다양식치료, 해결 중심 치료, 이야기치료, 긍정치료, 마음챙김치료, 다문화적 치료, 성치료, 평가와 절충 및 통합이다.

Padesky, C.A. and Greenberger, D. (1995) *Clinician's Guide to Mind Over Mood; and Greenberger, D. and Padesky, C.A. (1995) *Mind Over Mood: Change How You Feel by Changing the Way You Think*. New York: Guilford Press.

이 자매 서적은 인지치료의 기술과 전략에 대한 단계별 안내서로 설계되어 있다. 매뉴얼은 자조 작업서로 설계되어 있고, 임상가의 안내는 작업서를 개인 및 집단 심리치료에 통합하는 방법에 대한 안내를 치료사에게 제공한다.

Rogers, C.R. (1961) *On Becoming a Person: A Therapist's View of Psychotherapy*. Boston, MA: Houghton Mifflin.

이 책은 로저스가 자신의 출판물들 중 가장 중요하게 간주하는 것이자 실제 가장 인기 있는 저서이기도 하다. 책은 다음과 같은 제목의 7부로 되어 있다 — 인간적으로 말하기, 내가 어떻게 도움이 될까?, 한 인간이 되어 가는 과정, 인간에 대한 철학, 심리치료에서 연구의 위치, 삶을 위한 시사점들은 무엇인가?, 행동과학과 인간.

Rogers, C.R. (1980) *A Way of Being*. Boston, MA: Houghton Mifflin.

1960~1980년 사이에 쓰인 15개의 논문을 모은 책으로 4부로 나뉘어 있으며, 제목은 개인적 경험과 관점, 인간 중심 접근의 양상, 교육의 과정과 그 미래와 전망, 인간 중심 시나리오이다. 이 책은 그의 저서 *On becoming a Person*(1961)과 동일하게 독자 친화적 스타일로 쓰여 있다.

Sue, D.W., Carter, R.T., Casas, J.M., Fouad, N.A., Ivey, A.E., Jensen, M., LaFromboise, T., Manese, J.E., Ponterotto, J.G. and Vazquez-Nutall, E. (1998) *Multicultural Counseling Competencies: Individual and Organizational Development*. London: Sage.

이 미국 책은 다문화주의 및 민족 중심적 단일문화주의의 개념을 소개한 후 다문화적 상담 유능성을 제시한다. 이어지는 장들은 유럽-미국적 세계관과 인종/민족적 소수민 세계관에 대해 다룬다. 나머지 내용의 상당 부분은 다문화적 조직 발달에 초점을 두고 있으며, 마지막 장은 개인적 · 전문적 · 조직적 차원의 다문화적 유능성이라는 이슈를 살펴보고 있다.

Wedding, D. and Corsini, R.J. (2014) *Current Psychotherapies*, 10th edn. Belmont, CA: Thomson Brooks/Cole.

잘 구축된 이 책은 16개의 장으로 되어 있다. 즉 21세기 심리치료 안내, 정신분석적 심리치료, 아들러식 심리치료, 내담자 중심 치료, 합리적 정서행동치료, 행동치료, 인지치료, 실존심리치료, 게슈탈트치료, 대인 간 심리치료, 가족치료, 명상심리치료, 긍정심리치료, 통합심리치료, 다문화적 심리치료 이론, 당대의 도전과 역경이다.

Westbrook, D., Kennerley, H. and Kirk, J. (2011) *An Introduction to Cognitive Behaviour Therapy: Skills and Applications*, 2nd edn. London: Sage.

19개의 장으로 되어 있으며 주요 내용은 CBT의 차별적 특징, 치료 관계, 사정 및 공식화, 인지적 기교, 행동 실험, 치료의 과정이다.

Wills, F. (2014) *Skills in Cognitive Behaviour Therapy*, 2nd edn. London: Sage.

이 책은 다음과 같은 내용들을 담고 있다 ─ CBT 기술을 그 지식 기반 내에서 연습하기, CBT 사정/공식화/시작하기, CBT에서의 관계 개발하기, 인지 개입하기, 행동 개입하기, 정서 개입하기, 생애 패턴 개입하기, CBT 기술 개발하기.

Woolfe, R., Strawbridge, S., Douglas, B. and Dryden, W. (2010) *Handbook of Counselling Psychology,* 3rd edn. London: Sage.

이 방대한 책은 7부로 되어 있다 ─ 상담심리란 무엇인가, 전통, 도전과 변화, 차이와 차별, 발달 주제, 상이한 맥락에서의 기회와 긴장, 전문적이고 윤리적인 이슈, 미래의 기회와 도전.

영국, 호주, 미국의 전문협회

영국

British Association for Counselling and Psychotherapy
BACP House
15 St John's Business Park
Lutterworth
Leicestershire LE17 4HB
  Tel: 01455-883300
  Fax: 01455-550243
  E-mail: bacp@bacp.co.uk
  Website: www.bacp.co.uk

British Psychological Society
St Andrews House
48 Princess Road East
Leicester LE1 7DR
  Tel: 0116-254-9568
  Fax: 0116-227-1314
  E-mail: mail@bps.org.uk
  Website: www.bps.org.uk

United Kingdom Council for Psychotherapy
2nd Floor, Edward House
2 Wakley Street
London EC1V 7LT
  Tel: 020-7014-9955
  Fax: 020-7014-9977
  E-mail: info@ukcp.org.uk
  Website: www.psychotherapy.org.uk

호주

Australian Psychological Society
PO Box 38
Flinders Lane Post Office
Melbourne
Victoria 8009
  Tel: 03-8662-3300
  Fax: 03-9663-6177
  E-mail: contactus@psychology.org.au
  Website: www.psychology.org.au

Psychotherapy and Counselling Federation of Australia
290 Park Street
Fitzroy North, Melbourne
Victoria 3068
  Tel: 03-9486-3077
  Fax: 03-9486-3933
  E-mail: admin@pacfa.org.au
  Website: www.pacfa.org.au

미국

American Counseling Association
5999 Stevenson Avenue
Alexandria
VA 22304
  Tel: 800-347-6647
  Fax: 800-473-2329
  Website: www.counseling.org

American Psychological Association
750 First Street NE
Washington
DC 20002-4242
  Tel: 800-374-2721 or 202-336-5500
  Website: www.apa.org

| 저자 소개 |

Richard Nelson-Jones

Richard Nelson-Jones는 1936년 영국 런던에서 태어났다. 제2차 세계대전이 발발하자 미국 캘리포니아에서 5년 동안 피난민 생활을 했다. 이 인연으로 그는 1960년대에 미국으로 돌아가 스탠퍼드대학에서 석·박사 학위를 수여했다. 1970년, 그는 영국 애스턴대학의 요청으로 그 대학에 교육현장상담 학위과정을 개설하였다. 1970년대 동안 그는 미국 풀브라이트 재단 기금교수 3명으로부터 각각 1년씩 도움을 받았다. 이 시기 동안 내담자 중심적이었던 그의 상담 지향을 보다 인지행동적인 성향으로 확장하였다. 그는 또한 많은 학술논문을 썼으며, 1982년에는 현재 제6판까지 출판된 *Nelson-Jones' Theory and Practice of Counselling and Psychotherapy* 초판을 냈다. 이외에 그는 영국심리협회의 상담작업부 부장을 맡았으며, 1982년에는 그 협회 산하 상담심리부문의 초대 의장이 되었다.

1984년에는 로열 멜버른 공과대학(RMIT)에서 상담직을 맡았고 그 후 상담심리훈련가로 활동하다 조교수가 되었다. 1984년부터 1997년 동안 그는 수백 명의 학생들을 훈련시켰다. 그는 많은 전문학술지 논문을 썼을 뿐만 아니라 영국 런던과 호주 시드니에서 여러 권의 저서를 출판하였다.

| 역자 소개 |

김성봉

한양대학교에서 교육학 석사 및 박사 학위를 수여하였다. 제주대학교 교육대학원 상담심리 전공 교수이며, 제주대학교 중독연구센터 센터장으로 재직 중이다. 중독, 마음챙김, 긍정심리에 학문적 관심을 집중하며 후학 양성에 열정을 쏟고 있다. 아울러 한국심리학회 산하 한국중독심리학회 정회원으로 제주중독심리지부 학회장을 맡고 있다.

관련 전문 자격으로 한국중독심리학회의 중독심리전문가(수련감독), 한국청소년상담학회의 상담전문가(수련감독) 외에 동기강화상담, 교육치료사 자격 등을 보유하고 있다.

역서로는 Allan C. Ornstein, Daniel U. Levine의 『교육학개론, 제9판』(2007), Dan W. Butin의 『고등교육에서의 봉사학습』(2014), Richard Nelson-Jones의 『상담 및 치료의 이론과 실제』(2015) 등이 있다.